"十四五"职业教育国家规划教材

酒店管理与数字化运营专业新形态一体化系列教材

餐饮服务与管理

(第二版)

主　编　王焕宇
副主编　季心成
　　　　李　岩
　　　　孙工贺

中国教育出版传媒集团

高等教育出版社·北京

内容提要

本教材为"十四五"职业教育国家规划教材。教材根据近年来酒店餐饮服务与管理人员的实际工作需要，以专业能力培养为核心，以创新创业能力为导向，以提升理论应用与解决实际问题能力为目标，内容包括"餐厅认知""餐厅操作技能""零点餐厅服务规范""宴会服务规范""其他服务规范与技术"五个模块，共三十个专题。

本教材配套建设有丰富的数字化资源，学习者可通过扫描书中二维码进行在线学习，在提升学习兴趣的同时，获得更多自主学习的空间。教师如需获取本书授课用PPT等配套资源，请登录"高等教育出版社产品信息检索系统"(http://xuanshu.hep.com.cn/)免费下载。

本教材可作为高等职业院校、职业本科院校及应用型本科院校旅游类、酒店类和餐饮类专业的教材，也可作为相关从业人士学习使用的业务参考书。

图书在版编目（CIP）数据

餐饮服务与管理 / 王焕宇主编． -- 2版． -- 北京：高等教育出版社，2025.3． -- ISBN 978-7-04-063445-7

Ⅰ．F719.3

中国国家版本馆CIP数据核字第2024TN8761号

Canyin Fuwu yu Guanli

策划编辑	张　卫	责任编辑	张　卫	封面设计	王　琰	版式设计	童　丹
责任绘图	李沛蓉	责任校对	窦丽娜	责任印制	张益豪		

出版发行	高等教育出版社	网　　址	http://www.hep.edu.cn
社　　址	北京市西城区德外大街4号		http://www.hep.com.cn
邮政编码	100120	网上订购	http://www.hepmall.com.cn
印　　刷	唐山嘉德印刷有限公司		http://www.hepmall.com
开　　本	787mm×1092mm　1/16		http://www.hepmall.cn
印　　张	22	版　　次	2019年11月第1版
字　　数	530千字		2025年 3 月第2版
购书热线	010-58581118	印　　次	2025年 3 月第1次印刷
咨询电话	400-810-0598	定　　价	59.00元

本书如有缺页、倒页、脱页等质量问题，请到所购图书销售部门联系调换
版权所有　侵权必究
物　料　号　63445-00

第二版前言

《餐饮服务与管理》出版后先后获评"十三五""十四五"职业教育国家规划教材。本书紧密围绕餐饮服务与管理的工作项目和业务流程进行内容编排，有较强的针对性和实用性。自出版以来，其受到了全国高职院校及应用型本科院校旅游管理、酒店管理专业师生的青睐，得到了广大读者的关注与支持。

随着时代的发展、行业的变革不断深化，餐饮服务与管理的理念和实践也在持续更新。消费者对于餐饮体验的期望不断提高，从菜品的品质、环境的舒适度到服务的个性化，都在考验着餐饮企业（酒店）的综合实力。同时，科技的飞速发展为餐饮行业带来了新的机遇和创新模式，如在线点餐、智能配送、大数据分析等。在编写第二版的过程中，我们以党的二十大精神为指引，落实立德树人的根本任务，秉持实用性、前瞻性和系统性的原则，在保留第一版核心内容的基础上，对教材内容做了补充和提升。一方面，悉心收集来自院校教师及企业培训专家对于教材体例和内容安排的宝贵建议，深入调研餐饮市场的最新动态和需求，吸纳行业人士加入编写队伍，力求将前沿的行业信息融入教材；另一方面，对原有的知识体系进行优化和完善，调整、增加一些专题或内容，如增加了餐饮数字化技术与应用专题内容，以反映行业的最新动态和发展方向，使教材内容更加符合行业实际，便于学习和掌握。

作为教材立体化建设的一部分，本书配有制作精良的视频，供学习者学前观摩、学后复习之用。为了帮助学习者更好地巩固所学知识，本书将课后习题以二维码"测一测"的形式体现出来，实践技能考核环节设计了可操作性强的评分表，内含思考讨论内容及评分细则，引导学习者针对当前餐饮行业面临的挑战积极思考，提出自己的见解和解决方案。

本教材由辽东学院王焕宇担任主编，由辽东学院季心成、大连职业技术学院李岩、中国连锁经营协会孙工贺担任副主编。具体编写分工如下：第一至第四专题及第二十五、二十六专题由季心成编写，第五至第十九专题及附录部分由王焕宇编写；第二十至第二十四专题由李岩编写；第二十七至第三十专题由孙工贺编写。王焕宇负责教材内容编排整合和统稿工作。

衷心希望本教材能够成为广大师生、餐饮从业者及对餐饮行业感兴趣读者的良师益友。在编写教材的过程中，编者参阅了国内外的有关图书和资料，在此向相关作者一并表示衷心感谢！

由于编者水平有限，书中难免存在疏漏和不妥之处，衷心希望读者不吝赐教，提出宝贵的意见和建议。

编　者

2025 年 1 月

第一版前言

随着中国饭店服务行业全方位与国际接轨,从顾客需求及服务供给两个方面来审视,现代饭店行业急需大批高素质、高技能的实战型服务人才。因此,人才的培训基地——高等院校的饭店服务技能综合实训课程必须与时俱进,以不断适应饭店行业发展的新趋势和新潮流。

《餐饮服务与管理》是在"十二五"职业教育国家规划教材、饭店服务技能综合实训系列教材《餐厅服务》(第二版)的基础上编写而成的。《餐厅服务》一书自2010年由高等教育出版社出版发行以来,深受全国高职院校及应用型本科院校酒店管理专业师生们的普遍欢迎。他们一致反映,该教材内容的编排紧紧围绕餐饮服务与管理的工作项目和业务流程,具有较强的针对性和实用性。在教材使用过程中,我们还注意收集企业培训专家们对教材体例和内容安排方面的建议。这些都成为我们此次教材内容修订、充实与完善的重要依凭。

本教材的编写以党的二十大精神为指引,落实立德树人的根本任务。通过学习本书,学生能够树立爱岗敬业的职业素养,形成正确的三观,能够在餐饮业积极践行社会主义核心价值观。本书针对饭店餐饮服务与管理人员的实际工作需要,从提高他们的实践技能出发,在行业专家的直接指导下,借鉴加拿大CBE和澳大利亚TAFE模式下的教材建设经验进行构思、设计和编写,形式新颖、选材独到、内容精练、针对性强,对应用型本科院校、高职院校酒店管理专业学生,就餐饮管理与餐厅服务技能的强化训练具有较高的实用价值。

本教材打破传统教材的章、节、目形式,以饭店餐饮部门的具体服务项目(技能)为单位,分为相对独立的30个专题,每个专题划分为学习目标、基础知识、操作(服务)技能、拓展阅读、典型情境和考核指南六个部分。

学习目标——分了解、掌握和重点掌握三个层次,概要说明本专题的学习要求和学习目标。

基础知识——以精练、够用为度,概要介绍本专题中学生应知应会的知识要点,为本专题所涉及的技能训练项目提供铺垫。

操作(服务)技能——以表格等形式列举每个服务项目的流程、规范与标准,解析专项技能的训练方法,是本书中最重要的部分。

拓展阅读——通过介绍与专题相关的小知识,达到拓宽学生知识边界及培养学生思考能力的目标。

典型情境——通过饭店情境再现,直观引导学生深入思考,加深理解,掌握本专题中学到的知识和技能。

考核指南——从基础知识和操作（服务）技能两个方面界定专题中的主要考核内容及具体的考核方式（方法）等，使学生明确学习重点和考核方向。

作为系列教材立体化建设的一部分，本书配有制作精良的视频，供学生训前观摩、训后复习之用。同时，配套开发了教师授课用的演示课件及考核用的电子题库，方便广大师生的教与学。

本教材的开发队伍是在系列教材项目研发团队的框架下组建的。本书由辽东学院王焕宇、苏州旅游与财经高等职业技术学校严泽美任主编，由宁波城市职业技术学院穆亚君、辽东学院邵秀军任副主编。宁波开元名都大酒店餐饮总监裘优凤女士负责教材大纲及拍摄脚本的修订工作。王焕宇负责教材大纲起草、内容编排整合、统稿和审稿工作。具体写作分工如下：第一至第四专题由邵秀军编写；第五至第十九专题及附录部分由王焕宇编写；第二十至第二十四专题由穆亚君编写；第二十五至第三十专题由严泽美编写。微课视频的拍摄脚本由王焕宇撰写，王焕宇全程参与了拍摄指导工作；辽东学院旅游管理学院李明妍、王军等学生作为演员参与拍摄，付出了辛勤的劳动；北京炎黄兄弟文化传媒有限公司负责视频拍摄和后期制作，他们以认真负责的工作态度和精益求精的专业精神，保证了拍摄和制作的质量，在此一并深表谢意！

教材的编写是一项严谨的教学研究工作，是对一门课程的基础理论、基础知识、基本技能体系的科学构建。如何选择科学的内容体系，如何选择最佳的表达方式，都需要编者进行深入的研究，以认识和把握其中的规律。我们在教材编写过程中，学习参考了中外诸多专家学者和行业人士的研究成果，使本教材从知识体系的建构到技能项目的提炼都做到了既有继承又有创新。但由于水平有限，疏漏之处在所难免，诚期全国旅游院校广大师生不吝赐教。

编　者

2023 年 6 月

目 录

第一模块
餐厅认知　　　　　　　　　　1

第一专题　餐厅的基本知识　　　2
第二专题　餐饮企业的选址与命名　11
第三专题　餐厅的规划与布局　　20
第四专题　餐饮从业人员的素质要求　30

第二模块
餐厅操作技能　　　　　　　37

第五专题　托盘　　　　　　　　38
第六专题　餐巾折花　　　　　　45
第七专题　铺台布　　　　　　　58
第八专题　摆台　　　　　　　　66
第九专题　酒水服务　　　　　　75
第十专题　上菜与分菜　　　　　92

第三模块
零点餐厅服务规范　　　　　103

第十一专题　预订餐位　　　　　104
第十二专题　迎客准备　　　　　115
第十三专题　迎客服务　　　　　125
第十四专题　点菜服务　　　　　135

第十五专题	就餐服务	145
第十六专题	结账服务	153
第十七专题	送客收尾	160
第十八专题	日志填写	167

第四模块
宴会服务规范　　175

第十九专题	宴会预订与设计	176
第二十专题	中餐宴会服务	197
第二十一专题	西餐宴会服务	208
第二十二专题	酒会服务	216
第二十三专题	外卖服务	227
第二十四专题	会议服务	234

第五模块
其他服务规范与技术　　247

第二十五专题	客房餐饮服务	248
第二十六专题	菜单分析与设计	254
第二十七专题	餐饮推广与销售	266
第二十八专题	餐厅突发事件处理	280
第二十九专题	餐厅设备使用与保养	291
第三十专题	餐饮数字化技术与应用	304

附录 317

附录一
餐厅服务 99 个怎么办 317

附录二
宴会菜单赏析 327

附录三
餐厅常用礼貌用语 332

参考文献 337

二维码资源目录

二维码对应资源	模块	页码
视频：餐饮业概述	一	3
视频：餐厅及其类型	一	3
第一专题测一测	一	9
视频：餐饮企业经营场所选择的原则	一	12
视频：餐饮企业命名	一	13
第二专题测一测	一	18
视频：餐厅设计	一	21
第三专题测一测	一	28
视频：餐饮从业人员思想素质要求	一	31
第四专题测一测	一	35
视频：托盘操作技能	二	39
第五专题测一测	二	44
视频：餐巾折花基本技法	二	48
第六专题测一测	二	56
视频：铺台布	二	59
第七专题测一测	二	64
视频：摆台	二	67
第八专题测一测	二	73
视频：斟酒	二	81
第九专题测一测	二	90
视频：上菜与分菜	二	94
第十专题测一测	二	100
视频：预订餐位	三	107

二维码对应资源	模块	页码
第十一专题测一测	三	114
视频：迎客准备	三	116
第十二专题测一测	三	123
视频：迎客服务	三	127
第十三专题测一测	三	133
视频：点菜服务	三	139
第十四专题测一测	三	143
视频：就餐服务	三	148
第十五专题测一测	三	152
视频：结账服务	三	154
第十六专题测一测	三	159
视频：送客收尾	三	162
第十七专题测一测	三	165
视频：日志填写	三	170
第十八专题测一测	三	173
视频：宴会预订	四	179
第十九专题测一测	四	195
视频：中餐宴会服务	四	199
第二十专题测一测	四	206
视频：西餐宴会服务	四	212
第二十一专题测一测	四	215
视频：酒会服务	四	221
第二十二专题测一测	四	225

二维码对应资源	模块	页码
视频：外卖服务	四	228
第二十三专题测一测	四	232
视频：会议服务	四	239
第二十四专题测一测	四	244
视频：客房送餐	五	250
第二十五专题测一测	五	253
视频：菜品分析	五	255
视频：菜品选择	五	257
第二十六专题测一测	五	264
视频：餐饮推销活动	五	268
视频：餐饮推销形式	五	270
视频：员工推销技巧提升	五	273
第二十七专题测一测	五	277
视频：客人投诉处理	五	284
第二十八专题测一测	五	290
视频：餐厅设备使用与保养	五	297
第二十九专题测一测	五	303
第三十专题测一测	五	315

第一模块
餐厅认知

在星级饭店和餐饮市场上,存在着大大小小、各式各样的餐厅,它们都有各自的目标顾客群和特色菜肴、特色服务。餐饮从业人员必须了解餐饮经营管理与服务的相关知识,这是从事餐饮服务工作的前提。因此,餐饮服务人员必须熟练掌握如下餐饮服务知识:餐厅的基本知识;餐厅的选址与命名;餐饮企业的规划与布局;餐饮从业人员的素质要求。

通过学习本模块,学生应养成爱岗敬业的职业素养,提高对专业的认同感、自信心和职业自豪感;具有宏观视野及可持续发展理念,具有服务社会的责任感及职业价值观。

第一专题
餐厅的基本知识

学习目标

- 对餐厅有初步的认识。
- 掌握餐厅的类型及各自的特点。
- 了解餐厅服务项目的种类。
- 了解各式餐厅经营管理方式及其特点。

基础知识

餐厅的内涵

餐厅是为客人提供食品、饮料和良好服务的公共场所，在星级饭店中被称为餐厅（restaurant），在餐饮业中被称为餐饮企业、酒家、饮食店、餐馆、酒楼、饭庄、饭馆等。餐厅通常需要具备3个条件：具有良好的就餐环境及相应的餐饮设备、设施；提供食品、饮料和服务；以营利为目的。

餐厅的类型

中餐厅

中餐厅（图1.1）是专门为客人提供中式菜点和服务的餐厅，是中国星级饭店和餐饮市场上最主要的餐厅类型，也是弘扬中华饮食文化的场所。中餐厅的环境布置、服务方式等体现了中国的传统和特色，经营的菜肴以中国传统的"八大菜系"为主，也有的中餐厅经营素菜、少数民族菜、宫廷菜、仿膳菜等特色菜品，同时提供各种中式面点。

西餐厅

西餐厅（图1.2）是提供西式菜点和西式服务的餐厅。西餐厅大多以经营法国菜、意大利菜、德国菜、美国菜、俄式菜为主，同时兼容并蓄，博采众长。西餐厅的环境布置要求典雅舒适并独具特色，通常以欧洲文化艺术为背景进行设计布局。高级西餐厅一般仅提供正餐。

图1.1　中餐厅

图1.2　西餐厅

咖啡厅

咖啡厅是小型的西餐厅，主要经营咖啡、各种酒水饮料、甜品、点心、小吃、时尚美食、简单西餐等。三星级以上的饭店咖啡厅通常营业时间不少于18h，社会餐饮咖啡店（厅）则往往从中午营业至午夜或第二天凌晨。咖啡厅在装潢装饰、灯光氛围等方面凸显优雅、浪漫的情调，是商务人士进行商务洽谈、会友休闲的首选。

自助餐厅

自助餐厅（图1.3）是指将所有菜点、酒水都陈列在餐台上，客人根据自己的喜好取用、自由进食的餐厅。中国高星级饭店一般设有自助餐厅，一日三餐以自助餐为主、零点为辅。这类自助餐厅的自助餐台通常是固定的，装饰精美，极具艺术渲染力，配以调光射灯，使菜点更具美感和质感，从而增进客人的食欲。自助餐厅中西菜点丰富，装盘注重装饰，盛器注重个性，摆放注重层次。烤肉等大菜的服务常配有值台厨师，帮助客人烹制、切割、装盘。自助餐厅通常也是饭店举办美食节、冷餐会、鸡尾酒会的场所。

宴会厅

宴会厅（图1.4）又称多功能厅，是饭店餐饮部的重要组成部分，是经营宴会活动的重要场所。通常以一个大厅为主，周围还有数个不同风格的小厅，与之相通或相对独立，一般可根据客人的要求，用隐蔽式的活动板墙调节其大小。宴会厅是多功能的，活动舞台、视听同步翻译、会议设备、灯光音响设备等应有尽有，为餐饮部经营各种大型宴会活动、会议、展览、文艺演出等提供良好的条件。

图1.3 自助餐厅

图1.4 宴会厅

特色餐厅

特色餐厅是餐饮文化发展、传播到一定阶段的产物，它具有鲜明的地域、民族、历史、文化等人文特征。它对餐饮文化或是继承，或是发展，或是反思，代表了目前菜肴制作水平和餐饮企业经营策略的较高水准，也体现了管理者的经营思想和对市场的敏感程度。

主题餐厅

主题餐厅主要是通过特殊环境布置、特殊装饰或娱乐安排等，全方位创造出具有特定文化主题的餐厅。主题餐厅为客人提供了整体感受，而不单纯是餐饮。主题餐厅经营规模一般不大，所提供的餐饮品种有限，但富有特色，可以说是一种文化餐，满足人们对餐饮产品更高层次的需求。

▲ 餐厅的服务项目

餐厅的服务项目是指餐厅向客人提供的用以满足其饮食方面的物质和精神需求的服务，也就是餐厅向客人提供的服务内容。服务项目是随着客人的需求而变化的。服务项目的多少及质量的高低都要以满足客人的不同需求为目标。餐厅的服务项目大致可以分为两大类：普通服务项目和特殊服务项目。

△ 普通服务项目

按餐饮场所、设施功能和服务内容，普通服务项目可以分为中餐零点服务、中餐宴会服务、西餐零点服务、西餐宴会服务、自助早餐服务、自助正餐服务、冷餐酒会服务、鸡尾酒会服务、会议服务、酒吧服务、咖啡厅服务。

△ 特殊服务项目

除普通服务项目外，在一些饭店中还提供特殊服务项目。

- ▲ 客房送餐服务，是指星级饭店为方便客人，迎合客人的生活习惯或特殊要求而提供的服务项目。此项服务不但可以增加饭店的经济收入，减轻餐厅压力，而且能体现饭店的档次和服务质量。客房送餐服务部门一般提供不少于 18h 的服务，其主要项目有早餐、全天候送餐、下午茶点、各种酒水饮料、房间酒会、VIP（重要客人）赠品等。
- ▲ 外卖服务，是指饭店根据客人的需求，派员工到客人驻地或客人指定的地点提供宴请服务的项目。常见的外卖形式有冷餐酒会、鸡尾酒会、中西餐宴会等。外卖服务从策划、实地调查、组织人力及物力到实施计划、现场督导、圆满结束，自始至终都要求饭店各部门通力协作，以保证顺利完成。
- ▲ 主题庆祝活动，是指根据客人所提出的确切主题或为了营造节日气氛而精心策划和组织的餐饮娱乐活动，通常被称为"party"。

▲ 餐厅的经营管理方式

归属于星级饭店餐饮部门各式餐厅的经营管理，通常要遵循饭店餐饮部门整体的管理规划。归属于餐饮业的餐饮企业和餐厅的经营方式则多种多样，主要有独立经营、连锁经营、特许经营等。

△ 独立经营

独立经营的餐厅具有 3 个特点：一是规模较小，有自己独立的经营管理体系，经营不受其他餐饮企业的制约，企业影响力受到地域的限制；二是有自己的品牌，但营运费用较高，如不能享受集团大规模采购和广告的优惠，人力资源也无法共享等；三是经营较为灵活，调整方便，资本投入相对较小，但在激烈的市场竞争中竞争力较弱。

连锁经营

连锁经营是指在总部统一的管理下，其下设的各餐厅采用统一进货、统一管理或授予特许权的方式，实现规模效益的商业组织形态。餐饮企业连锁经营的特点有4个：一是管理模式统一，连锁店以主店为大本营，在中央管理系统严格的管理下进行投资、采购、出品、服务、销售、业务推广等一系列经营活动，同时在成本投入方面能够有效地加以控制；二是连锁店经营的产品可以说是主店产品的"克隆品"，其餐饮产品和餐饮服务能够保持主店的水准，遇到问题时又能及时得到主店管理系统的帮助解决；三是连锁经营可不断增强餐饮集团在市场上的竞争能力，由于连锁店大多分布于城市繁华的商业地带，加之企业品牌号召力强，能迅速拓展业务，可形成规模经营；四是营销计划和促销活动同步展开，各连锁店分摊广告宣传费用，能进一步挖掘潜在客源市场，有效调节各店之间的需求平衡，使企业在市场的调节和引导下良性发展。

特许经营

特许经营是指特许人（母公司）将自己知名品牌的商标、经营管理模式、服务标识等，按照国家规定及合同约定，有偿授予受许人（投资者）按合同约定的方式和范围使用的商业组织形态。母公司有责任对投资者在可行性研究、建筑设计、设施配备、人员培训、广告宣传、原料采购、管理制度、操作规程、质量控制等方面给予咨询和支持。投资者可共享母公司的品牌和市场，但要支付昂贵的品牌使用费。通过出让特许经营权或租赁经营权，一些知名的餐饮公司得以在全球推广它们的产品，并统一规格、市场形象、服务方式。目前中国的肯德基、麦当劳、硬石餐厅等，除由外资自主经营外，也有部分为特许经营店。

拓展阅读

餐饮连锁经营的发展条件

（1）要具有较大的企业规模和相当的经济实力。连锁经营依靠规模效益而盈利，没有大量的资金投入，开设的连锁店数量达不到一定规模，经营总额和效益就很难提高。一般认为只有门店的数量在15家左右，整个连锁系统才可进入盈利期，数量越多，取得盈利的可能性就越大。在餐饮直营连锁中，门店开发是由总部直接投资的，门店数量越多，投资总额就越大。如果企业没有相当的经济实力，无法把规模做大，餐饮连锁经营的规模效益就很难发挥出来。

（2）要具有规范的制度和较强的管理能力。连锁经营的主要特征是经营管理活动的统一化、规模化和标准化，要实现"三化"，必须有规范的制度以约束整个连锁体系的经营行为，防止经营管理的随意性。经营规范一般分为两类：一是经营管理规范，主要是明确经营政策、企业思想、经营计划和产品政策等经营管理方面的内容；二是业务操作规范，主要明确不同业务部门、岗位、环节作业管理的手续、流程和方法等。在此基础上，连锁总部还应具有全局统驭能力，制定经营战略，研究管理技术，培训员工，对各门店实行规范、统一的管理；各门店则应严格按照经营规范的标准进行操作，努力保持经营管理的统一，以保证整个连锁体系稳定运行。

（3）要拥有高效运行的配送中心。统一配送是连锁经营中的中心环节，其基本职能是以较低的价格从供货商处采购商品，然后根据各门店需求进行加工整理后，按一定程序送达各餐饮门店以供加工、烹调、销售。衡量配送中心是否高效的综合标准是配送中心送达各门店的商品价格是否低于各门店自行进货的价格。因此，高效运行的配送中心是直营连锁体系利润的主要来源，也是直营连锁发展的基本条件。

（4）要拥有良好的企业形象。开展连锁经营的餐饮企业必须有良好的企业形象，有一定的知名度和信誉度，能获得消费者认可，同时要注意培育企业的品牌，实施品牌化战略。连锁经营在相当程度上是品牌经营，既要靠品牌吸引消费者，打开市场，也要靠品牌吸引供货商提供质优、价廉的商品，没有品牌，难以做大、做强。实践证明，品牌化战略不仅能有效配合餐饮连锁企业的一体化经营，提升企业形象，还能培育大批品牌忠诚者，为餐饮连锁企业带来可观的经济效益。

典型情境

必胜客非遗主题餐厅　　创新演绎致敬传统文化

作为西式餐饮领导品牌，必胜客利用自身资源优势，把中华传统文化融入餐厅，打造非遗主题餐厅，让人们近距离感受非遗的迷人光彩，度过一段"美食＋文化"的美好时光。

必胜客主题餐厅与非遗艺术跨界联合，不仅融入关键词"必胜"，还将北京兔爷、广东醒狮、广州泥塑、洛阳牡丹瓷、秦淮灯会等一系列民俗艺术以年轻化的方式重新演绎，让客人更直观地感受到源远流长的中国传统文化之美。为了让客人近距离地感受到传统与现代的结合之美，必胜客餐厅将非遗元素融入室内设计，部分餐厅还运用高科技手段打造非遗光影体验，客人可以身临其境地观看民间艺术的制作过程与发展演变等。同时为了传播当地民俗技艺，让客人更好地了解当地民俗文化，必胜客在各城市举办了非遗科普活动，主题餐厅内的"非遗必胜空间"定期展出不同主题的非遗作品。

广州必胜客领展购物广场餐厅以非遗项目"广州泥塑"为主题。步入餐厅，即可感受由内而外散发的独特文化气息。选用广州泥塑非遗传承人、雕塑大师万兆泉以"西关风情"为主题创作的《西关小姐》系列泥塑作品，由广州泥塑第五代传承人万氏兄弟以此为灵感进行了全新创作；采用复古和玩味的形象，结合广彩大师的技艺，刻画了西关小姐正在行礼祝福的画面——她垂下眼眸，微微低头，两手在胸前轻轻抱拳，嘴里说道"万福大吉"。作品融入粤语元素在餐厅内进行展示——"三点几啦，坐低饮啖茶""Alright！吃多件比萨正啊！"客人在用餐时，不仅能与"西关小姐"对话、合影，还能欣赏西关小姐创意广彩陶瓷碟。这些融合创新的非遗作品唤起客人对广州老西关的回忆，也赋予传统文化更新鲜的呈现形式；不仅仅成为广州非遗研学团其中一个打卡点，更让非遗走进商场、走进生活，助力推动广州非遗"五进"工程，提高非遗能见度，探索文旅融合的新模式。

  必胜客致力于将传统文化与西餐厅的产品、体验等相结合。除了餐厅视觉引人注目，还带来传统文化与西式美食结合的创新体验，以及丰富多彩的非遗科普体验活动等，让客人从形、声、闻、味、触5个方面，在西餐厅里感受非遗文化的魅力。

  必胜客以一席盛宴将传统味道与西式美食相结合，独具匠心地推出了灵感来自福建名菜"佛跳墙"的仙跳墙、和牛比萨、别具一格的国风意面、松软糯米搭配玫瑰细沙馅料等丰富食材的八方聚宝八宝饭、生椰系列饮品等新品。丰盛的美食都表达了同一内核含义：最有价值的珍品其实是一蔬一饭的人间烟火，是朋友小聚或家人团圆的时刻。以新形式再现传统美食一直是必胜客努力的方向，也是必胜客对中国传统美食文化的传承方式之一。

  深耕中国市场三十余年的必胜客，始终坚持以创新致敬传统，不断通过升级产品、丰富餐厅体验及打造文化周边等维度，如推出国风意面、大红袍茶饮系列等产品，打造舌尖上的中西合璧。它持续在不同领域挖掘更多衍生场景的可能性，为客人打造一个集"餐饮＋生活＋社交"三位一体的餐饮空间，提供美食享用和情感体验的落脚处，让他们在必胜客餐厅收获乐趣与珍贵回忆。例如，在"必胜客家萌店"宠物友好主题餐厅里，设置了宠物友好装置，让"毛孩子"与主人共同享受在餐厅的美好时光；在高考季，必胜客会用精心准备的"逢考必胜"套餐，为高考考生送上祝福，将"必胜"的好彩头带给每位考生；践行"必胜客·悦读食光"公益阅读项目，打造"悦读食光"主题餐厅，提供面向年轻人的图书分享、阅读交流等多种形式的活动。

  请思考：
  结合案例，谈谈主题餐厅的主题文化选择，以及体现主题要素的方式。

考核指南

基础知识部分

考核内容
1. 简述餐厅的内涵。

2. 简述餐厅的服务项目。
3. 简述中国星级饭店常见的餐厅类型。
4. 简述常见的餐饮经营管理方式。

考核方式
笔试或口试。

即学即测
扫描二维码，完成在线练习。

第一专题测一测

实践技能部分

考核内容
利用课后时间，采用线上线下相结合的方法，对某地星级饭店餐厅或知名餐饮企业进行调查，了解其所属类型、经营方式及服务项目，探讨餐饮经营发展趋势。

考核方式
采用小组团队合作的方式，以PPT形式上交调查报告并进行课堂陈述或短视频分享。

考核评价

评价内容	考核要点	分值	自评 20%	互评 30%	师评 50%	综合评价
调查设计	调查目的明确；调查分工细致；能够有效运用数字化技术	25分				
调查实施	调查方法得当；调查内容完整；能体现团队合作，有拓展	25分				
调查报告	报告内容全面；PPT制作规范；图文并茂，有总结提升	25分				
调查汇报	汇报内容完整；表达陈述自然；能体现专业性及职业感	25分				

续表

评价内容	考核要点	分值	自评 20%	互评 30%	师评 50%	综合评价
评分标准	A：90~100分，准备认真、态度端正，PPT制作精美、内容全面细致，能有效运用数字化技术，实用性强，能体现团队合作，讲授表达好。 B：80~89分，准备认真、态度端正，PPT制作简洁、内容较为全面细致，能体现团队合作，讲授表达好。 C：70~79分，准备较为认真、态度较为端正，PPT制作尚可、内容较为全面细致，基本能体现团队合作，讲授表达较好。 D：60~69分，准备较为认真、态度较为端正，PPT制作尚可、内容较为全面细致，基本能体现团队合作，讲授表达一般。 E：59分以下，准备不认真，PPT制作粗糙、内容不全面，未能体现团队合作，读稿完成陈述。					
小组成员						
陈述纪实						
备注						

第二专题
餐饮企业的选址与命名

学习目标

- 了解餐饮企业营业区域的确定。
- 掌握餐饮企业经营场所选择的原则。
- 掌握餐厅名称设计的原则及技巧。

基础知识

▲ 餐厅的选址

现代餐厅在投资前应进行全方位、深入细致的市场调研。其中，餐厅选址至关重要。饭店业先驱斯塔特勒先生曾经说过："对任何饭店来说，取得成功的3个根本要素是地点、地点、地点。"

△ **餐饮企业营业区域的确定**
- 选择具有发展潜力的区域。

  具有发展潜力的区域通常有以下特点：一是经济发展较快、较活跃，在经济繁荣、商业活动频繁的地区，人们外出就餐的机会较多；二是与政府的发展规划相一致，了解政府发展规划便于企业根据不同区域类型确定经营的形式、内容和规格等。
- 选择具有竞争优势的区域。

  一个地区餐厅的竞争状况可从两个不同方面来考虑。一是直接竞争，即提供同种经营项目、同样规格或档次的餐厅可能会导致的竞争，这对餐厅来说，往往是不利的。选择这种区域时，要求企业具有一定的实力。二是非直接竞争，即区域内有经营内容和类型不同的餐厅，也有同样类型、不同规格或档次的餐厅，这类竞争有时起互补作用，对餐厅是有利的。在选择营业区域时，无论是何种竞争形式，都是值得餐厅认真研究和考虑的，主要原则是选择本餐厅具有竞争优势的区域。
- 选择适合餐厅经营的地点区域。

  餐厅经营的项目和服务内容要与选择地点特征相一致，地点特征是指与餐饮经营活动相关的位置特征，如餐厅经营所在的区域与政治中心、商业中心、旅游中心、文化中心及饮食服务区的距离和方向。
- 选择有利于降低餐厅经营成本的区域。

  餐厅经营的关键因素之一是在选择经营区域时就应充分考虑所在地区影响经营成本的因素，主要包括：土地价格或建筑物租金，能源供应情况，原材料的供应及价格水平，劳动力供应状况及工资成本，税收、贷款及利率，社区服务等等。
- 选择适合餐厅市场特征的营业区域。

  一方面，通过对区域内的人口数量、人口素质、年龄结构、职业结构、人口流动等开展调查，了解区域内总体的餐饮消费习惯和消费方式；另一方面，根据区域内餐饮需求特征来确定营业区域。

△ **餐饮企业经营场所选择的原则**

餐厅选址是一项复杂的工程，在营业区域已确定的基础上，还应确定具体的经营场所。选择经营场所时应遵循以下原则。

视频：餐饮企业经营场所选择的原则

- 目标市场原则。

　　任何餐厅都要根据其目标市场，选择适当的地点，建立相应的规模，选择相应的设施设备、经营内容和服务档次。
- 容易接近原则。

　　餐厅应选择在交通便利的商业区、经济区、文化区，要尽可能设置规模相当的停车场，方便客人来往。
- 突出形象原则。

　　餐厅无论是在经营内容、经营方式、菜品质量、服务、装潢、室外景观等方面，还是在所选地址上，都应具有突出的形象特征。
- 综合配套原则。

　　现代餐厅经营一般与休闲娱乐、住宿等相关行业配套。配套的方式一般有两种：一是自身配套，即建立既有餐饮又有娱乐和休闲设施乃至住宿的综合企业；二是与附近设施配套，即将地址选择在住宿和娱乐设施或购物中心的附近，形成一种互补的经营方式。同时，要注意与周围环境配套，如卫生环境、建筑物、美化环境及绿化环境等。
- 具有可见度原则。

　　餐厅的可见度是指餐厅位置的明显程度。餐厅无论是在街头、街中，还是在街尾，应让客人从任何一个角度看都能获得对餐厅规模和外观的感知。
- 投资预期目标原则。

　　餐厅在选择地点时，除考虑外部因素外，还应考虑自身的条件，如经营品种、方式等。要以能否实现预期投资目标来衡量地理位置的优越程度。例如，在繁华的商业街上（地理位置好、租金高）开一家中高档餐饮企业，其回报率和利润远不如快餐企业大（客人主要是购物者和商场服务员）。对餐厅来说，地理位置的优势主要体现在有较好的销售额和利润率，并能达到或超过投资预期回报率。

餐厅的命名

餐厅名称设计

视频：餐饮企业命名

　　餐厅名称是餐厅识别系统的核心，代表餐厅的形象。一个好的名称最基本的要求是：写出来好看、好认，叫起来响亮、好听，想起来寓意深刻、回味无穷。
- 餐厅名称设计的原则。

　　优秀的餐厅名称有四大共同特点，即简明扼要、朗朗上口、意向准确、诱发联想，如可口可乐、全聚德等。餐厅名称设计应注意以下原则。

　　① 一致性原则。一方面，名称要与客源层次和餐厅档次一致。如果确定经营档次是豪华餐厅，面向高层次客人，并且餐厅的装饰、菜品和服务都是按一流的标准设计和实施的，那么餐厅就应取一个高贵、豪华的名称。另一方面，名称要与建筑风格相一致。如果经营西餐厅，则可采用西式的建筑风格，取外国名，如北京马克

西姆餐厅。

② 通用性原则。名称设计要考虑到世界各地的通用性。这要求在命名时不仅要考虑本国语言中名称的原形、音、义的特征，还要兼顾国际上其他语言翻译出来的含义及发音。同时，名称设计还要考虑客体倾向，如果餐厅经营的主要品种是面向西方人的，则可以取"洋名"；如果经营的是快餐店，则取名要通俗易懂，不使用生僻字，并且因其针对工薪阶层、上班族，还要使名称涵盖面大、适用面广，如兴隆包子王。

③ 简明性原则。餐厅名称应简短明快。按中国人的习惯，餐厅名称最好为2~3个字，这样客人称呼上口，易读响亮，笔画少，容易记忆，如百年老字号全聚德。

④ 文化性原则。餐厅名称如果能创造一个浓厚的文化意味，则能从感观上吸引客人，如半亩园（清京师名园）。

⑤ 独特性原则。餐厅名称应有独特性，避免和其他餐厅名称雷同。与众不同的名称能增强餐厅的吸引力。

⑥ 长远性原则。一旦名称选定，就不宜轻易更改，这对树立餐厅形象起着至关重要的作用。同时，餐厅也要注意保护自己的名称。要及时进行商标注册，一般包括服务商标和产品商标两种，否则就会有自己付出了辛勤劳动和辛苦设计的店名被他人抢注的可能。

▶ 餐厅名称设计的技巧。

① 以人名和地名命名。以人名给餐厅命名，会给客人一种亲切感，这对于中小型餐厅的客源影响尤其显著。这些餐厅的名称给客人传达的信息很亲切，使人感觉像家人或邻里开的餐厅。以地名命名的餐厅会让人感受到浓浓乡情，从这样的名称中，往往还会透露出餐厅所经营的风味特色。

② 以经营特色或主营菜品属性来命名。这种直接指明经营内容的取名方法便于客人从名称上了解经营的内容，多适用于经营特殊菜品或风味菜的餐厅取名，如红焖羊肉馆。

③ 以美好愿望和表达意境来命名。以这种方式取名的餐厅较多，而且最能体现取名的艺术性，如好运来餐馆、鸿运餐厅、食全食美酒楼、随园酒家。

④ 以历史名人或典故来命名，如太白酒家、孔乙己饭庄等。以历史名人或典故命名的餐厅，要求在环境装饰、装潢风格、外观设计及经营内容上与历史典故相一致，否则会给人以不伦不类的感觉。这种命名的方法如果运用得恰当，就会在客人中起到特殊的广告效应。但这种借古代名人的名字做企业名称的情况常会引起有关名称商标的侵权纠纷。同时，中国传统的餐厅名称多以居、坊、府等结尾，因此要灵活运用、合理匹配。

⑤ 以文学名句的寓意来命名。例如，鹿鸣酒家取自曹操《短歌行》中的"呦呦鹿鸣，食野之苹。我有嘉宾，鼓瑟吹笙"，用鹿鸣寓意热情周到、待客如宾；杏花村酒楼使人联想到"借问酒家何处有，牧童遥指杏花村"的诗句，于是会酒兴大添、食欲大开。

⑥ 描述或暗示餐厅的特征。在餐饮业迅速发展、餐厅比比皆是的市场环境中，如果在取名时能暗示自己的经营特色和经营项目，就能使客人从浩如烟海的食林之

中发现你的与众不同。例如，北京烤鸭、川妹子火锅、唐人快餐等都能让客人一看便知所经营的内容和风味。这种取名方法在实践中也较为常见。

另外，设计餐厅名称时应避免：选词无特色，落俗套；借用人们熟悉的景物，似曾相识，毫无个性；机械联系，简单组合，意义含混，情趣索然。

餐厅标牌设计

餐厅的标牌是将餐厅的名称、标志通过一定的形式展示给客人，起到和广告一样的作用，向过往人们传达信息，进行宣传。标牌不论以什么方式悬挂都要醒目，尽可能地让客人、社会公众能从不同的角度看到。看到的人越多，所起的推销作用就越大。

▲ 路牌开发设计。

餐厅的路牌具有方向的指示性和路线的引导性，在开发设计时应注意以下几点。

① 路牌必须以餐厅识别标志为基础，采用标准图形、色彩及其组合，使路牌全面、高度地与餐厅识别系统保持一致。例如，肯德基用红底，白色字母 K、F、C 及创办人山德士的头像作为标识路牌。

② 路牌的悬挂必须充分考虑周围的环境、空间、高度，使其具有指示引导的作用。路牌最基本的要求是引起马路上来往行人的注意，因此要求字体大而醒目。

③ 路牌的大小及悬挂的位置，尤其是室外路牌，要得到相应主管部门的批准。例如，电杆上的路牌要得到电力部门的批准等。

▲ 门面标牌设计。

门面标牌设计是餐厅标牌设计中最主要的一部分，一般包括正门标牌、侧门标牌及专用门标牌，在设计时应注意以下几点。

① 门面标牌应醒目，正门标牌一般平行于马路、街道。文字应有不同的大小和型号，适合客人从不同距离、不同角度来辨识，充分展现出餐厅的识别形象，渲染餐厅的氛围。

② 门面标牌要反映出餐厅的经营规格、档次。

③ 门面标牌应根据餐厅的门面情况和周围的生态环境、建筑环境选用标志或者名称，或者两者同时使用，以增加餐厅的识别功能。

④ 门面标牌可同时选用一种或几种不同的式样，如霓虹灯标牌、悬吊式标牌、灯箱、墙上镶字、直立式标牌，以及人物、动物、物品造型标牌。

▲ 室内标牌设计。

餐厅内部的各种标牌，如墙柱标牌、横梁标牌、食品展示台标牌，特别是顶天立地的灯箱标牌，把餐厅识别标志贯穿和渗透于室内时空和营销过程之中。例如，可将餐厅的名称、标志印刷在菜单上，以及散发给员工和客人的信封、名片等各种文字材料上，印刷在餐厅口布、包装袋、餐具酒具等上面，从而使餐厅识别形象深入市场、深入人心，获得公众的关注和认同。室内标牌要与室内的装修、陈设相统一。这就要以餐厅识别标志的识别同一性为基础，从根本上控制餐厅环境和经营过程，从根本上衔接各个职能部门、机构之间的工作关系，从根本上塑造、渲染、传播餐厅识别形象。通道、卫生间、电梯也应特意设计开发，使人一眼就可看到餐厅识别标志，始终置身于餐厅识别形象及其同一的心理氛围之中。

- 员工制服设计。

员工制服设计是餐厅识别系统不可缺少的一部分。首先，员工制服设计要与餐厅的标准色彩一致，这是塑造、渲染、传播餐厅形象的一个重要环节。其次，餐厅员工上班换装，无形之中重温自己参与餐厅生产经营的具体身份，可以强化服务角色意识、增强责任感。再次，强化了员工的服务意识。最后，设计开发员工制服也是调控人与环境之间沟通和协调关系的有效方法及手段。

餐厅员工制服的设计应注意以下几点。

① 以餐厅标志为导向，在工作服及服饰上表现和展示餐厅的标志，从而塑造、渲染、传播餐厅识别形象和视觉识别形象。

② 设计开发员工制服及其饰物，既要发挥劳动保护功能，又要发挥经营管理功能，还要发挥环境美化功能和信息传播功能。设计开发工作制服，特别要发挥赏心悦目的审美功能和识别形象的传播功能。

③ 员工制服及其饰物的设计开发要能够引发、激励、规范餐厅员工的群体心态、礼仪风范、行为方式，体现餐厅经营服务的支柱精神、根本宗旨、整体素质。

④ 充分发挥餐厅识别标志规范统一又灵活机动的功能作用，通过穿着统一的员工制服及其饰物，在餐厅与员工、餐厅与公众之间构架一座沟通、交流、协调的桥梁。

拓展阅读

全聚德名字的来历

全聚德始建于1864年，它的创始人是杨全仁。杨全仁初到北京时在前门外肉市街做生鸡鸭买卖生意。杨全仁对贩鸭之道十分精通，生意越做越红火。杨全仁每天到肉市上摆摊售卖鸡鸭，都要经过一间名叫"德聚全"的干果铺。这间铺子的招牌虽然醒目，但生意却不怎么样，到了同治三年（1864年），生意一蹶不振，濒临倒闭。精明的杨全仁抓住这个机会，拿出他多年的积蓄，买下了德聚全的店铺。有了自己的铺子，该起个什么字号呢？杨全仁便请来一位风水先生商议。

这位风水先生围着店铺转了两圈，突然站定，捻着胡子说："啊呀，这真是一块风水宝地！您看这店铺两边的两条小胡同，就像两根轿杆儿，将来盖起一座楼房，便如同一顶八抬大轿，前程不可限量！"风水先生眼珠一转，又说："不过，以前这间店铺甚为倒运，晦气难除。除非将其'德聚全'的旧字号倒过来，即称'全聚德'，方可冲其霉运，踏上坦途。"风水先生一席话，说得杨全仁眉开眼笑。"全聚德"这个名称正合他的心意，一来他的名字中占有一个"全"字，二来"聚德"就是聚拢德行，可以标榜自己做买卖讲德行。于是他将店的名号定为"全聚德"。接着他又请来一位对书法颇有造诣的秀才——钱子龙，书写了"全聚德"3个大字，制成金字匾额挂在门楣之上。那字写得苍劲有力、浑厚醒目，为店铺增色不少。

于是，闻名中外的老字号——全聚德就这样诞生了。

典型情境

××咖啡数字化选址模式

传统的选址依赖传统经验或者人工收集信息，大量的人工实地勘察、现场调研，导致人工、时间成本过高，极易错失商机，数据准确度也有待提升。随着互联网发展，人工智能、大数据与餐饮行业的融合愈发深入，餐饮门店采用下单小程序，引进智能机器人，服务能力得以提升，因为人工费用缩减，单店坪效提高。

××咖啡选择在商业区、写字楼和大型购物中心等高流量地段开设门店，以迎合年轻消费者对便捷性和社交性的需求。2023年，××咖啡新开了8000多家门店，这和××咖啡的数字化选址密切相关。通过海量的数据资源，精准有效地掌握综合产品定位、客群、文化环境、交通、竞争情况、区域经济等多种因素，加上算法和模型快速地进行观察与预测，开店成功率和效率双双得到提升。

1. ××咖啡选址策略概述

××咖啡通过大数据对外卖App购买的追踪，精确定位到用户密集区域，随后在该区域内开一家快取店；附近的用户只需提前在手机下单，到店面拿到饮品就走，通过外卖订单了解购买人群与品牌画像用户的需求重叠情况；利用这些数据分析确定最佳位置，并利用移动应用程序和在线订购服务来提高销售额。此外，它还通过不断创新和推出新产品来吸引更多客人。

2. 基于数据分析的选址决策

××咖啡使用大量数据进行市场调查，并将这些信息与其他因素结合起来，如城市规划、人口密度、竞争对手数量等。通过这种方式，他们能够识别出最有前途且未被充分利用的市场空间。

（1）精准圈选人群。通过地理围栏技术精准圈选人群，对曾到达潜在意向店铺位置及周边各商圈的消费者精准分层（如餐饮广场、商超等），并留存其进入周边竞品店铺及各商圈时长等维度的数据。

（2）进行时间溯源。自有数据源可溯源意向店铺周边一整年的客流情况。通过交叉分析外卖购买人群在各季节、节假日、各商圈的到访数据，判断用户年龄、性别、消费偏好等。

（3）分析商圈客群。通过对周边餐饮广场、写字楼、商超等各业态的外卖订单人群进行分析，找到客群对品牌偏好的关联点，后期对店铺装潢及营销推广给出分析判断。

（4）捕获精准画像。利用相关数据平台，可深度剖析周边消费者用户画像，分析线下行为和线上偏好，洞悉其 App 行为偏好、购物喜好等精细维度标签，辅助××咖啡后续精细化运营推广。

请思考：

××咖啡数字化选址对餐饮企业（门店）开店有哪些启发或借鉴？

考核指南

▲ 基础知识部分

△ 考核内容
1. 简要说明如何确定餐厅营业区域。
2. 简述餐厅经营场所选择的原则。
3. 简述餐厅名称设计的原则。
4. 简述餐厅名称设计的技巧。
5. 简述餐厅门面标牌设计应注意的问题。
6. 简述餐厅员工制服设计应注意的问题。

△ 考核方式
笔试或口试。

△ 即学即测
扫描二维码，完成在线练习。

第二专题测一测

▲ 实践技能部分

△ 考核内容
通过课后实地及网络调查，查找相关最新的餐饮业经营动态，初步尝试对某一餐厅就其选址、命名、店面标牌、员工服饰等进行探讨并提出合理化建议。

△ 考核方式
采用小组团队合作的方式，用 PPT 的形式展示作品或进行课堂陈述。

考核评价

评价内容	考核要点	分值	自评 20%	互评 30%	师评 50%	综合评价
内容安排	内容全面完整，材料翔实；图文并茂，有总结提升；有效运用数字化技术	50分				
细节体现	体现团队合作；PPT制作规范，有拓展	25分				
综合展示	汇报展示表达陈述自然；体现专业性及职业感	25分				
评分标准	A：90~100分，准备认真、态度端正，PPT制作精美、内容全面细致，能有效运用数字化技术、实用性强，能体现团队合作，讲授表达好。 B：80~89分，准备认真、态度端正，PPT制作简洁、内容较为全面细致，能体现团队合作，讲授表达好。 C：70~79分，准备较为认真、态度较为端正，PPT制作尚可、内容较为全面细致，基本能体现团队合作，讲授表达较好。 D：60~69分，准备较为认真、态度较为端正，PPT制作尚可、内容较为全面细致，基本能体现团队合作，讲授表达一般。 E：59分以下，准备不认真，PPT制作粗糙、内容不全面，未能体现团队合作，读稿完成陈述。					
小组成员						
陈述纪实						
备注						

第三专题
餐厅的规划与布局

学习目标

- 从整体上形成对餐厅各个功能区域的认知。
- 了解餐厅设计及厨房规划的基本要点。
- 学会用科学的方法和现代管理理论进行有效的设计与规划。

基础知识

餐厅是由前台、后台两个功能区域组成的营业场所。餐厅是接纳客人用餐的场所，其中包括迎宾台、多功能厅、雅座区、单间、烹饪表演区、休息区、舞台、海鲜池、酒吧区、更衣室、餐具柜、卫生间等。后台即厨房是准备原料和烹制菜肴的区域，其中包括库房、冷藏室、消毒间、清洗间、面点房、保温柜、粗加工区、精加工区、炉灶区、备餐间等。

视频：餐厅设计

餐厅的设计

餐厅设计的原则

完美、合理的餐厅设计不是单纯地在材料上追求昂贵，而是要通过装饰布置、色彩线条来体现餐厅的经营风格、档次、主题。餐厅设计的原则如下。

- 经济性原则。

经济性指餐厅在相同档次中以较少投资获得最大收益。由于餐厅面积的利用程度直接影响接待能力和营业收入，所以各种设计布置不应占据太多营业空间。

- 安全性原则。

安全性指餐厅内布局合理、实用，要保证用餐区内客人、员工、产品和设备的流动畅通，无安全隐患。具体包括在用餐区要为员工提供安全的工作空间、为客人提供公共通道、保证用餐区的环境卫生整洁。

- 高效性原则。

高效性指用餐区的设计与布局便于员工高效率地工作。例如，用餐区设备、设施的维修方便，费用较低；用餐区高效节能，可以最大限度地进行自然采光，或者可以与饭店大堂共享喷泉流水等室内景观，既充分利用了餐厅营业空间，也给客人带来了更佳的就餐体验。

- 功能性原则。

功能性是指在餐厅设计过程中要充分考虑餐厅各个组成部分的实用功能和相互关系，以满足餐厅高效运营和顾客良好的体验。

① 在餐厅入口处设立收款台，便于控制进出，结账收款。
② 将餐厅分为若干小区，在营业低峰时可以关闭部分区域。
③ 餐桌规格要有大有小，以便招待人数不同的各批客人。
④ 10%的座位要建成火车座式，供单身客人使用。
⑤ 餐厅里应设食品陈列柜。
⑥ 大约每100个座位设一服务台，用于为客人提供水、咖啡，换台布，置放从餐桌上撤换的餐具等。
⑦ 使用可变灯光调节装置，以便创造不同的用餐气氛。

餐厅空间的安排

餐厅在店面设计与布置上往往采用开放式的做法,采用大型的落地玻璃使餐厅透明化,使人一望即能感受到餐厅内用餐的气氛;同时注重餐厅门面、展示窗的布置,招牌文字要醒目和简明。

▲ 餐厅的空间划分。

餐厅内部的设计与布局应根据餐厅空间的大小决定。由于餐厅内部各部门所需占用的空间不同,所以在进行整个空间设计与布局规划时,要做到统筹兼顾、合理安排。既要考虑到客人的安全性与便利性,营业各环节的协调、实用效果等因素,又要注意全局与部分间的和谐、均匀、对称,体现出浓郁的风格情调,使客人一进入餐厅就能在视觉和感觉上强烈地感受到形式美与艺术美,得到一种感官享受。餐厅的空间设计通常包括以下几个方面。

① 流通空间(通道、走廊、座位等)。
② 管理空间(服务台、办公室等)。
③ 调理空间(配餐间、展示厨房、备餐间等)。
④ 公共空间(休息室、就餐区、洗手间)。

▲ 餐厅的空间分隔形式。

餐厅空间分隔的总体原则是使客人既能享有相当隐蔽的空间,又能感受整个餐厅的气氛。陈设的简繁,以及空间曲折、大小、高低的不同变化,能产生出形态繁多的空间分隔。餐厅的空间分隔常用如下几种形式。

① 隔断分隔。隔断分隔指采用软隔断、通透隔断、矮墙隔断进行区域分隔,如图3.1所示。

软隔断即用垂珠帘、帷幔、折叠垂吊帘等把餐厅进行分隔。软隔断富丽、高档,可以根据实际需要进行调整和收纳。通透隔断通常是指屏风式博古架、花窗墙隔断等。这种隔断既能将空间进行有效分割,又具有光线、视觉通透的作用,还能表现出传统的文化气息,一般用

图3.1 隔断分隔

于大厅的隔断。矮墙隔断分隔空间,使客人在心理上产生一种自我受到保护的感觉。人们既享受了大空间的共融性,又保持了一定的心理隐秘性。

② 灯具分隔。利用灯具对餐厅进行空间划分,会有一种隔而不断的感觉。灯具的布置起到了空间分区的作用,对于西餐厅和酒吧来说,是室内环境设计的常用手法。灯具分区的特点是,既保持了大的整体空间的气魄,又使客人在心理上形成分隔。灯具分隔通常与天棚分区相结合使用。

③ 层次分隔。层次分隔指通过将餐厅室内的地面局部提高或局部下降,将餐厅划分为不同区域。一般以升高用得较多,用台阶作为联系的道路,通过突出地面,暗示出两个空间区域。

餐厅气氛的营造

餐厅气氛是餐厅设计中的一项重要内容，它直接影响着餐厅对客人的吸引力。餐厅气氛包括两种：一种为有形的气氛，如位置、外观、景色、内部装潢、构造、空间布局等；另一种是无形的气氛，如服务人员的态度、礼节、仪容仪表和能力所体现的一种氛围。

- 餐厅气氛营造的要求。

① 餐厅有形气氛与餐厅的其他设计工作应共同组成一个有机整体，反映餐厅经营的主题思想。

② 营造餐厅气氛要符合消费者的心理需求。餐厅气氛设计既要考虑消费者的共性，又要考虑目标市场消费者的特性。良好的餐厅气氛能给消费者留下深刻的印象，从而增强消费者的惠顾动机。

③ 营造餐厅气氛应考虑舒适这一标准。客人对舒适的感知可影响其加速或延缓就餐时间。

- 餐厅气氛营造的方法。

要想达到良好的气氛设计，通常要考虑如下 3 个方面。

① 餐厅光线的设计。光线是餐厅气氛设计应该考虑的最关键因素之一，因为光线系统能够决定餐厅的格调。餐厅使用光线的种类很多，如烛光、白炽光、荧光及彩光等，不同的光线有不同的作用。

② 餐厅色彩的选择。色彩是气氛中可视的重要因素，它是设计人员用来创造各种心境的工具，不同的色彩对人的心理和行为有不同的影响。在餐厅气氛设计过程中，要想提高客人的流动率，最好使用鲜艳的色彩，如红绿相配的颜色，配以紧凑的座位、快节奏的背景音乐；要想延长客人的就餐时间，就应该使用柔和的色调、舒适的桌椅、浪漫的光线和温柔舒缓的音乐来渲染气氛。

③ 餐厅音效的控制。餐厅音效是指餐厅里的噪声和音乐。噪声是由烹调、客人流动和餐厅外部环境所造成的。不同种类的餐厅对噪声的控制有不同的要求。对于招待忙碌了一天的客人的餐厅来说，需要安静和幽雅的环境，因此，对噪声的控制较严格。另外，现代的研究已经证实，音乐确实对客人的活动有一定的影响。明快的音乐会使客人加快就餐；节奏缓慢而柔和的音乐会给客人一种放松、舒适的感觉，从而能延长其就餐时间。因此，不同种类的餐厅要根据具体需要进行不同的背景音乐设计。

餐厅家具的选择

餐厅家具主要有餐桌、餐椅、沙发、茶几、衣架、备餐桌等。其中餐桌和餐椅的选择尤为重要。桌椅设计布局是根据餐厅类型和厨房特色来进行的，对整个餐厅的经营影响很大。桌椅的颜色、质地、风格、品质等要同餐厅总体设计相一致，要按餐厅面积大小和所需座位数量做适当的配置，使有限的餐厅面积能最大限度地发挥其价值。

- 舒适的餐椅。餐椅的选择首先是满足客人坐的需要，其次才是满足美感的要求。因此餐椅的设计首先要有舒适感，其关键在于座面要符合人体坐姿的自然曲线。另外，靠背的支撑必须切中人体上部的着力部位。相关学者的研究表明，当座面高度为40cm时，腰部的肌肉活动最强烈，腰部不易疲劳。另外，餐椅的高度应该比小腿的高度低2~3cm。

- 适宜的餐桌。餐厅中座席的配置一般要根据用餐人数和餐桌形状来确定合适的数量，做到既不使客人感到拥挤局促，又不使其感到相互间的疏远。

    ① 若选择圆形餐桌，则一般按直径15~20cm/人的标准来计算餐位数。例如，110cm为5~7个餐位，250cm为12~14个餐位，或以圆台大小与人数关系来确定餐位（每人占60cm边长为最低限）。

    ② 若选择长方形餐桌，则一般根据用餐人数来确定不同的餐桌宽度和长度。例如，方长台：2人台宽为60~65cm、长为72~85cm，6人台宽为75~90cm、长为130~160cm，8人台宽为80~100cm、长为160~180cm。

餐厅辅助性营业设施的设立

餐厅中常设有一些为餐厅经营活动服务和便利客人的公共设施。

- 接待室。接待室的设立是为了在餐厅客满时，客人不必站立等候，可以在设备设施齐全、舒适的休息室待位。接待室提供给客人一定的消遣的、可以打发时间的设施和用品，如电视机、报纸、杂志等。如果接待室空间宽敞，则必要时还可作为小型会议场所。
- 洗手间。因为任何人都可以由洗手间的整洁程度来判断该餐厅对于整体卫生的重视程度，所以应引起特别注意。总的来说，洗手间的设置应做到：洗手间应与餐厅设在同一层楼，避免客人上下不便；洗手间的标记要清晰、醒目（中英对照）；洗手间不宜与厨房连在一起，也不宜设在餐厅中间或者正对大门的地方，以免使客人产生不良的联想，影响客人的食欲；洗手间的空间应能容纳3人以上；洗手间应设在排水方便的地方；附设的酒吧应有专用的洗手间。

厨房的规划

厨房设计的要求

- 处理好厨房与餐厅的关系。厨房为餐厅服务，应该尽量缩短从食品制作地点到餐厅内最远处餐桌之间的距离。厨房与餐厅的布置应在同一平面上，不应以楼梯踏步连接餐厅与厨房，以免造成服务事故。无法避免高差时，可以设置斜坡，宜用防滑地面砖，并以色彩区别引起服务人员注意。
- 以厨房工作流程为核心进行布局。在厨房内部应合理地缩短厨房工艺流线，减小劳动强度，减少运输中餐具破损的可能。

    ① 食品原料从储藏库取出到食品服务再到餐桌的全过程要流水作业。最理想的设计是餐厅与厨房直接相连，所有业务单元都分布在同一层面。

    ② 厨房工作中心的布局要紧凑。共同使用的设备要处在相对中间的位置，这种安排能使饭店节省营业费用。

③ 当餐厅层面积有限，不能容纳全部厨房面积时，则可移出库房、冷库、点心间到上、下楼层，但要求它们与主厨房有良好的垂直交通联系。
- 满足厨房的卫生安全要求。厨房设计要遵循厨房卫生标准及员工安全规则。
① 厨房设计布局和机械设备安装必须有利于实施高标准的卫生、安全、防火措施。
② 建筑物应该密封的部位必须严实密封，以防止尘埃灌入，以及蚊、蝇、蟑螂、鼠等侵入。
③ 厨房设施应保持易于开启状态，以方便清洁和打扫。
④ 各种机器设备应方便拆卸和移动。
⑤ 餐厅还应依照消防条例，安装消防器材，建造疏散消防楼梯，以确保餐厅财产及客人和员工的人身安全。
- 厨房布局应干湿分离、冷热分离。点心制作、备餐间等要求干燥，洗碗间、蒸饭间十分潮湿，应使它们远离或避免相互干扰。热食品热服务，冷食品冷服务，冷盆间、厨房冰箱与烹调区域应分开，避免相互影响。
- 选用便于清洁的地面、墙面材料。厨房卫生的重要性决定了厨房卫生工作的经常性。周期性打扫厨房已成为每个厨房的规章制度。厨房水冲的机会很多，地面排水坡度应适当加大，地面排水沟比地漏更为实用。
- 防止厨房油烟与噪声对餐厅的影响。厨房的通风、排风处理不当会导致油烟弥漫到餐厅，影响客人用餐。现代厨房设计均采用厨房比餐厅空气压力低的方法来解决此问题，并用增加换气次数（使换气次数在 60~70 次 /h）的方法，将烹调部分的油烟与洗涤部分的热量迅速排至室外。同时，为了防止噪声对餐厅的影响，餐厅与厨房之间可以通过备餐间的转折或过厅来过渡，备餐间、过厅起到声锁的作用。
- 交通方便、通畅。厨房、库房与供应口应有方便、通畅的联系，主要通道应宽敞。第一，餐厅和厨房的通道必须妥善布局，以避免客人和服务员、服务员和厨师的行动路线相互交叉与碰撞。厨房与餐厅之间的联结处应当分别设有进、出两个通道。第二，厨房操作单元合理布局，可以避免厨工互相碰撞，各操作点（炉灶、工作台等）的位置也应根据操作特点和出菜先后次序排列。
- 餐饮设施面积必须充裕，并留有发展余地。在进行设计规划时，应充分考虑餐厅的食品验收、储藏、粗加工、烹制、服务、洗涤有充分的空间，客用和员工用卫生间、存物间、衣帽间、办公室、电话间、锅炉房、空调、音响、照明等设施都有足够的面积。
- 良好的工作环境。良好的工作环境有助于员工充分发挥工作效率，免除不必要的疲劳和不适。员工工作效率的发挥可受诸多环境因素和条件的影响，如温度、湿度、通风、照明、墙壁、天花板及地板的强度和颜色，机器噪声及工作空间等。因此，餐厅设施的设计布局除上述各点外，还必须从员工角度考虑，顾及员工的实际能力，尽量创造舒适的工作环境。

厨房设计要点

- 厨房高度。根据建筑设计规范要求，烹调加工间室内净高不低于 3m，一般要求为 3.6~4m。储藏室可以适当低一些，这一高一低形成的错落空间可以用来装天窗通风口。

- 厨房地面。厨房地面应采用耐磨、不渗水、耐腐蚀、防滑、易清洗的材料，并使地面有一定坡度，易于排水，下水口设有防鼠设施。
- 厨房墙面。厨房墙壁力求平整，没有裂缝、凹凸、暴露的管道。墙面采用瓷砖之类的可洗物质铺面，以便清洗，且高度不低于 2m。
- 厨房天花板。厨房天花板应为平顶式，屋顶须涂抹防水白漆，以防灰尘等不洁物的下落。
- 厨房门窗。厨房门应方便进出，特别是能方便货物车或餐具车的出入；窗口面积不小于地面面积的 1/6。
- 厨房排水沟。厨房排水沟深度适当，防止逆流，出口处应有防鼠虫侵入的防范装置。
- 厨房通道。厨房通道至少宽 1.1m，便于员工操作及行走。
- 厨房照明。良好的厨房照明包括下列因素：厨房灯的安装必须注意避免产生阴影，而灯光的亮度也必须适当。厨房照度通常为：整个厨房为 30fc（英尺烛光）（$1fc=1lm/ft^2=10.76lm/m^2=10.76lx$），关键地方为 70fc，安全地带为 15fc。另外，在选择灯具时应该考虑便于清洁和维修的因素。

厨房区域划分及布局

- 厨房区域划分。依据产品和工作流程，通常把厨房系统分成 3 个区域，每个区域再布局各自所需设置的工作间，从而构成整个厨房体系。第一区域为食品验收、储藏及加工区域，包括进货口、验收处、干货库、冷藏库、办公室和加工间。加工间布局在这个区域是合适的，可以根据加工的范围和程序确定其规模和大小。第二区域为烹饪作业区域，包括冷菜间、点心间、配菜间、炉灶间、冷藏处、干货间、办公室。冷菜间、点心间、办公室应单独隔开，配菜间与炉灶间可以不分隔。第三区域为备餐洗涤区域，包括备餐间、清洗间、餐具储藏间。
- 厨房布局。
    ① L 状布局：通常沿墙壁设置成一个犄角形，适合点心间、面包房布局。
    ② 直线状布局：将设备一字排列，工作流程从起端直线流向另一端终点，适合大型、机械化程度高的厨房或粗加工厨房。
    ③ U 状布局：将设备的摆放和工作流程设计成 U 状，适合冷菜间等相对较小的厨房工作间。
    ④ 平行状布局：将设备分成两排，面对面平行排列或背对背平行排列，适合烹调加工热菜的工作间。

拓展阅读

中央厨房

所谓中央厨房，是为了保证原料质量稳定而建立的原料基地或定点品牌供应企业。中央厨房采用巨大的操作间，采购、选菜、切菜、调料等环节均有专人负责，半成品和调好的调料一起，用统一的运输方式，在指定时间内运到分店，比传统的配送要节约30%左右的成本。

中央厨房最大的好处就是通过集中规模采购、集约生产来实现菜品的质优价廉，在需求量增大的情况下，采购量增长相当可观。中央厨房具有以下6个方面的特点。

① 为消费者提供更具有特色的厨房产品，保证商品的品质、卫生标准的一致性。

② 可通过集中采购、生产和控制价格，提高商品附加值，实现企业利润最大化。

③ 可降低各销售网点的加工成本，减少库存，降低损耗。

④ 可快速、有效地应对各销售网点订货需求，实现多品种、小批量、高效率配送服务，降低物流成本。

⑤ 降低人力资源费用，降低物业成本。

⑥ 提高服务水平，提高工作效率。

典型情境

柿合缘——京味文化的雅俗共赏

高耸的城门楼，气势雄伟的故宫，金黄色的琉璃瓦，四合院承载的人情冷暖，大栅栏的老字号，还有老北京"有里儿有面儿"的讲究……这些均是京味文化的构成部分。城市文化是历史和现实的缩影，也彰显着价值理念、精神追求，而如今京味名片的呈现不仅丰富了柿合缘的内涵，还激发了一定的空间归属感。位于上海静安嘉里中心的柿合缘是一家拥有京味之美、甬味之鲜、川味之辣的米其林中餐厅，以极富创意、新意、美学的美食理解，诠释京城积淀了百年的味觉技艺，呈现一席精湛的新京宴。

在这个充满美学的餐厅空间里，餐厅设计师巧妙地融入了柿花的形态，让整个空间充满了多样性和烟火气。无论是宴会区、水吧区、卡座区还是包厢，都弥漫着柿花的独特魅力，让人们在享受美食的同时，也能感受到自然与艺术的完美结合。

前厅接待引入柿子的结构形态，和品牌名称完美呼应。墙体背景巧妙地融入了京味文化中的故宫元素及北京城中轴线的特色，以朱红色的大门为中心，两侧以对称的柱体和柿花元素的屏风作为装饰，不仅体现了中国传统美学，还赋予空间场域新的生命力。空间内部保留着原有建筑格局，在规划上顺应原有建筑曲线，丰富行走动线的趣味性，让空间自然过渡。橘色灯光的玻璃砖、温暖的红砖、柿花与金属板结合的皮艺屏风，设计师有序地将其置于空间之中，交相重叠。有与品牌标识相辅相成的柿花艺术插瓶，形式多样的艺术墙画，让其在东方语境之中又夹杂现代的气息，形成雅俗共赏的文化场域。柿合缘延续了京味文化的对称性，舒适的半围合卡座区域、静谧的灯光氛围让食客们可以在其中小酌，也可以肆意大醉，一切显得那么惬意。移步换景，数块透光玻璃屏风与沉稳的木调形成对称，卡座灯光之间的相互呼应，给予场域尺度感和温暖的氛围。

空间吧台区利用橘色灯光的玻璃砖和格栅下幽暗的灯光碰撞，弱化整体空间分离感，同时透露着神秘感，激发食客探索的好奇之心。宴会厅顶部则隐藏着另一个世界，漫天星光以柿花的形态呈现，稍显不真实的朦胧浪漫之感，行走其中，仿佛和现实生活中的钢筋水泥相隔离，实现独特的就餐体验。节奏清晰的空间动线排布，串联为彼此贯通的区域。包房内的柿花形态顶部和云石材质的吊灯交相辉映，为空间注入别样的艺术氛围。室内的艺术品和红色锯齿纹椅搭配，给予包房内独特的个性美学，让其成为一个神秘的小世界。回归场域的构建，柿合缘从色彩、京味元素、材质的碰撞融合，展现空间功能的创意性和功能性。

请思考：
如何理解餐厅设计风格的选择及其实现要素？

考核指南

▲ 基础知识部分

△ 考核内容
1. 简述餐厅设计的原则。
2. 简述餐厅的空间设计内容。
3. 简述餐厅设计应满足的功能需要。
4. 简述餐厅空间分隔常见的形式。
5. 简述餐厅气氛设计通常要考虑的因素。
6. 简述厨房布局常见的形式。
7. 简述厨房设计的要求。

△ 考核方式
笔试或口试。

△ 即学即测
扫描二维码，完成在线练习。

第三专题测一测

实践技能部分

考核内容
利用课后时间,到当地大型或有特色的餐厅进行现场参观,结合网络资料,尝试为某一类型或主题餐厅进行细节设计。

考核方式
采用小组团队合作的方式,用 PPT 的形式展示作品或进行课堂陈述。

考核评价

评价内容	考核要点	分值	自评 20%	互评 30%	师评 50%	综合评价
内容安排	主题突出、实用性强;餐厅区域划分明确;服务功能齐全;主题文化体现显著	25 分				
	内容全面完整,材料翔实;图文并茂,有总结提升;有效运用数字化技术	25 分				
细节体现	体现团队合作;PPT 制作规范,有拓展	25 分				
综合展示	汇报展示表达陈述自然;体现专业性及职业感	25 分				
评分标准	A:90~100 分,准备认真、态度端正,PPT 制作精美、内容全面细致,能有效运用数字化技术、实用性强,能体现团队合作,讲授表达好。 B:80~89 分,准备认真、态度端正,PPT 制作简洁、内容较为全面细致,能体现团队合作,讲授表达好。 C:70~79 分,准备较为认真、态度较为端正,PPT 制作尚可、内容较为全面细致,基本能体现团队合作,讲授表达较好。 D:60~69 分,准备较为认真、态度较为端正,PPT 制作尚可、内容较为全面细致,基本能体现团队合作,讲授表达一般。 E:59 分以下,准备不认真,PPT 制作粗糙、内容不全面,未能体现团队合作,读稿完成陈述。					
小组成员						
陈述纪实						
备注						

第四专题
餐饮从业人员的素质要求

学习目标

- 了解餐饮从业人员应具备的素质、知识、能力等要求。
- 熟练掌握相关知识,并具备从事餐饮服务工作的能力。

基础知识

视频：餐饮从业人员思想素质要求

▲ 餐饮从业人员思想素质要求

良好的思想素质是做好服务工作的基础。

△ 要树立牢固的专业思想

从事餐饮服务的工作人员必须充分认识餐饮服务工作对发展旅游业及整个社会经济文化事业的重要作用，热爱自己的工作，有意识地培养对专业的兴趣，不断学习，尽忠职守，开拓创新。

△ 要具有高尚的职业道德

职业道德规范要与餐饮业的特点相适应。餐饮从业人员应具备热情待客、乐于助人的服务精神；文明礼貌、不卑不亢的职业风尚；童叟无欺、真实公道的经营作风；廉洁奉公、谦恭自律的优良品质；团结友爱、顾全大局的集体意识。

△ 要具有良好的纪律观念

餐饮从业人员必须具有良好的自律意识，自觉遵守法律、法规及饭店的规章制度，以部门和饭店的大局为重，服从工作安排。

▲ 餐饮从业人员服务态度要求

服务态度是指餐饮从业人员在对客服务过程中体现出来的主观意向和心理状态，其好坏直接影响客人的心理感受。服务态度取决于员工的主动性、创造性、积极性、责任感和素质的高低。餐饮从业人员服务态度要求具体有以下 4 个方面。

△ 主动热情

餐饮从业人员应牢固树立"宾客至上、服务第一"的专业意识，在服务工作中应时时处处为客人着想，表现出一种主动、积极的态度，凡是客人需要，不分分内、分外，发现后应主动、及时地予以解决，做到眼勤、口勤、手勤、腿勤、心勤，把服务工作做在客人开口提要求之前。

△ 微笑亲切

餐饮从业人员在服务工作中应热爱本职工作，热爱自己的服务对象，做到面带微笑、端庄稳重、语言亲切、精神饱满、诚恳待人，以帮助客人为乐事，处处热情待客。

▲ 耐心细致

　　餐饮从业人员在为各种不同类型的客人服务时，应有耐心，不急躁、不厌烦，态度和蔼。餐饮从业人员应善于揣摩客人的消费心理，对于他们提出的所有问题都应耐心解答，不厌其烦；并能虚心听取客人的意见和建议，有过错不推诿。与客人发生矛盾时，应尊重客人，并有较强的自制、自律能力，做到心平气和、耐心沟通。

▲ 周到有礼

　　餐饮从业人员应将服务工作做得细致入微、面面俱到、周密妥帖。在服务前，餐饮从业人员应做好充分的准备工作，对服务工作做出细致、周到的计划；在服务时，应仔细观察，及时发现并满足客人的需求；在服务结束时，应认真征求客人的意见或建议，并及时反馈，以便将服务工作做得更好。

▲ **餐饮从业人员服务知识要求**

　　餐饮从业人员应具有广泛的知识面，具体包括以下 3 个方面。

▲ 基础知识

　　基础知识主要包括饭店员工守则、服务意识、礼仪规范、职业道德、外事纪律、食品安全与卫生知识、服务心理学、外语知识等。

▲ 专业知识

　　专业知识主要包括岗位职责、工作程序、运转表单、管理制度、设施设备的使用与保养、饭店的服务项目及沟通技巧等。

▲ 相关知识

　　相关知识主要包括政治、经济、哲学、美学、文学、艺术、法律知识，各国的历史、地理、民俗等知识，本地及周边地区的旅游景点及交通路线等。

▲ **餐饮从业人员服务能力要求**

▲ 语言能力

　　语言是人与人沟通、交流的工具。餐厅的优质服务需要运用语言来表达。因此，餐饮从业人员应具有良好的语言能力，具体指：语言要文明、礼貌、简明、清晰；提倡讲普通话；对客人提出的问题无法解答时，应予以耐心解释，不推诿和应付。此外，餐饮从业人员还应掌握一定的外语。

△ 应变能力

餐厅服务工作大多由员工通过手工劳动完成，而且客人的需求多变，因此，在服务过程中难免会发生一些突发事件，如客人投诉、员工操作不当、客人醉酒闹事、停电等。这就要求餐饮从业人员必须具有灵活的应变能力，遇事冷静，及时应变，妥善处理，充分体现饭店"宾客至上"的服务宗旨，尽量满足客人的需求。

△ 推销能力

餐饮产品的生产、销售及客人消费是同步进行的，并且具有无形性的特点，因此要求餐饮从业人员必须根据客人的喜好、习惯及消费能力灵活推销，以尽力提高客人的消费水平，从而提高餐厅的经济效益。

△ 技术能力

餐饮服务既是一门科学，又是一门艺术。技术能力是指餐饮从业人员在提供服务时显现的技巧和能力，它不仅能提高工作效率，保证餐厅服务的规格标准，还可给客人带来赏心悦目的感受。因此，要想做好餐厅服务工作，就必须掌握娴熟的服务技能，并灵活、自如地加以运用。

△ 观察能力

餐厅服务质量的好坏取决于客人在享受服务后的生理、心理感受，即客人需求的满足程度。这就要求餐饮从业人员在对客服务时具备敏锐的观察能力，随时关注客人的需求并给予及时满足。

△ 自律能力

自律能力是指餐饮从业人员在工作过程中的自我控制能力。餐饮从业人员应遵守饭店的员工守则等管理制度，明确知道在何时、何地能够做什么，不能够做什么。

△ 团队协作能力

餐厅服务工作需要团队协作，餐厅服务质量的提高需要全体员工的参与和投入。在餐厅服务工作中，要求餐饮从业人员在做好本职工作的同时，与其他员工密切配合，尊重他人，共同努力，尽力满足客人的需求。

▲ **餐饮从业人员身体素质要求**

餐饮从业人员拥有良好的身体素质是做好服务工作的保证。餐饮从业人员必须身体健康，定期体检，取得卫生防疫部门核发的健康证，如果患有不适宜从事餐厅服务工作的疾病，则应调离岗位。餐饮服务工作的劳动强度较大，无论何种岗位，其在工作中站立、行走、托盘、上菜等都需要有一定的腿力、臂力和腰力。因此，餐饮从业人员必须有健壮的体格以胜任工作。

拓展阅读

员工待客基本行为准则（以昆仑饭店二十字方针为例）

仪表：衣履整齐洁净、发型规范、胸牌端正完好。遵守酒店仪表修饰标准，展示自己最佳的仪容仪表形象。

微笑：始终向与你目光相遇的客人微笑。

问候：在迎面相逢并且目光相遇时，都要热情问候客人，自然亲切、声音适中，并尽可能尊称客人的姓名。

让路：与客人相遇时要止步侧身礼让并致微笑和问候。

起立：居坐时遇客人来访要主动起立，微笑、问候并热忱服务。

优雅：在客人活动场所要动作轻缓、言语低调、举止优雅。铃响三声内接听电话，通话结束后要等客人先挂断电话后方可轻轻挂断电话。

关注：目光要始终关注客人，尽量预先察觉并提前满足客人需求。

尽责：永远不对客人说"不"。按"首问负责"制度和程序，遇有自己不能解答的问题或不属于本岗位职责的事宜，要主动联系办理。遇有客人询问店内场所，不仅要指明去向，还要尽可能陪同前往。

致歉：为自己或同事的失误向客人真诚道歉，并要使投诉的客人立即得到安抚，及时、快速采取补救行动，尽最大可能让客人满意，并予以复核。

保洁：维护酒店环境整洁，遇有烟头、纸屑等废弃物要主动捡拾，发现有摆放不当物品要主动恢复。

典型情境

微笑——化解矛盾的润滑剂

一个风和日丽的星期六，某餐厅生意红火，人潮涌动。中午时分，一位西装革履、红光满面、戴墨镜的中年男子走进餐厅。见到客人，迎宾员快步上前，微笑迎宾，问位开茶。可是，这位客人却不领情，一脸不高兴地问道："我两天前就已在这里预订了一桌酒席，怎么看上去你们没什么准备似的？""不会的，如果有预订，我们都会提早准备的，请问是不是搞错了？"迎宾员连想都没想就回答了那位客人。可能是酒席的意义重大，客人听了解释后，更是大发雷霆，与服务员争执起来。经理刘小姐闻讯赶来，刚开口要解释，客人又把她作为泄怒的新目标，向她呵斥起来。当时，刘小姐头脑非常清醒，她明白，在这种情况下，做任何的解释都是毫无意义的，反而会使客人的情绪更加激动。于是就采取冷处理的办法让他尽情发泄，自己则"洗耳恭听"，脸上始终保持一种亲切友好的微笑。一直等到客人把话说完，平静下来后，刘小姐才心平气和地告诉他有关预订的程序，并对刚才发生的事表示歉意。客人接受了她的劝说，并诚恳地表示："你的微笑和耐心征服了我，我刚才情绪那么冲动，很不应该。"一阵暴风雨过去了，雨过天晴，餐厅的服务空气也更加清新了。

请思考：

如何理解微笑与对客服务的关系？

考核指南

▲ 基础知识部分

△ 考核内容

1. 简述餐饮从业人员应具备的思想素质要求。
2. 简述餐饮从业人员应具备的服务知识要求。
3. 简述餐饮从业人员应具备的服务能力要求。

△ 考核方式

笔试或口试。

△ 即学即测

扫描二维码，完成在线练习。

第四专题测一测

▲ 实践技能部分

△ 考核内容

课前引导学生从相关新媒体或酒店（餐饮企业）官方网站中获取服务案例，并由学生谈谈自己印象最深的一次服务经历或体验，思考与一名优秀的餐饮服务人员相比，自己在哪些方面需要学习，以及还有哪些差距。

△ 考核方式

采用小组讨论、组内修正、课堂发言、互相提问等相结合的方式进行。

考核评价

评价内容	考核要点	分值	自评 20%	互评 30%	师评 50%	综合评价
参与态度	积极参与、准备充分;团结协作、及时补位	40分				
活动能力	思路清晰、有理有据;善于倾听、勇于表达	30分				
素养养成	认识深刻、观点正向;发现问题、解决问题	30分				
评分标准	A:90~100分,积极主动参与、态度端正,团队合作好,有思考、有见解、有反思、有提升。 B:80~89分,积极参与、态度端正,有思考、有反思、有提升。 C:60~79分,积极参与、态度较为端正,有思考、有反思。 D:59分以下,未参与。					
小组成员						
陈述纪实						
备注						

第二模块
餐厅操作技能

餐饮服务是餐饮服务人员为就餐客人提供食品、饮料等一系列有形产品及无形服务的总和。餐饮服务人员只有具备丰富的服务知识和娴熟的服务技能，才能将精美可口的佳肴和尽善尽美的服务有机结合起来，让客人在物质上和精神上获得满足，以达到餐饮服务的最佳效果。因此，餐饮服务人员必须熟练掌握以下餐饮服务操作技能：托盘、餐巾折花、铺台布、摆台、酒水服务、上菜与分菜。

通过学习本模块，学生应养成良好的职业素养，弘扬工匠精神；树立大局意识，养成吃苦耐劳及精益求精的职业品质；传承行业模范的高尚品格，发扬坚韧不拔的奋斗精神。

第五专题
托盘

学习目标

- 了解托盘的种类、用途及使用方法。
- 掌握轻托、重托的注意事项及操作要领。
- 熟练掌握轻托、重托的操作程序及操作规范。
- 具备规范、熟练使用托盘为客人提供服务的能力。

基础知识

▲ 托盘的种类

- 根据托盘的制作材料，托盘可分为木质托盘、金属托盘、胶木托盘和塑料托盘。
- 根据托盘的形状，托盘可分为长方形托盘、圆形托盘、椭圆形托盘和异形托盘。
- 根据托盘的规格，托盘可分为大型托盘、中型托盘和小型托盘。

▲ 托盘的用途

- 大号方形、椭圆形和中号方形托盘一般用于托运菜点、酒水和盘碟等较重的物品。
- 大号圆形和中号圆形托盘一般用于斟酒、展示饮品、送菜分菜、送咖啡和冷饮等。
- 小号圆形托盘主要用于递送账单、收款、递送信件等。
- 异形托盘用于托运特殊的鸡尾酒，或在一些庆典活动中使用。

▲ 托盘的使用方法

- 轻托，又称胸前托，通常使用中、小型托盘，用于斟酒、派菜及托送较轻的物品，所托物品重量一般在 5kg 以内。
- 重托，又称肩上托，通常使用大型托盘，用于托送较重的菜点、酒水，以及收拾餐具和菜盘等，所托物品重量一般为 5~10kg。

操作技能

▲ 轻托

△ 轻托所需物品

中、小型托盘，垫盘布巾，饮料瓶、易拉罐、酒瓶若干，各式酒杯若干。

视频：托盘
操作技能

△ 轻托操作要领

- 左手托盘，左臂弯曲 90°，掌心向上，五指稍微分开。
- 用 5 个手指指端和手掌根部托住盘底，手掌自然形成凹形，重心压在大拇指根部，使重心点和左手五指指端形成"6 个力点"，利用五指的弹性掌握盘面的平稳。

- 平托于胸前，略低于胸部，盘面与左手臂呈直角，以利于左手腕灵活转向。轻托手法示意如图 5.1 所示。
- 行走时要头正、肩平、上身挺直，两眼平视前方，步伐轻盈自如。
- 托盘随步伐在胸前自然摆动，切勿用大拇指按住盘边。

△ 轻托注意事项

- 使用托盘给客人斟酒时，要随时调节托盘的重心，切勿使托盘翻落而将酒水泼洒在客人身上。
- 不可将托盘越过客人头顶，以免发生意外。使用托盘服务时，左手应向后自然延伸。
- 随着托盘上物品的数量、重量不断增加或减少，其重心也在不断变化，左手手指应相应地移动以掌握好托盘的重心。

图5.1 轻托手法示意

△ 轻托操作程序

轻托操作程序如表 5.1 所示。

表5.1 轻托操作程序

操作程序	操作规范
理盘	选择合适的托盘并将托盘洗净、消毒、擦干；将洁净的垫盘布巾铺平，布巾四边与盘底对齐，力求整洁美观
装盘	根据物品的形状、体积和派用先后顺序合理装盘。一般重物、高物要放在托盘中央，轻物、低物放在外侧；先上桌的物品在上、在前，后上桌的物品在下、在后；装盘时物品摆放要均匀稳定，要注意重心的控制，物品之间要有一定的间隔
起托	起托时左脚向前一步，站成弓形步；上身向左、向前倾斜，用右手将托盘的1/3拉出桌面，左手与托盘持平；按轻托要领将左手伸入盘底，待左手掌握重心后将右手放开；左脚收回一步，使身体呈站立姿势
站立与行走	站立时头正肩平，上身挺直，两眼目视前方；行走时步伐轻盈，托盘应与身体保持一定间距，托盘可自然摆动
落托	落托时先将体态调整到站立姿态，左脚向前一步，上身前倾，使左手与台面处于同一平面，用右手协助将托盘向前轻推，使托盘置于桌面上，左脚收回一步，保持身体为站立姿态

轻托操作程序示意如图 5.2 所示。

ⓐ 理盘	ⓑ 装盘

ⓒ 起托	ⓓ 站立	ⓔ 行走

图5.2 轻托操作程序示意

▲ 重托

△ 重托所需物品

大号方形托盘，垫盘布巾，中号汤盆若干。

△ 重托操作要领

- ▲ 左手五指伸开，全掌托住盘底中央。
- ▲ 在掌握好重心后，用右手协助将托盘起至胸前，左手手腕向上逆时针转动，并同时以右手协助将托盘稳托于肩上。
- ▲ 托盘上肩要做到盘底不搁肩，盘前不近嘴，盘后不靠发。重托手法示意如图5.3所示。
- ▲ 行走时，右手自然下垂摆动或扶住托盘的前沿。

△ 重托操作标准

- ▲ 平稳。托送物品时要掌握好平衡，做到盘平、肩平、物平；托盘不晃动，行走不摇

图5.3 重托手法示意

摆，转动不碰撞；给人以一种稳重、踏实的感觉。
- 轻松。手托重物行走时，上身挺直，轻松自如。

重托操作程序

重托操作程序如表5.2所示。

表5.2 重托操作程序

操作程序	操作规范
理盘	重托的托盘经常与菜肴接触，易油腻，每次使用前要清洁盘面并消毒；一般可在盘内铺上洁净的垫盘布巾，起到防油、防滑作用
装盘	重托装盘时对重心的控制尤为重要，物品摆放要均匀、稳定，并有一定的间隔。例如，3个汤锅可摆放成"品"字形
起托	屈膝弯腰，双手将托盘的1/3拉出桌面；按重托要领将左手伸入盘底，用全掌托住托盘；用右手协助将托盘送至肩上，使身体呈站立姿势，待左手掌握重心后将右手放开
站立与行走	站立时头正、肩平，上身挺直，两眼目视前方；行走时，托盘应与身体保持一定间距，步伐不要太大，做到步伐轻盈、平稳自如
落托	落托时先将体态调整到站立姿态，左脚向前一步，屈膝转腕，使左手与台面处于同一平面，用右手协助将托盘向前轻推，使托盘置于桌面上，收回左手、左脚，使身体呈站立姿态

重托操作程序示意如图5.4所示。

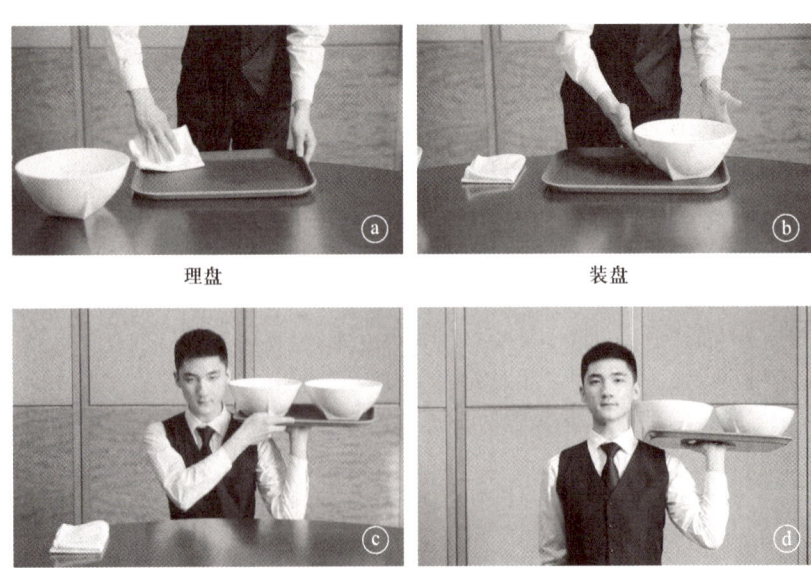

图5.4 重托操作程序示意

拓展阅读

花样轻托

五指平托：左手自然伸出，用左手5个手指的指腹和掌根接触托盘底部，掌心是空的。此种方法适用于初学者。

五指曲托：左手自然伸出后，手指分开并向上弯曲，使掌心下凹，能容下一个鸡蛋，仍然是5个手指的指腹和掌根接触托盘底部，此方法能增加托物力度，同时有较大的灵活性。此种方法适用于席间服务。

三指托盘：用左手的拇指、食指和小手指指腹托住托盘，中指和无名指弯曲，左手的虎口朝向正前方。此种方法适用于托送较轻的物品。

典型情境

被烫伤的服务员

一天，在某饭店宴会厅内的婚宴现场，客人间敬酒、谈笑，向新人祝贺，整个大厅充满了喜庆的气氛。

宴会服务人员在各自岗位上有条不紊地服务着，这时主桌服务员托着一盆汤菜准备端上桌，新郎突然从座位上站起向客人敬酒，一下子撞到了服务员。服务员出于职业本能和潜意识的支配，将托盘拉向自己，滚烫的汤水泼到其胳膊上，顿时，服务员感到剧痛，但却强忍疼痛，不哼一声，脸上仍带着微笑，并向新郎道歉。

婚宴还在进行，这位服务员继续忙于为客人们斟酒上菜，直到客人一一离席。当新人向接待婚宴的服务员道谢时才发现，这位服务员的手臂上烫起了几十个水泡。大家问他为什么被烫的时候不说，服务员回答，如果被烫时表现出反常神情，便会影响婚宴喜庆的气氛。新郎和新娘听后，非常感动，频频致谢。

请思考：
如何看待服务员的行为？给你的启示是什么？

考核指南

基础知识部分

考核内容
1. 简述托盘的种类。

2. 简述托盘的用途及使用方法。

▲ 考核方式
笔试或口试。

▲ 即学即测
扫描二维码,完成在线练习。

第五专题测一测

▎操作技能部分

▲ 考核内容
考核学生轻托和重托操作技巧掌握情况。

▲ 考核方式
实训室现场操作。

▲ 考核评价

评价内容	考核要点	分值	自评 20%	互评 30%	师评 50%	综合评价
轻托	托装有 1.5L 水的饮料瓶 4 个,站立 3min 或行走 4min,要求保持良好的姿态	50 分				
	行走时托盘内放一瓶装满水的酒瓶不倒,10 杯八分满的酒杯不溢	50 分				
重托	托盘内装满 5kg 以上的盘碟,要求站立和行走时做到平稳、轻松	100 分				
评分标准	A:90~100 分,训练刻苦、态度端正,按规范操作,手法标准、姿态自然,起托落托平稳。 B:80~89 分,训练刻苦、态度端正,按规范操作,手法标准、姿态较为自然,起托落托较为平稳。 C:60~79 分,训练态度端正,能按规范操作,手法标准、姿态较为自然,起托落托较为平稳。 D:59 分以下,训练态度不端正,不按规范操作。					
备注	轻托、重托根据实际训练情况选择考核					

第六专题
餐巾折花

学习目标

- 了解餐巾的作用及餐巾折花的种类。
- 掌握餐巾折花的选择原则及摆设要求。
- 熟练掌握餐巾折花的基本技法及操作程序。
- 具备设计适用于不同主题宴会餐巾折花的能力。

基础知识

▲ 餐巾的作用

餐巾又称口布，是宴会酒席中必备的保洁用品，也是台面摆设的艺术装饰品。它既能起到保洁作用，防止菜肴、汤汁、酒水溅落玷污客人衣服，又能起到美化席面、渲染气氛的作用，还可以标志宾主席位，便于入座。

▲ 餐巾折花的种类

△ 按摆放方式分为杯花、盘花、环花

- 杯花属中式花型，需要插入杯中完成造型。杯花的特点是立体感强、造型逼真，但常用推折、捏和卷等复杂手法，容易污染杯具，不宜提前折叠储存，从杯中取出后即散，褶皱多。目前杯花向着造型简洁、折叠快捷的方向发展，复杂的花型日益减少。
- 盘花属西式花型，将折叠好的餐巾折花直接放在餐盘中或台面上即可。盘花的特点是折叠手法简捷，可提前折叠，便于储存，打开后平整。盘花的发展趋势为简洁大方、美观实用，盘花在中餐中使用也较为常见。
- 环花为改进或创新花型，将餐巾平整卷好或折叠成造型，通过一个餐巾环将餐巾固定，通常放置在装饰盘或餐盘上，特点是简洁、雅致。餐巾环也称餐巾扣，有瓷制的、银制的、塑料制的、骨制的等。餐巾环也可用色彩鲜明和对比感较强的丝带或丝穗带代替，系在餐巾卷或造型中央，形成蝴蝶结状再配以鲜花。

△ 按外观造型分为动物类、植物类、实物类

- 动物类包括飞禽、走兽、昆虫、鱼虾等，其中以飞禽为主。动物类造型有的取其整体造型，有的取其特征造型，形态逼真，活泼可爱。
- 植物类包括各种花草、蔬菜、水果等，其中以花草为主。植物类造型有的取其花瓣造型，有的取其叶、茎、果实等造型，美观大方。
- 实物类是模仿日常生活中各种实物形态折叠而成的，目前品种不多，多用作盘花。

△ 按宴会用餐者的身份分为主位花、从位花

- 主位花是指宴会中摆放在主人、主宾餐桌上，标志宾主席位的折花造型。主位花在餐桌上会明显区别于其他餐巾折花，通常选择那些简洁高挺、美观大方、便于识别的折花造型。
- 从位花是指在宴会中除主人、主宾外的其他客人所使用的餐巾造型。宴会的主题、规模不同，餐巾折花的花型也不同。通常大型宴会要求花型简洁统一，从位花会选择同一造型的餐巾折花；小型宴会则复杂多变，可根据宴会主题为每位客人选择不同花型，只需注意高低错落，不喧宾夺主即可。

餐巾折花的选择原则

- 根据宴会形式、主题菜单内容选择花型。
- 根据接待对象的身份、风俗习惯和爱好选择花型。
- 根据花式冷拼选择花型。
- 根据时令季节选择花型。
- 根据宾主席位安排选择花型。

餐巾折花的基础折叠法

餐巾折花的基础折叠法，即将餐巾初步折叠成型后再进行具体的餐巾折叠，可分为以下 10 种方法。

- 正方折叠法。正方折叠法就是将餐巾的巾边平行相对，两次对叠成正方形，并在此基础上进行餐巾造型的一种折叠方法。正方折叠法是餐巾折花使用较多的一种折叠方法。通常有两种方式：一是先折角再叠成正方形，二是先叠成正方形再折角。
- 长方折叠法。长方折叠法就是将餐巾巾边平行对叠成长方形，并在此基础上进行餐巾造型的一种折叠方法。通常有两种方式：一是多层相叠呈窄长方形，二是平行对叠呈宽长方形。
- 长方翻角折叠法。长方翻角折叠法就是将餐巾相叠成长方形并将一个或多个巾角翻折后再进行折裥的一种折叠方法。巾角的翻折有单面翻角、双面翻角、交叉翻角等变化，通过变化折叠的层次、翻角的数量、角度的大小，从而变化出多种花型。
- 条形折叠法。条形折叠法就是将餐巾铺平直接折裥或先对折后再折裥成细长条形的一种折叠方法。条形折叠分平行折叠和对角折裥两种。
- 三角折叠法。三角折叠法又称对角折叠法，即将餐巾的巾角对叠成三角形或将餐巾翻折成双层三角形，在此基础上，通过卷、折、翻折角、插入等方法，变换折花花型的一种折叠方法。
- 菱形折叠法。菱形折叠法就是将餐巾的巾角相对平行折成菱形状的一种折叠方法。它通过变化折裥数量、调节折余两端距离、改变中间相叠部位的宽窄来折出不同的花型。菱形折叠的折裥有两种变化：一是成形后直接在正面折裥，其特点是折裥线条纵横，头尾分叉；二是将菱形翻面后再折裥，如此折拢后，头尾裹紧，表面光滑平整。
- 锯齿折叠法。锯齿折叠法又称错位折叠法，即将餐巾的四巾角错位相交，折叠成锯齿状，然后通过进一步翻叠、折裥的一种折叠方法。根据齿间的距离大小，可分为大锯齿、小锯齿和双齿。
- 尖角折叠法。尖角折叠法就是将餐巾的一角固定，然后由两边向中间折叠或卷折而成尖角形的一种折叠方法。这种折叠法适用于一头大、另一头小的折花造型。
- 提取翻折法。提取翻折法就是将餐巾的中心作为定点提起或固定中心并转动四周，再翻转顶起，最后通过翻折而变化出花型的一种折叠方法。这种折法虽然简单，但提取时要注意不能偏斜，翻折巾角大小要一致，否则会影响折花的整体造型。

- 翻折角折叠法。翻折角折叠法就是将餐巾的一角或数角,通过翻折造型或折裥后再进行翻折、组合的一种折叠方法。

▲ 餐巾折花的摆设要求

- 杯花要恰当掌握插入深度。
- 盘花要摆正、摆稳,挺立不倒,大小适中,不可超出盘边。
- 要突出主位花。
- 餐巾折花的最佳观赏面要面对客人(杯花的观赏角度为右倾 45°,盘花为正向面对)。
- 要注意花式及其高低、大小的搭配,不宜将相同造型的花摆放在一起。
- 餐巾折花的摆放不能遮挡餐具和台上用品,不能影响服务操作。

操作技能

▲ 操作所需物品

托盘、餐巾、筷子、口杯、垫盘、餐巾环。

视频:餐巾折花基本技法

▲ 餐巾折花的基本技法

△ 叠
- 叠即堆叠、折叠,就是将餐巾一折二、二折四、单层叠成多层,最终形成各种几何形状的技法。
- 叠是最基本的技法,几乎每种花型都要用到。
- 叠的要求:熟悉基本造型,看准角度,一次叠成,避免反复。

△ 折
- 折是将餐巾叠面折成褶裥的形状,使花型层次丰富、紧凑、美观。
- 折裥时,用双手的拇指、食指握紧餐巾,两个大拇指扣对成一线,指面向外,中指控制好下一个折裥的距离,拇指、食指的指面握紧餐巾向前推折到中指处,中指再腾出去控制下一个折裥的距离,3 个指头互相配合,向前推折。
- 所折的裥要求距离相等,高低、大小一致,每裥的宽度根据花型不同而有区别,一般在 2cm 左右。
- 折裥可分为直裥与斜裥两种。直裥的两头大小一样,用的方法是平直推折;斜裥一头大、另一头小,形成圆弧形,要斜面推折,方法是一手固定所折餐巾的中点不动,或折小裥，另一手按平直推折的方法围绕中点沿圆弧形折。要求两边对称的折裥，一般应从中间向两边折裥（直裥、斜裥）。

- 折的要求：应在比较光滑的台面上进行，以免因推不动而将餐巾拉长；折裥时，拇指、食指紧紧推裥，不能松开；中指控制间距将餐巾向前推折，不能向后拉折，否则折裥距离大小不均，影响美观。

卷

- 卷是将餐巾卷成圆筒的一种技法，可分为平行卷和斜角卷两种。
- 平行卷指将餐巾两边平行直线地向前卷拢，要求卷得平直；斜角卷指将餐巾一头固定只卷另一头，或者一头少卷而另一头多卷。
- 卷的要求：平行卷要求双手用力均匀，一起卷动，餐巾两边形状一致；斜角卷要求双手能按所卷角度的大小，互相配合。不管采用哪种卷法，都要求卷紧、卷匀。

穿

- 穿是用筷子从餐巾的夹层折缝中穿过去，形成皱褶，使造型更加美观逼真的一种技法。
- 穿之前，餐巾一般要打折。穿时，左手握住折好的餐巾，右手将筷子细的一头穿进餐巾的夹层折缝中，另一头顶在自己的身体或桌子上，然后用右手的拇指和食指，将皱褶的部分慢慢往里拉，把筷子穿过去，皱褶要求拉得均匀。
- 穿的要求：穿时，筷子要光滑，拉折要均匀，遇到双层穿裥时，一般应先穿下面，再穿上面，这样两层之间的折裥不易散开。

翻

- 翻的含义较多，在餐巾折叠过程中，上下、前后、左右、里外改变形态所使用的技法都是翻。
- 折叠花朵、花瓣，鸟类的翅膀和头尾等均要用到这种方法。
- 翻的要求：看准角度，一次到位。

拉

- 餐巾折花中的拉常常与翻的动作相配合，为使造型挺直，往往就要使用拉这种技法。
- 翻与拉一般在手中进行。一手握住所折的餐巾，另一手翻折，将下垂的巾角翻上，拉折成所需的形状。在翻拉过程中，两手必须配合好，握餐巾的左手要根据需要调节，该紧则紧，该松则松。如果配合不好，就会拉散餐巾，前功尽弃。
- 拉的要求：用力均匀，大小一致。

捏

- 捏主要用于做鸟嘴及其他动物的头部造型。一般所捏的鸟嘴有 5 种造型，如图 6.1 所示。

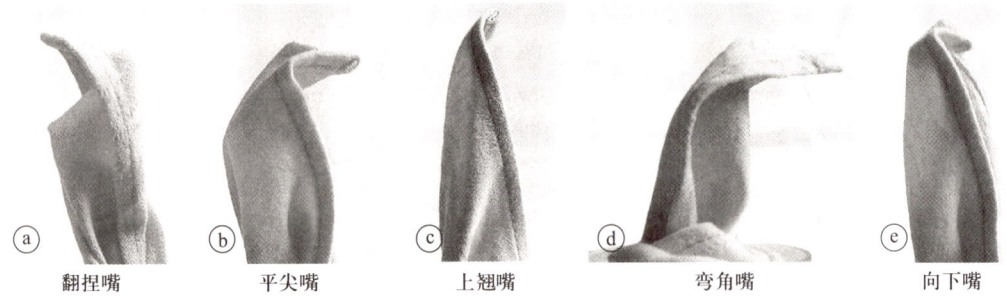

图6.1 鸟嘴造型

- 捏的操作方法是用一只手的拇指、食指、中指3个手指头将所折餐巾巾角的上端拉挺,然后用食指将巾角尖端向里、向下压,中指与拇指将压下的巾角捏紧,捏成一个尖嘴。
- 捏的要求:力度适中,造型挺拔。

▲ 餐巾折花操作程序

餐巾折花操作程序如表 6.1 所示。

表6.1 餐巾折花操作程序

操作程序	操作规范
折花准备	1. 操作前要洗手消毒 2. 准备好已消毒的托盘、餐巾、水杯、筷子 3. 正反面检查餐巾是否符合要求 4. 了解客人对花型的禁忌、喜好
基本要求	1. 简化折叠方法,要求一次成型 2. 餐巾折花设计要求美观和谐、符合宴会类型和特色 3. 准确使用餐巾折花的折叠技法
注意事项	1. 操作时不允许用嘴叼、口咬 2. 放花入杯时,要注意卫生,手指不能接触杯口

▲ 杯花范例

杯花范例如图 6.2 所示。

△ **冰玉水仙**(图 6.2-a)
- 折叠方法:正方折叠法。
- 采用技法:叠、折、拉。
- 适合情景:春夏季宴会。

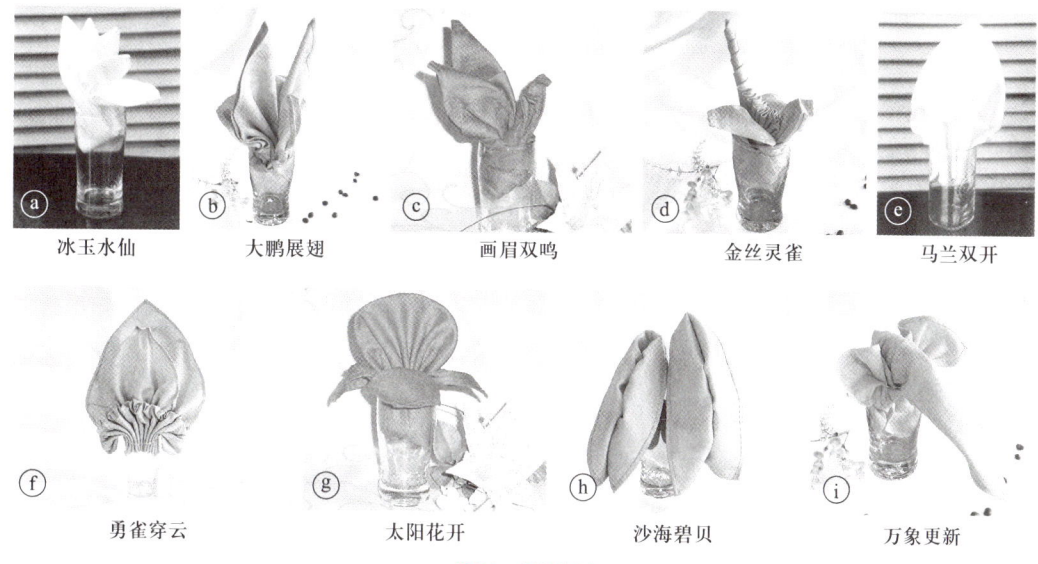

图6.2　杯花范例

- 折叠步骤：将餐巾折叠成小正方形；将4个巾角向上折叠对折；将两边向中间对折；将多出的部分向后折，然后向后对折即可；插入杯中，整理成型。

△ **大鹏展翅**（图6.2-b）
- 折叠方法：三角折叠法。
- 采用技法：叠、折、捏、拉。
- 适合情景：庆典宴会。
- 折叠步骤：将餐巾对折叠成三角形；将直边两个巾角向内对折成外正方内三角形；将上面巾角向回对折；从中间起折，突出中骨线；折5~7褶即可；将下折的巾角拉回，捏出鸟嘴；插入杯中，整理成型。

△ **画眉双鸣**（图6.2-c）
- 折叠方法：翻折角折叠法。
- 采用技法：叠、折、捏、拉。
- 适合情景：婚宴及情人节。
- 折叠步骤：先将餐巾正面向上，以正方形放置于餐台上，将两个相近角向内回折；取这两个角的中心点向内对叠；在此处折成两个鸟尾；将余下两边做成两个鸟头；插入杯中，整理成型。

△ **金丝灵雀**（图6.2-d）
- 折叠方法：三角折叠法。
- 采用技法：叠、折、捏、拉、卷。
- 适合情景：春夏季宴会。
- 折叠步骤：将餐巾对折叠成三角形；将长边一角向长边斜线卷至1/3处；继续打折至

2/3 处；余下巾角做鸟嘴；再将三角形顶角的两片分别拉出，做成鸟的翅膀；插入杯中，整理成型。

马兰双开（图 6.2-e）
- 折叠方法：三角折叠法。
- 采用技法：叠、折、翻。
- 适合情景：春夏季宴会。
- 折叠步骤：将餐巾对折叠成三角形；将直边两个巾角分别向上翻叠；从中间起折，突出中骨线；折 5~7 裥即可；将上折的巾角翻成花瓣状；插入杯中，整理成型。

勇雀穿云（图 6.2-f）
- 折叠方法：翻折角折叠法。
- 采用技法：叠、折、捏、拉、穿。
- 适合情景：庆祝宴会或儿童生日宴会。
- 折叠步骤：将餐巾翻折叠成错位三角形；将直边向上折 2 寸；从中间起折，突出中骨线；折 7~9 裥即可；用筷子沿上折巾边进行穿裥；将上折的三角形顶角轻拉，捏出鸟嘴；插入杯中，抽出筷子，整理成型。

太阳花开（图 6.2-g）
- 折叠方法：三角折叠法。
- 采用技法：叠、折、翻、拉。
- 适合情景：庆祝宴会。
- 折叠步骤：将餐巾对折叠成三角形；取直边中心点，弧线打折 7~9 裥；将直边两个巾角和顶角一个巾角向上翻拉成花瓣；顶角的另一个巾角包底；插入杯中，整理成型。

沙海碧贝（图 6.2-h）
- 折叠方法：长方折叠法。
- 采用技法：叠、折、翻、拉。
- 适合情景：夏季宴会。
- 折叠步骤：将餐巾对折叠成长方形；沿直边向上推折 5~7 裥；沿中线点向内对折后回折；插入杯中，翻拉两叶，整理成型。

万象更新（图 6.2-i）
- 折叠方法：菱形折叠法。
- 采用技法：叠、折、翻、拉。
- 适合情景：庆祝宴会或儿童生日宴会。
- 折叠步骤：将餐巾反面向上以菱形放置；将餐巾叠成尖角、底角向上折；翻过来，从底部向上打折至 3/4 处；向下对折，翻出两角做象耳；插入杯中，整理成型。

◢ 盘花范例

盘花范例如图 6.3 所示。

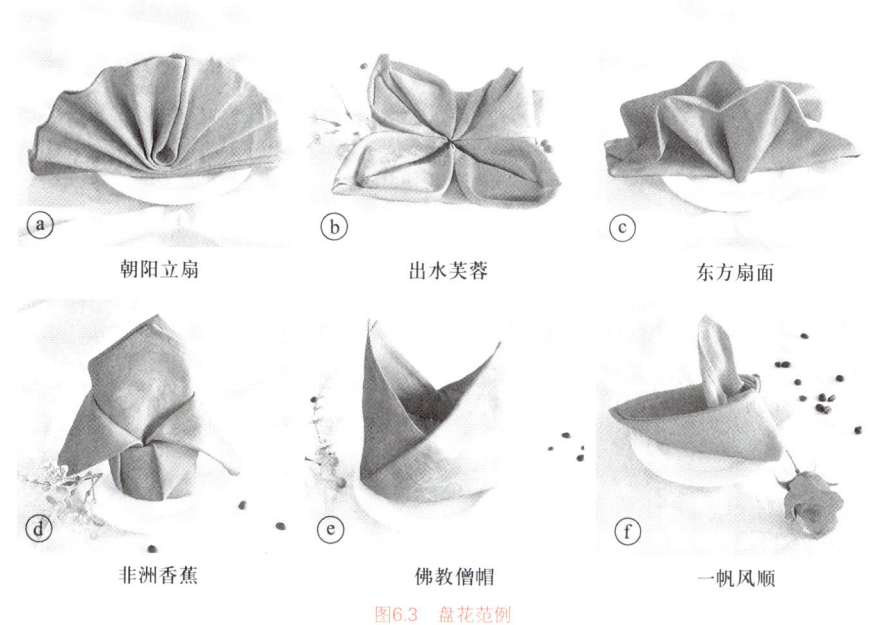

图6.3 盘花范例

◿ 朝阳立扇（图6.3-a）
- ◣ 折叠方法：条形折叠法。
- ◣ 采用技法：叠、折。
- ◣ 适合情景：中西式大型宴会。
- ◣ 折叠步骤：将餐巾反面向上，对叠为长方形；从长方形的一短边开始打折，至2/3处；将餐巾拿起，向下对叠成条形；再将尾边向下叠成三角形；将餐巾放入盘中，整理成型。

◿ 出水芙蓉（图6.3-b）
- ◣ 折叠方法：正方折叠法。
- ◣ 采用技法：叠、折。
- ◣ 适合情景：展示花适合于放置在餐具下部。
- ◣ 折叠步骤：将餐巾反面向上，4个角均向中心叠成正方形；将餐巾翻过来，4个角向中心叠成正方形；再次将餐巾翻过来，4个角再向中心叠；将4个角底部向上翻；将餐巾放入盘中，整理成型。

◿ 东方扇面（图6.3-c）
- ◣ 折叠方法：条形折叠法。
- ◣ 采用技法：叠、折。

- 适合情景：中西式大型宴会。
- 折叠步骤：将餐巾反面向上放置于桌面上，两对边均向中间折叠后反向对叠成条形；将条形状餐巾均匀打出四裥；将打好折的餐巾双边向上，向下拉出外巾成内三角，注意要对齐，不要拉出巾外；另侧相同；将折好的餐巾打开，放入盘中，整理成型。

非洲香蕉（图 6.3-d）

- 折叠方法：三角折叠法。
- 采用技法：叠、折。
- 适合情景：中西式大型宴会。
- 折叠步骤：将餐巾反面向上，对叠为三角形；将三角形两底角向顶角对叠成正方形；靠近身体一边的角向上叠为错位三角形；将餐巾翻过来；将两底边向里卷并插入夹层；将餐巾放入盘中，整理成型。

佛教僧帽（图 6.3-e）

- 折叠方法：条形折叠法。
- 采用技法：叠、折。
- 适合情景：中西式大型宴会。
- 折叠步骤：将餐巾反面向上，对叠为长方形；将长方形两对角向中线对叠成平行四边形；将餐巾翻过来，长边对叠成条形；将两条长角分别插入夹层；将餐巾放入盘中，整理成型。

一帆风顺（图 6.3-f）

- 折叠方法：正方折叠法。
- 采用技法：叠、折。
- 适合情景：庆祝宴会。
- 折叠步骤：将餐巾折成正方形后再折成三角形；将餐巾下折成尖角状，将底角向后折后对叠；拉出最上一叶成帆船状；将餐巾放入盘中，整理成型。

环花范例

环花范例如图 6.4 所示。

花开富贵（图 6.4-a）

- 折叠方法：条形折叠法。
- 采用技法：叠、折。
- 适合情景：高端中西式小型宴会。
- 折叠步骤：将餐巾对叠成长方形；从短边开始起折，折 7~9 裥；用餐巾扣或丝带将中部收紧，起到固定的作用；摆放在盘中，整理成型。

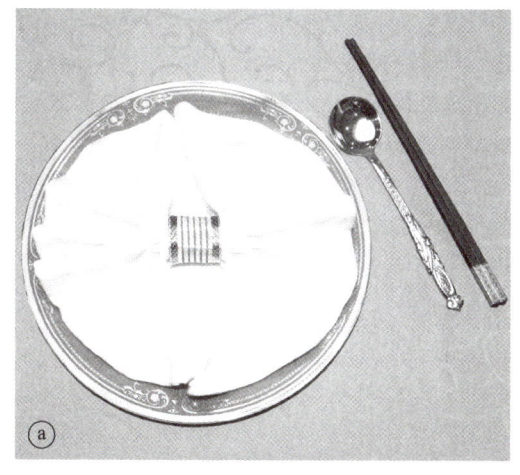

花开富贵　　　　　　　　　　　　扇面送爽

图6.4　环花范例

▲ 扇面送爽（图6.4-b）

- ▲ 折叠方法：条形折叠法。
- ▲ 采用技法：叠、折。
- ▲ 适合情景：高端中西式小型宴会。
- ▲ 折叠步骤：将餐巾错层次对叠成长方形；从长方形一短边开始起折，折5~7褶；用餐巾扣或丝带将尾部收紧，起到固定的作用；摆放在盘中，整理成型。

拓展阅读

▲ 餐巾的起源

在欧洲，餐巾相传起源于古希腊时代。当时，贵族们在用膳时餐桌旁往往铺一块毛皮。因为那时还没有叉，餐刀切了肉以后就用手往嘴里送，而布帛、纸都是很贵重的东西，不能轻易使用。桌旁铺着的毛皮主要是用来擦拭拿过肉的手，用后就丢弃，这就是餐巾的原型。16世纪初，欧洲宫廷开始使用布的餐巾。到17世纪以后，餐巾逐渐进入民间。

宴席上使用餐巾，也是中国古老的饮食文化传统。《周礼·天官》中就记载了用毛巾覆盖食物的古制。这种用以覆盖食物的毛巾可能是世界上最早的餐巾。根据故宫博物院编纂的《紫禁城帝后生活》书中介绍，清代皇帝吃饭时，使用一种宫廷中称之为"怀挡"的物件，即餐巾。这种餐巾用明黄绸缎绣制而成，绣工精细、花纹别致，福寿吉祥图案华丽夺目，餐巾一角还有扣襻，便于在就餐时套在衣扣上使用。这种具有中国特色的餐巾比一般的西方餐巾要华贵得多，并且使用方便。

典型情境

折成领结的红餐巾

某饭店餐饮部接到某集团商务宴请的预订通知。在了解客户在此次宴会上的主题需求后,研讨制订接待方案,在菜单设计、厅房布置等方面做了严格要求。由于此次宴会是某集团达成战略合作的庆祝晚宴,所以在外部环境上将用餐指示牌和包房门牌都设计为合作共赢的主题。菜单式样选用西式卷筒的造型,将宴请双方公司logo设计在菜单下方,并用鲜花和丝带捆绑,寓意着合作共赢;餐巾设计采用西式盘花,考虑到商务宴请,选择将红色口布用席巾扣折叠成商务领结的形状,与菜单相呼应,烘托用餐的喜庆气氛。同时在菜肴出品上也进行精心的设计,处处体现节节高升、基业长青、合作共赢等美好寓意。

客人到达包房后,不禁被餐饮部用心的布置所打动,在赞叹包房内一处处精美的装饰细节的同时,激动地用手机不停拍照,在用餐时更是多次赞扬餐饮部的细心安排及服务。

请思考:
客人的满意点在何处?对你有何启示?

考核指南

基础知识部分

考核内容
1. 简述餐巾的作用。
2. 简述餐巾折花的选择原则与摆设要求。
3. 简述餐巾折花的基础折叠法。

考核方式
笔试或口试。

即学即测
扫描二维码,完成在线练习。

第六专题测一测

操作技能部分

考核内容
考核学生餐巾折花技巧及应用情况。

考核方式
实训室现场操作。

考核评价

评价内容	考核要点	分值	自评 20%	互评 30%	师评 50%	综合评价
餐巾折花	5min 内完成 10 种不同造型的餐巾折花，要求花型高低错落、美观大方	30 分				
	3min 内完成 6 种不同造型的餐巾盘花（环花），要求花型挺拔、整洁、美观	30 分				
折花应用	设计不同主题餐饮活动的用花，要求符合宴会主题，花型选择准确合理，立牌摆放主题说明	40 分				
评价标准	A：90~100 分，训练刻苦、态度端正，严格按规范操作，折叠手法标准、花型美观、花型选择符合餐饮主题要求，能在规定时间内完成。 B：80~89 分，训练刻苦、态度端正，按规范操作，折叠手法标准、花型较为美观、花型选择基本符合餐饮主题要求，能在规定时间内完成。 C：60~79 分，训练态度端正，基本能按规范操作，折叠手法较为标准、花型较为美观、花型选择基本符合餐饮主题要求，基本能在规定时间内完成。 D：59 分以下，训练态度不端正，不按规范操作，花型不美观，未能在规定时间内完成。					
备注						

第七专题
铺台布

学习目标

- 了解台布的种类及规格。
- 掌握撤换台布及包边台的操作程序和规范。
- 熟练掌握各式铺台布的操作方法及要领。
- 具备根据不同场景,选择和运用适当方法铺台布的能力。

基础知识

▲ 台布的种类

台布也称桌布，主要起保洁、装饰和方便服务的作用。台布有多种样式和颜色。从台布的质地上看，有提花台布、织锦台布、工艺绣花台布、VISA 台布和布质台布；从颜色上看，通常有白色台布、黄色台布、绿色台布和红色台布等；从形状上看，有圆形台布、正方形台布和异形台布。

▲ 台布的规格

- 180cm×180cm 的台布，可供 4~6 人餐桌使用。
- 220cm×220cm 的台布，可供 8~10 人餐桌使用。
- 240cm×240cm 的台布，可供 12 人餐桌使用。
- 260cm×260cm 的台布，可供 14~16 人餐桌使用。
- 180cm×360cm 的台布，可供西餐长台使用。
- 在零点餐厅里使用较多的是 180cm×180cm 和 220cm×220cm 的台布。
- 宴会厅通常使用 240cm×240cm 或 260cm×260cm 的台布。

▲ 铺台布的方法

视频：铺台布

△ 平铺式
- 将折好的台布放在餐台上，站立在副主人的位置上，准备铺台布。
- 将台布打开，正面朝上。
- 注意两臂以中线为轴，间距要大于肩宽。
- 用大拇指和食指抓住台布靠近身体的一边，其余三指快速抓住台布其余部分。
- 将抓起的台布放在胸前平直地向对面（即主人位）抛出。
- 铺好的台布十字居中，四角下垂均匀。
- 这种方法适合西餐方台、大圆餐桌，或使用大圆形台布，或有客人在餐台旁候餐时使用。

△ 推拉式
- 将折好的台布放在餐台上，站立在副主人的位置上，准备铺台布。
- 将台布打开，正面朝上。
- 注意两臂以中线为轴，间距要大于肩宽。
- 用大拇指和食指抓住台布靠近身体的一边，其余三指快速抓住台布其余部分。

- 用两手臂的臂力将台布沿着桌面向胸前合拢的同时，平直地向对面（即主人位）用力推出、打开、拉回。铺好的台布十字居中，四角下垂均匀。
- 这种方法适合零点餐厅、规模较小的餐厅，以及有客人在餐台旁候餐时使用。

△ 撒网式
- 将折好的台布放在餐台上，站立在副主人的位置上，准备铺台布。
- 将台布打开，正面朝上。
- 注意两臂以中线为轴，间距要大于肩宽。
- 用大拇指和食指抓住台布靠近身体的一边，其余三指快速抓住台布其余部分。
- 双手提拿起台布至身侧后方，上臂利用转体将台布斜着向前撒出去，将台布抛至前方时，上身同时转体回位，将台布平铺于台面上。铺好的台布十字居中，四角下垂均匀。
- 这种方法适合宴会厅或技术比赛场合使用。

△ 肩上式
- 将折好的台布放在餐台上，站立在副主人的位置上，准备铺台布。
- 将台布打开，正面朝上。
- 注意两臂以中线为轴，间距要大于肩宽。
- 用大拇指和食指抓住台布靠近身体的一边，其余三指快速抓住台布其余部分。
- 将抓好的台布提起，放到肩上用力向对面（即主人位）打开。铺好的台布十字居中，四角下垂均匀。
- 这种方法适合宴会厅或技术比赛场合使用。

操作技能

▲ 操作所需物品

中餐 10（4）人餐桌、中餐 10（4）人餐桌台布、各种规格台裙。

▲ 撤换台布操作程序

撤换台布操作程序如表 7.1 所示。

表7.1 撤换台布操作程序

操作程序	操作规范
准备	撤去餐台上所有物品并准备好相同规格的干净台布，检查台布正反面是否符合摆台要求

续表

操作程序	操作规范
移开台布	将台面上所有用品移到半面台布上，然后把另半面台布掀起，露出半张餐桌
撤下台布	把台面上的用品从台布上移到露出的半张餐桌上，将台布朝上卷起，卷脏台布的同时将碎屑等包卷起来，以免其撒在座位或地面上
铺新台布	在空出的半张餐桌上铺上干净台布，台布中间折缝与餐桌中线重合，将对折台布的上半面折起，然后把原先留在餐桌上的用品逐件移到已铺开的半面台布上。把折起的上半面台布完全打开铺平，按规定位置摆好胡椒盅、盐盅、调味架、花插等用具

圆台铺台布操作程序

圆台铺台布操作程序如表 7.2 所示。

表7.2　圆台铺台布操作程序

操作程序	操作规范
准备	准备好规格适宜的干净台布一块；站立在副主人的位置上
打开抓起	将台布打开，正面朝上，用大拇指和食指抓住台布靠近身体的一边，其余三指快速抓住台布其余部分。注意两臂以中线为轴，间距要大于肩宽
抛出定位	将抓起的台布用力向对面（即主人位）抛出。要求台布正面向上（折线凸向为正面），中心线对准主位，十字中心点居桌中，台布平整，四边下垂部分均匀，垂直部分与地面距离相等，不可搭地

圆台铺台布操作程序示意如图 7.1 所示。

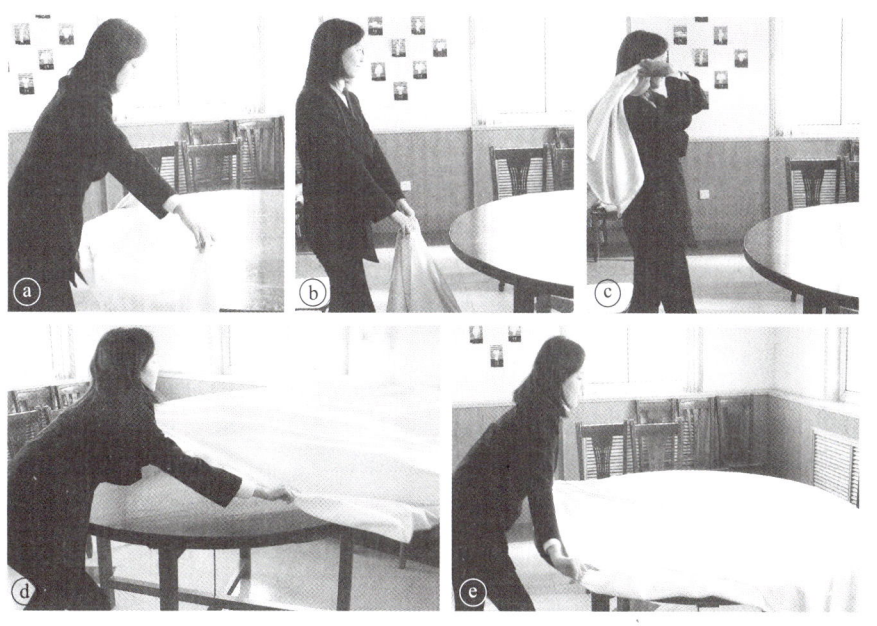

图7.1　圆台铺台布操作程序示意

包边台操作程序

包边台操作程序如表 7.3 所示。

表7.3 包边台操作程序

操作程序	操作规范
准备	长方桌 1 个（1.2m×0.6m）、台布 2 块（1.9m×1.5m）或台布 4 块（1.5m×1.5m）
包边台	两块台布方法：第一块台布，先铺里侧，正面朝上，注意铺设时台布不能着地；靠近身体侧大约预留 78cm（餐桌高度 80cm），中线对其餐桌中缝；左右两侧向内折三角形；保持台面平整。第二块台布，从外向里铺设，方法同上。 四块台布方法：第一块台布，先铺左侧，正面朝上，注意铺设时台布不能着地；靠近身体侧大约预留 78cm（餐桌高度 80cm），台布边线与餐台边角对齐，台布垂直成 L 型，余下部分包餐桌里侧；台面部分内折三角形；保持台面平整。第二块台布，从右侧铺设，方法同上。第三块台布，从外向里铺设，中线对其餐桌中缝；左右两侧向内折三角形；保持台面平整。第四块台布平铺到第三块台布上面，要求台布覆盖面方向要正确，四边折叠整齐，下垂均等，棱角分明。
注意事项	10 分钟内完成；台布均正面朝上，不可着地；操作时不可使用夹子、大头针等任何辅助物品；台布最佳观赏面面向客人。

长台铺台布操作程序

长台铺台布操作程序如表 7.4 所示。

表7.4 长台铺台布操作程序

操作程序	操作规范
准备	准备好规格适宜的干净台布两块，站立在长台的中间位置
打开抓起	将台布打开，正面朝上，用大拇指和食指抓住台布靠近身体的一边，其余三指快速抓住台布其余部分。注意两臂以中线为轴，间距要大于肩宽
抛出定位	将抓起的台布用力向对面推出；由里向外依次将台布铺完。台布正面一律向上，台布之间要求中心线对正，台布压贴的方法和铺设的距离要一致；台布相对的两侧下垂部分要均匀，做到美观、整齐

拓展阅读

筵席的由来

在奴隶社会时期，随着生产力的发展，食物产品有了一定的剩余，同时随着祀天神、祭地祇、祭先祖等活动的产生，部落人常常聚集在一起，待典礼结束，分享由首领分给的祭祀用食品，这就是原始的筵席。古代人参加筵席是席地而坐，底下垫着用蒲苇草编成的筵和用萑草编成的席，于是就产生了"筵席"这个词。同时，为保持王权的权威，在饮食制度上有了森严的等级观念。例如，垫座的筵席，规定天子之席五重，诸侯之席三重，大夫之席二重。《礼记·乐记》《史记·乐书》都曾记述古代"铺筵席，陈尊俎"的设筵情况，筵和席都是宴饮时铺在地上的坐具，筵大席小、筵长席短、筵粗席细，筵铺在地面，席放置筵上。后来，人们在这种坐具上摆放食物，席地而食。若筵与席同设，则既表示富有，又体现对客人的尊重。

典型情境

翻台的问题

一天中午，某饭店中餐厅王经理照例到另一家饭店的中餐厅考察。他特别关注服务员的服务情况，发现服务员在翻台过程中存在不规范的地方。回到办公室后，他在笔记本中记录了如下几条。

① 翻台顺序有误。
② 翻台时分类不够，餐具盘碟、碗筷有混放的现象。
③ 翻台中有扰客现象。其他桌的客人还没离开就开始翻台，铺台动作大、声音大，影响客人用餐。
④ 有不换台布的现象。
⑤ 换台布时，有将残物抖落到地毯上的现象。
⑥ 未清理残留物就将餐巾、台布包起，放在布巾车中。

王经理将这些记录下来，准备在第二天开会时与员工分析这些情况，以便提高自己餐厅翻台的服务质量。

请思考：
此案例中有哪些方面值得学习？该餐厅该如何改进？

何为规范？

阿霞是一名酒店管理专业的大学生，专业技能过硬、素质高，是学校首届饭店服务技能大赛的全能冠军。在饭店实习期间，她凭借良好的专业技能很快得到了领导的重视，被分到饭店中餐厅工作。在一次餐厅值台服务中，大厅已坐满了客人，阿霞送走了一批客人又迎来了一批客人。为了使客人尽快入座，只见阿霞迅速收拾好餐台，用肩上式的方法将台布铺上，动作干净利落、一气呵成，然后风风火火地摆台。这时只见旁桌就餐的客人用诧异和不满的眼神看她，可是她竟没有察觉。

请思考：
此案例中客人为何诧异？阿霞的动作出错了吗？

考核指南

▲ 基础知识部分

△ 考核内容
1. 简述台布的种类与规格。
2. 简述铺台布常用的方法。

△ 考核方式
笔试或口试。

△ 即学即测
扫描二维码，完成在线练习。

第七专题测一测

▲ 操作技能部分

△ 考核内容
考核学生各式铺台布技术掌握情况。

△ 考核方式
实训室现场操作。

考核评价

评价内容	考核要点	分值	自评 20%	互评 30%	师评 50%	综合评价
铺台布（圆桌）	8s内完成一张圆桌的铺台，要求台布一次打开，正面朝上，四角下垂均匀	100分				
铺台布（长方桌）	20s内完成一张长台（2块台布）的铺台，要求台布一次打开，正面朝上、相对两侧下垂均匀，台布由里向外铺设，注意接缝向里，台布平整	100分				
评分标准	A：90~100分，站在副主人位铺台布，一次打开，中心线凸缝向上，并且对准正副主人位，台面平整，四角下垂均匀，能在规定时间内完成。 B：80~89分，站在副主人位铺台布，一次打开，中心线凸缝向上，并且对准正副主人位，台面较为平整，四角下垂较为均匀，能在规定时间内完成。 C：60~79分，站在副主人位铺台布，未能一次打开，中心线凸缝向上，并且对准正副主人位，台面较为平整，四角下垂较为均匀，基本能在规定时间内完成。 D：59分以下，站在副主人位铺台布，多次打开，台布反面朝上，台面不平整，四角下垂不均匀，不能在规定时间内完成。					
备注	铺圆台、长台或撤换台布根据实际训练情况选择考核					

第八专题
摆台

学习目标

- 了解中西餐摆台所需用具。
- 掌握中西餐摆台要求。
- 熟练掌握中西餐摆台操作程序及规范。
- 具备规范、熟练设计与摆设中西餐台面的能力。

基础知识

摆台是指餐厅服务人员根据就餐人数，将各种餐具按一定的规范铺设在台面上的工作过程。

▲ 中餐摆台

△ 中餐摆台用具

餐盘、汤碗、汤匙、筷子、筷架、各式酒杯、餐巾、味碟、茶杯、茶盘、牙签筒、花瓶、席位卡、菜单、公用餐具。

△ 中餐摆台要求

- 餐具摆放要相对集中，整齐一致。
- 要方便客人就餐，便于服务员席间服务。
- 台面要具有美感，富于艺术性。
- 台面要清洁卫生，所有的布件、餐具、调味品及装饰品都要整齐清洁。
- 涉外宴会的摆台要符合各国、各民族的礼仪或习俗，席位安排可根据对方的传统习惯而定。

▲ 西餐摆台

△ 西餐摆台用具

餐盘、各式刀叉、各式酒杯、面包盘、黄油刀、餐巾、牙签筒、椒盐瓶、奶缸、糖缸、菜单、烛台、花瓶或鲜花、甜品餐具、咖啡杯、咖啡盘。

△ 西餐摆台要求

- 餐盘摆在席位正中。
- 左叉右刀，叉齿朝上，刀刃向左。
- 各种餐具横竖成线、距离均等。
- 餐具与菜肴配套摆放。

操作技能

▲ 操作所需物品

各式餐桌、各式台布、托盘、餐椅、摆台用具、转盘。

视频：摆台

中餐便餐摆台操作程序

中餐便餐摆台操作程序如表 8.1 所示。

表8.1 中餐便餐摆台操作程序

操作程序	操作规范
摆台准备	将摆台物品准备齐全并做好餐具卫生检查
铺台布	按圆台铺台布方法铺台布
摆餐椅	4人桌，正副主人位方向各摆2位或每边各1位；6人桌，正副主人位方向各摆1位，两边各摆2位；8人桌，正副主人位方向各摆2位，两边各摆2位；10人桌，正副主人位方向各摆3位，两边各摆2位；12人桌，正副主人位方向各摆3位，两边各摆3位
上转盘	8人以上餐台应摆转盘，转盘与餐台同心
摆餐具	1. 摆餐盘——摆在每位客人所对台面的正中，距桌边1.5cm 2. 摆汤碗、汤勺——摆在餐盘左侧，汤碗上沿与餐盘上沿形成一条直线，与餐盘的间距为1cm；汤勺摆在汤碗内，勺把朝左 3. 摆筷架、筷子——筷架摆在餐盘右侧，与餐盘上沿形成一条直线、与餐盘的间距为1cm，筷子尾部距桌边1.5cm 4. 摆水杯——摆在餐盘正上方，与餐盘的间距为1cm 5. 摆餐巾——杯花插入杯中，盘花置于餐盘之上 6. 牙签筒、调料架、花瓶摆在台面的固定位置上，多数餐厅摆在台布的中线附近 7. 8人以上餐桌台面应摆放公用筷架和筷子，供主人为客人布菜和其他人取菜用；公用筷、公用勺放在公用筷架上，摆在主位餐具上方或转盘上

中餐宴会摆台操作程序

中餐宴会摆台操作程序如表 8.2 所示。

表8.2 中餐宴会摆台操作程序

操作程序	操作规范
摆台准备	将摆台物品准备齐全并做好餐具卫生检查
铺台布	按圆台铺台布方法铺台布
摆餐椅	同中餐便餐摆台
上转盘	8人以上餐台须摆转盘，转盘与餐台同心

续表

操作程序	操作规范
摆餐具	左手托盘,从主人位开始按顺时针方向依次用右手摆放餐具 1. 摆餐盘——摆在席位正中,从主人位开始顺时针摆放,盘与盘之间的距离要相等,盘边距离桌边 1.5cm 2. 摆汤碗、汤勺、味碟——汤碗位于餐盘左前方,汤勺放于汤碗中,勺把朝左,味碟位于餐盘右前方,二者中线形成一条直线,与餐盘的间距为 1cm 3. 摆筷架、筷子——筷架位于餐盘右侧上方,同汤碗、味碟中线在一条直线上,筷子放置于筷架上,尾部距桌边 1.5cm 4. 摆杯具——3 种杯具可由大到小依次摆放,也可先摆放红酒杯(位于餐盘垂直中线上)定位,再摆白酒杯,最后放折好花的水杯。杯间距为 1cm,与汤碗、味碟的间距为 1cm 5. 摆公用餐具——10 人桌通常摆放两套公用餐具。分别放在正副主人酒具的前方,公用勺和公用筷并排横放在公用盘上,筷子尾端和勺把一律向右 6. 摆牙签筒——10 人桌宴会一般摆两个牙签筒,牙签筒放在公用盘右侧(公筷尾部),相距 1cm;如果采用每人一份的牙签套装,则在摆放筷子时摆放在筷子里侧 7. 摆菜单——10 人桌一般放两张,分别摆在主人、副主人餐具的一侧,其底部距桌边 1cm 8. 摆席次卡、座次卡——席次卡摆在每张餐桌的中央,台号朝向厅堂入口处;座次卡放在每个餐位正中,卡上姓名正对就餐者 9. 餐台装饰品——摆放在餐桌中心位置

中餐宴会摆台如图 8.1 所示。

图8.1 中餐宴会摆台

西餐早餐摆台操作程序

西餐早餐摆台操作程序如表 8.3 所示。

表8.3 西餐早餐摆台操作程序

操作程序	操作规范
摆台准备	将摆台物品准备齐全并做好餐具卫生检查
铺台布或摆餐垫	按长台铺台布方法铺台布或根据饭店具体情况按餐位摆放餐垫
摆餐具	1. 摆餐刀、餐叉——在席位的右侧摆餐刀,刀刃向左;在席位的左侧摆餐叉。餐刀与餐叉的距离以能摆放一个装饰垫盘为宜,一般为30cm,刀、叉后端距桌边2cm 2. 摆面包盘、黄油刀——面包盘摆在餐叉左侧,距餐叉1cm。黄油刀刀口朝盘心放在面包盘中轴线右侧,或刀口朝桌边斜横放于面包盘上。若放黄油碟,则置碟于面包盘上方 3. 摆咖啡杯——可根据实际情况决定是否摆放,如果需要摆放,则将咖啡杯连同垫碟摆放在餐刀上方,咖啡匙放在垫碟内,杯把和匙把向右 4. 摆调味架、牙签筒、口纸杯——摆在餐厅规定的位置上 5. 摆水杯——可根据不同餐式要求,决定是否在餐具上方放置水杯

西餐午晚餐摆台操作程序

西餐午晚餐摆台操作程序如表8.4所示。

表8.4 西餐午晚餐摆台操作程序

操作程序	操作规范
摆台准备	将摆台物品准备齐全并做好餐具卫生检查
铺台布	按长台铺台布方法铺台布
摆餐具	1. 摆餐盘——餐盘摆在席位正中,盘心正对椅背中间,盘边距桌边2cm 2. 摆餐刀、餐叉——在餐盘右侧摆餐刀,刀刃向左;在餐盘左侧摆餐叉,叉尖向上;菜单中若有海鲜,则需加摆鱼刀、鱼叉 3. 摆面包盘、黄油刀——面包盘摆在餐叉左侧,其盘心与餐盘盘心连线平行于桌边直线;黄油刀垂直桌边置于面包盘上 4. 摆茶匙、甜品叉——在餐盘正上方平行横摆甜品匙和甜品叉,甜品匙把向右,甜品叉把向左 5. 摆水杯——水杯摆在餐刀的正上方3cm处 6. 摆餐巾——将餐巾叠成餐巾花摆在餐盘正中位置 7. 摆胡椒盅、盐盅——摆在餐厅规定的位置上 8. 摆烛台——一般只摆放于晚餐台面,放于餐台中央

西餐午晚餐摆台如图 8.2 所示。

图8.2　西餐午晚餐摆台

西餐宴会摆台操作程序

西餐宴会摆台操作程序如表 8.5 所示。

表8.5　西餐宴会摆台操作程序

操作程序	操作规范
摆台准备	将摆台物品准备齐全并做好餐具卫生检查
铺台布	按西餐长台铺台布方法铺台布
摆餐具	1. 摆餐盘——用左手托盘，从主人位开始用右手在每个席位正中摆放一个餐盘；餐盘上端的花纹图案要摆正，盘与盘之间的距离要相等，盘边距桌边 2cm 2. 摆餐刀、餐叉——在餐盘的左侧从右向左依次摆放 3 把不同种类的叉，叉把距桌边 2cm；在餐盘的右侧从左向右依次摆放配套的 3 把不同种类的刀、1 把勺；刀刃一律朝向左侧，刀把距桌边 2cm，各刀叉间距为 0.5cm，刀叉距垫盘 1cm，其中鱼刀、鱼叉摆放的位置可略高于其他刀叉，其刀把、叉把距桌边 5cm 3. 摆甜品刀、叉、勺——在餐盘正上方横放甜品叉，叉齿向右、叉把向左；在其上方摆放水果刀，刀刃朝盘、刀把向左与甜品叉平行，间距为 1cm，如果摆放甜品勺，则有时甜品刀可不摆，勺放在刀的位置上，如果三者都需要摆放，则可交叉摆放 4. 摆面包盘、黄油刀——在席位左侧餐叉外侧摆放面包盘，面包盘中心与餐盘中心对齐，盘边距餐叉 1cm；黄油刀置于面包盘上靠右侧沿边处，刀刃朝向面包盘盘心 5. 摆杯具——杯具一律摆在餐刀上方，在餐刀 3cm 处从最高的水杯摆起，从左到右依次摆放水杯、红葡萄酒杯、白葡萄酒杯，间距均为 1cm 6. 摆餐巾——将叠好的餐巾盘花放在餐盘正中 7. 摆调味架、牙签筒——按 2~4 人一套的标准摆放在餐台中心线位置上 8. 摆花瓶或花篮——一般摆在席位中心，如果有两个，则分别放置在餐台两个半区的中心。花的摆放以不挡客人视线为宜 9. 摆菜单——西餐宴会菜单一般每人 1 份，摆放在席位餐具上方或餐刀的右侧均可

西餐宴会摆台如图8.3所示。

图8.3 西餐宴会摆台

拓展阅读

西餐餐具发展史

餐叉因适应欧洲人饮食而出现，刀叉的出现比筷子要晚很多。事实上，西方人用餐叉的历史并不太长。西方学者认为，西餐普遍用餐叉是从16世纪开始的，有的学者认为还要更早一点，但最早能追溯到10世纪，即从拜占庭帝国时期开始。据学者研究，刀叉的起源和欧洲古代游牧民族的生活习惯有关，他们在马上生活，随身带刀，往往将肉烧熟，割下来就吃。后来走向定居生活后，面包之类是副食，吃法是直接用手拿；主食是牛羊肉，用刀切割肉，送进口中。到了城市定居以后，刀叉进入家庭厨房，才不必随身携带。

大约15世纪，为了改进进餐的姿势，欧洲人开始使用双尖的叉。因为用刀把食物送进口中不雅观，而改用叉叉住肉块，送进口中显得优雅些。叉才是严格意义上的餐具，但叉的弱点是离不开刀的切割，因此二者缺一不可。直到17世纪末，英国上流社会才开始使用三尖的叉，到18世纪才有了四尖的叉。因而西方人刀叉并用不过四五百年的历史。

餐叉刚刚传入英国时，曾遭到传教士们的反对。他们认为肉和其他食物都是上帝为造福人类而恩赐的，避免用手指接触食物是对上帝的傲慢无礼和侮辱。伊丽莎白女王一世也是用手指进餐的，但这有一套极严格的规矩。据斯塔肯记载，食物"应该用三个指头拿起""舔吮或是在衣服上擦油腻的手指是不雅的举止"。

其实现代人食用西餐还是手指和刀叉并用，刀叉主要在一些比较正式的场合使用。也许是因为西方快餐文化的崛起，反而使餐具的使用受到了限制。例如，在麦当劳和肯德基及其他美国本土的快餐店，都已很难见到餐具。

典型情境

实习生的创意

　　某饭店中餐厅每天都利用餐前会进行培训,本周的培训主题是"说说服务工作中印象最深的一件事"。实习生小王说的一件事引起了餐厅张经理的兴趣。小王说,她在给客人摆放餐前小毛巾时发现,有的客人用左手边的,有的客人用右手边的,经常出现有的客人左右都没有小毛巾的现象,特别滑稽。张经理饶有兴致地问大家:"如果出现这种情况,那么我们该如何处理?说出你的建议。"

　　小王说:"为什么我们在摆台时非要规定将毛巾托摆放在垫盘的左边啊?难道就不可以将其放到酒具的前方吗?这样客人就不会取错了。"张经理说:"小王,这是一个非常好的建议,我会向餐饮部经理汇报,看看能否采用。"

　　一周后,餐饮部经理在部门全体服务员大会上说:"我们的摆台将有一些改动,具体的做法由张经理为大家培训。这个改动是小王的创意,非常好,希望所有服务员向她学习,对工作中发现的问题进行思考,并提出改进的措施。"小王的脸有点红,但心里感到很甜。

　　请思考:
　　如何看待服务员小王的创意?给你的启示是什么?

考核指南

基础知识部分

考核内容
1. 简述中餐摆台要求。
2. 简述西餐摆台要求。

考核方式
笔试或口试。

即学即测
扫描二维码,完成在线练习。

第八专题测一测

操作技能部分

考核内容
考核学生中西餐宴会摆台掌握情况。

考核方式
实训室现场操作。

考核评价

评价内容	考核要点	分值	自评 20%	互评 30%	师评 50%	综合评价
中餐便餐摆台	1. 按照中餐便餐摆台程序与规范摆台 2. 4mim 内完成摆台 3. 要求无程序错误、不漏项 4. 餐具摆放间距均匀、整体美观	100 分				
西餐便餐摆台	1. 按照西餐便餐摆台程序与规范摆台 2. 6min 内完成摆台 3. 要求无程序错误、不漏项 4. 餐盘摆在席位正中 5. 各种餐具横竖成线、距离均等 6. 餐具摆放整体美观	100 分				
中餐宴会摆台	1. 按照中餐宴会摆台程序与规范摆台 2. 10min 内完成摆台 3. 要求无程序错误、不漏项 4. 餐具摆放间距均匀、整体美观	100 分				
西餐宴会摆台	1. 按照西餐宴会摆台程序与规范摆台 2. 10min 内完成摆台 3. 要求无程序错误、不漏项 4. 餐盘摆在席位正中 5. 各种餐具横竖成线、距离均等 6. 餐具摆放整体美观	100 分				
评分标准	A：90~100 分，训练刻苦、态度端正，姿态自然，按规范操作，顺序无误，能在规定时间内完成，整体台面规范美观。 B：80~89 分，训练刻苦、态度端正，基本能按规范操作，顺序无误，能在规定时间内完成，整体台面较为规范美观。 C：60~79 分，训练刻苦、态度较为端正，基本能按规范操作，顺序无误，能在规定时间内完成，整体台面较为规范。 D：59 分以下，训练态度不端正，不按规范操作。					
备注	课堂练习根据实际教学情况，按上述考核要点分项评价。					

第九专题
酒水服务

学习目标

- 了解餐厅常用中国酒和外国酒的产地、酒精度、特点等基本知识。
- 掌握斟酒前的准备工作、斟酒的基本要求、斟酒的顺序等酒水服务知识。
- 熟练掌握徒手斟酒、托盘斟酒的操作程序及规范。
- 熟练掌握中西餐酒水服务程序及规范。
- 具备规范、熟练为客人提供各式酒水服务的能力。

基础知识

常见的中国酒

白酒

白酒是中国特有的一种蒸馏酒。它是以谷物及其他含有丰富淀粉的农副产品为原料,以酒曲为糖化发酵剂,经发酵蒸馏而成的高酒精含量的酒,其酒精度一般为 50%~60% vol。[①]

- 茅台酒。茅台酒的酒精度为 53%~55% vol,酱香型,产于贵州省仁怀市茅台镇,中国国家地理标志产品,具有酒液清亮透明、醇香酸郁、入口醇厚、余香悠长的特色。1915 年,巴拿马万国博览会将茅台酒评为世界名酒,被外国人称为中国第一名酒。茅台酒与法国的白兰地、英国的苏格兰威士忌并称世界三大蒸馏酒。
- 汾酒。汾酒的酒精度为 60% vol,清香型,产于山西省汾阳市杏花村,中国国家地理标志产品,具有酒液清澈透明、气味芳香、入口绵软、落口甘甜的特点。它有色、香、味"三绝"的美称及"中国白酒始祖"的美誉。
- 五粮液。五粮液的酒精度为 52% vol,浓香型,产于四川省宜宾市,具有酒液清澈透明、香气浓郁悠久、味醇甘甜、净爽的特点。
- 剑南春。剑南春的酒精度分 50% vol 和 60% vol 两种,浓香型,产于四川省绵竹市,具有芳香浓郁、醇和回甜、清冽净爽、余香悠长的特点。
- 古井贡酒。古井贡酒的酒精度为 60% vol,浓香型,产于安徽省亳州市,具有酒液清澈透明、香醇幽雅、甘美醇和、余香悠久的特点。它由古井之水酿制,明清两代均为贡品,故得此名。
- 董酒。董酒的酒精度为 60% vol,混合香型,产于贵州省遵义市董公寺镇,酒液晶莹透明、醇香浓郁、甘甜清爽,因厂址坐落于董公寺而得名。
- 洋河大曲。洋河大曲的酒精度分 55% vol 和 64% vol 两种,浓香型,产于江苏省宿迁市洋河镇,酒质醇香浓郁,柔绵甘冽,回香悠长,余味净爽。
- 泸州老窖。泸州老窖的酒精度为 52% vol,浓香型,产于四川省泸州市,酒液无色透明、醇香浓郁、清冽甘爽、回味悠长,素有"千年老窖万年糟"的说法。

黄酒

黄酒是中国特有的酿造酒,因大多数品种带有黄亮或黄中带红的色泽,故名黄酒。黄酒又名老酒、料酒、陈酒、米酒,是中国最传统的饮料酒,其酒精度一般为 12%~18% vol,含有糖、氨基酸等多种成分,是营养价值很高的低度饮料酒,可作为烹饪调料、中药药引。

- 绍兴加饭酒。绍兴加饭酒的酒精度为 18% vol,含糖度为 2%,属半干酒类,由浙江绍兴酿酒总厂出品,储存 3 年,酒液色泽橙黄明亮、口味鲜美、芳香扑鼻,具有越

[①] vol是英文volume的缩写,表示体积或容积。%vol表示酒中乙醇(酒精)的体积分数。

陈越香、久藏不坏的特点。
- 龙岩沉缸酒。龙岩沉缸酒的酒精度为 14%~16% vol，含糖度为 27%，是福建省龙岩市的特产，中国国家地理标志产品。储存 2 年，酒液呈鲜艳透明的红褐色，香气浓郁、口味醇厚、余味绵长。

啤酒

啤酒是一种含有多种氨基酸、维生素、蛋白质和二氧化碳等成分，营养丰富、热量高、酒度低的饮料酒；具有清凉、解渴、健胃、利尿、增进食欲等功效，素有"液体面包"的美称。优质啤酒的色泽应清凉透明、不混浊。入杯后泡沫具有洁白、细腻、持久、挂杯的特点，同时应有明显、纯正的酒花香和麦芽清香，入口柔和、清爽、略带苦味。

啤酒按色泽可分为淡色黄啤酒、浓色啤酒和黑啤酒；按生产工艺可分为生啤酒和熟啤酒；按麦芽汁的浓度可分为低浓度啤酒、中浓度啤酒和高浓度啤酒。

- 青岛啤酒。青岛啤酒始创于 1903 年，酒精度为 3.5% vol，麦芽浓度为 12%，酒色呈米黄色，淡而透亮，泡沫洁白细腻，具有显著的酒花麦芽清香和特有的苦味，口感柔和、清爽纯净。
- 哈尔滨啤酒。哈尔滨啤酒于 1900 年由俄罗斯商人乌卢布列夫斯基始创，是中国历史最悠久的啤酒品牌。

果酒

果酒是用含糖分较高的水果为主要原料酿制的饮料酒。酒液大多突出原果实的色泽，美观自然、清澈透明，并带有原果实的特有香气和酒香，酸甜适口，无异味；酒精度在 15% vol 左右。最有代表性的果酒是葡萄酒。

常见的外国酒

蒸馏酒

- 金酒。金酒又叫杜松子酒，是世界第一大类烈酒，最先由荷兰生产，后在英国大量生产，闻名于世。荷兰金酒属甜酒，适宜单饮，不宜做鸡尾酒的基酒；英国金酒为干酒，既可单饮又可做鸡尾酒的基酒。
- 威士忌。威士忌是以大麦、黑麦、燕麦、小麦、玉米等谷物为原料，经发酵、蒸馏后放入橡木桶中陈酿、勾兑而成的一种酒精饮料。最具代表性的威士忌是苏格兰威士忌、爱尔兰威士忌、美国威士忌和加拿大威士忌。
- 白兰地。白兰地是以葡萄酒做原料，在葡萄酒的基础上蒸馏而成的，最佳陈年时间为 20~40 年。白兰地酒液呈晶莹的琥珀色，具有浓郁的芳香，味醇厚润。饮用时用手掌暖杯，待白兰地微温有香气散发时，先嗅后尝。白兰地的质量与存储期有很大关系，时间越长，酒质越好。因此，白兰地在装瓶销售时，在瓶身或标贴上都有表示酒龄的标志，这些标志及含义如下：☆为 3 年陈；☆☆为 4 年陈；☆☆☆为 5 年陈；V.S 为 10~12 年陈；V.S.O 为 12~20 年陈；V.S.O.P 为 20~30 年陈；Napoleon 为 40 年陈；X.O 为 50 年陈；X. 为 70 年特陈。
- 伏特加。伏特加是俄罗斯具有代表性的白酒，无色无香味，具有中性的特点，不需储存即可出售。
- 朗姆酒。朗姆酒又叫糖酒，是以蔗糖做原料，先制成糖蜜，然后经发酵、蒸馏，在橡木桶中储存 3 年以上而成的酒。
- 特吉拉酒。特吉拉酒是墨西哥独有的名酒，它由热带作物龙舌兰的发酵浆液蒸馏而成，又名仙人掌酒、龙舌兰酒。著名的鸡尾酒玛格丽特即用特吉拉酒做基酒。

酿制酒

- 红葡萄酒。红葡萄酒是用紫葡萄连皮及种子一起压榨取汁，经自然发酵酿制而成的。红葡萄酒的发酵时间长，葡萄皮中的色素在发酵过程中溶进酒里，使酒液呈红色。由于所用葡萄品种不同，所以其酒液色泽和味道各有差异。酒液呈紫红色，表示酒质很新，不够成熟。酒液呈褐红色，表示酒已成熟，酿制时间在 3 年以上。酒液呈红木色，表示储存期超过 10 年。一般红葡萄酒陈年 4~10 年味道正好。它在品味上分强烈、味浓和清淡 3 种，一般在室温下饮用，即 15~18℃为最佳饮用温度。
- 白葡萄酒。白葡萄酒主要用白葡萄酿制，也有用紫葡萄的，但不管使用哪种葡萄，其皮和种子都须除去，然后压榨取汁，经自然发酵酿制而成。白葡萄酒发酵时间较短，一般储存 2~5 年即可饮用。发酵前因除去果皮，故酒液颜色较淡，介于白色与金黄色之间，一般呈浅黄色。白葡萄酒在品味上分甜、酸、辣 3 种，具有清香怡爽、健脾胃、去腥气的特点。最佳饮用温度为 7~10℃，因此在饮用前常经过冷藏，或用冰桶盛放，在低温状态下供客人饮用。低温可有效地减少酒中的丹宁酸对人体的刺激。法国勃艮第（Burgundy）地区出产的白葡萄酒具有清冽爽口、爽而不薄的特点，被誉为"葡萄酒之王"。
- 葡萄汽酒。葡萄汽酒是以葡萄酒为酒基，含有二氧化碳而使之产生气泡的一种饮料酒。只有在法国香槟地区出品的葡萄汽酒才可以被称为香槟酒，是最具有代表性的汽酒，其他地区出品的一律被称为葡萄汽酒。

常见的非酒精饮料（软饮料）

- 咖啡。咖啡是世界三大软饮料之一，原产于埃塞俄比亚，含有脂肪、水、咖啡因、纤维素、糖、芳香油等成分；具有振奋精神、消除疲劳、除湿利尿、帮助消化的功效。
- 茶。茶是世界三大软饮料之一，是人们普遍喜爱的有益饮料，具有止渴生津、提神解乏，消脂解腻，促进消化，杀菌消炎、利尿排毒、强心降压、增强体质，补充营养、防抗辐射的功效。
- 可可。可可是世界三大软饮料之一，原产于美洲热带，可做饮料，可供药用，有强心、利尿的功效。
- 其他饮料。其他饮料有矿泉水、牛奶、鲜果汁、果蔬汁、碳酸饮料等。

酒水服务知识

斟酒前的准备工作

斟酒前餐厅服务人员要做好一系列的相关准备工作,这些工作大体包括如下几个方面。

- 酒水检查。检查酒标及瓶体,若发现酒标破损、酒瓶破裂或酒水变质,则应及时调换。酒水检查如图9.1所示。
- 酒瓶擦拭。在上餐台斟酒前,必须用专用布巾将酒瓶擦拭干净,特别要将瓶口部位擦净。
- 酒瓶摆放。将备好的酒水整齐摆放在备餐台上,摆放时既要美观又要便于取用。酒瓶摆放如图9.2所示。

图9.1 酒水检查

图9.2 酒瓶摆放

- 酒水的冰镇与加热。
  ① 酒水的冰镇方法:冰箱冷藏、冰桶降温、冰块溜杯。
  ② 酒水的加热方法:水烫、火烤、燃烧、冲入(注入)。
- 酒水开瓶。
  ① 葡萄酒的开瓶方法。开启葡萄酒时一般要使用带有酒钻的开瓶器。酒钻的螺旋部分要长,头部要尖,并装有一个起拔杠杆。开瓶时,服务员先用洁净的餐巾把酒瓶包上,再割开封住瓶口的锡箔。除去锡箔后用餐巾擦拭瓶口,将酒钻的螺丝锥刺入软木塞,然后加压旋转酒钻。待旋转至螺丝锥还有两圈留在软木塞外时,用左手握住瓶颈及开瓶器的起拔杠杆,右手向上用力牵引取出软木塞(注意不要拉断木塞),然后将起拔杠杆放松,旋出软木塞放在主人酒杯右侧的小碟内。在开瓶过程中,动作要轻,以免摇动酒瓶时将瓶底的酒渣泛起,影响酒味。葡萄酒的开瓶方法如图9.3所示。

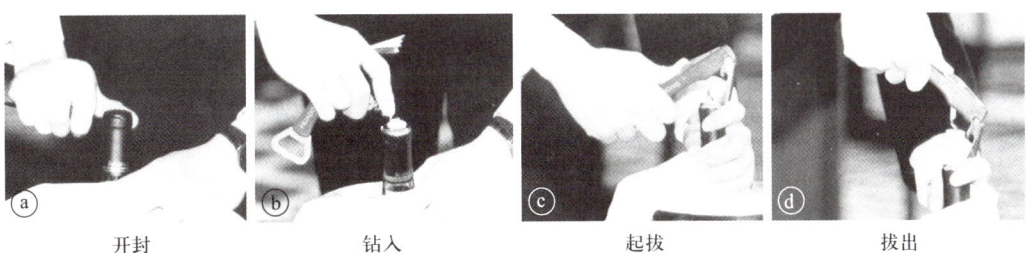

ⓐ 开封　　ⓑ 钻入　　ⓒ 起拔　　ⓓ 拔出

图9.3 葡萄酒的开瓶方法

② 香槟酒的开瓶方法。开瓶时首先将瓶口锡箔割开、去除。先用左手斜握酒瓶，并用大拇指压住软木塞顶部，再用右手将封口铁丝扭开后握住软木塞的帽形物，轻轻地转动并往上拔，依靠瓶内的压力和手拔的力量把软木塞慢慢地向外拉（不要将瓶口对向人，防止软木塞忽然弹出，发生意外），将酒瓶倾斜几秒后除去软木塞，以免酒液溢出。饮用香槟酒一般需事先冰镇，因此开瓶前一定要擦净瓶身瓶口。

斟酒的位置与姿势

- 斟酒时，服务员应站在客人的右后侧。
- 面向客人，身体微向前倾，右脚伸入两椅之间，重心放在右脚。
- 左手持一块洁净的餐巾背在身后，右手持瓶下方，伸出右臂斟酒，每斟完一杯向内慢转收瓶并擦拭一次瓶口下方。
- 身体与客人保持一定距离，注意不可贴靠在客人身上。

斟酒的位置与姿势如图9.4所示。

图9.4　斟酒的位置与姿势

斟酒的基本要求

- 斟酒时，瓶口与杯口之间保持一定距离，以2cm为宜，不可将瓶口搭在杯口上。
- 斟酒时，要握着酒瓶的下半部，并将商标朝外显示给客人。
- 斟酒时，要注意控制倒酒的速度，当斟至适量时旋转瓶身，抬起瓶口，使最后一滴酒水随着瓶身的转动均匀分布在瓶口边沿上，而不致滴落到客人身上或台布上。
- 斟啤酒时，应使酒液沿杯壁缓慢流入杯内，这样形成的泡沫较少，不易溢出杯外。
- 瓶内酒水不足一杯时，不宜为客人斟酒，因为瓶底朝天有失礼貌。
- 客人吃中餐时，各种酒水一律以斟至八分满为宜。
- 斟葡萄酒时，红葡萄酒斟至1/2杯，白葡萄酒斟至2/3杯，香槟酒分两次斟至2/3杯。目前，一些高星级酒店、高档餐厅多使用体量较大的水晶杯，在具体操作时可灵活处理，如红葡萄酒会根据杯的大小倒1/5~1/3杯。

斟酒的顺序

- 中餐斟酒顺序。大中型宴会在开餐前10min左右斟好葡萄酒及烈性酒，小型宴会可在宴会开始后斟倒，先斟红葡萄酒，后斟烈性酒。斟酒时可以从主人位开始，按顺时针方向依次斟酒。客人入座后，服务员及时问斟啤酒、饮料等。其顺序是：从主宾开始，按男主宾、女主宾再主人的顺序顺时针方向依次进行。如果是两位服务员同时服务，则一位从主宾开始，一位从副主宾开始，按顺时针方向进行。

- 西餐斟酒顺序。西餐宴会用酒较多，几乎每道菜都配一种酒，吃什么菜配什么酒，应先斟酒后上菜。斟酒前先请主人确认所点酒的标志，并请主人先行品尝，待主人认可后，按女主宾、女宾、女主人、男主宾、男宾、男主人的顺序依次斟倒。

操作技能

▲ 斟酒所需物品

托盘、餐巾、各式酒瓶、各式酒杯、开瓶器、冰桶、酒篮。

视频：斟酒

▲ 斟酒操作规范

酒水冰镇操作程序

酒水冰镇操作程序如表 9.1 所示。

表9.1 酒水冰镇操作程序

操作程序	操作规范
冰镇准备	准备好需要冰镇的酒水及冰桶，并将冰桶架放在餐桌的一侧
酒水冰镇	1. 冰桶内放入适量冰块，将酒瓶插入冰块中约10min，即可达到冰镇的效果 2. 服务员手持酒杯下部，杯中放入冰块，摇转酒杯，以降低酒杯的温度 3. 用冰箱冷藏酒水

酒水加热操作程序

酒水加热操作程序如表 9.2 所示。

表9.2 酒水加热操作程序

操作程序	操作规范
加热准备	准备好暖桶、酒壶和酒水，将暖桶架放在餐桌的一侧
酒水加热	1. 向暖桶中倒入开水，将酒水倒入酒壶后放在暖桶中升温 2. 将酒水装入耐热器皿中，置于火上升温 3. 将酒水倒入杯中后，将杯子置于酒精炉上，点燃酒精升温 4. 将加热的饮料冲入酒液或将酒液注入热饮料中升温 5. 酒水加热要在客人面前进行

酒水开瓶操作程序

酒水开瓶操作程序如表9.3所示。

表9.3　酒水开瓶操作程序

操作程序	操作规范
开瓶准备	备好开瓶器、餐巾、酒篮、冰桶
开启酒瓶	1. 开启酒瓶前，要请客人确认其所点酒水 2. 征得客人同意后方可开启酒瓶 3. 要当面为客人开启酒瓶 4. 按酒水开瓶方法规范操作（见本专题"酒水开瓶"的内容） 5. 开启酒瓶要注意安全操作
质量检查	拔出瓶塞后，一般应通过嗅辨瓶塞底部的方法，检查瓶中酒水是否有质量问题
擦拭瓶口、瓶身	开启瓶塞后，要用干净的餐巾仔细擦拭瓶口、瓶身。擦拭时，注意不要将瓶口封皮碎片等落入酒中
酒瓶摆放	1. 开启的酒瓶、酒罐可以留在客人的餐桌上，一般放在主人餐具的右侧 2. 使用冰桶的冰镇酒水要放在冰桶架上，冰桶架距离餐桌不要过远，以方便本桌客人取用和不妨碍别桌客人用餐为准 3. 用酒篮盛装的酒瓶连同篮子一起放在餐桌上 4. 随时撤下餐桌上的空瓶、空罐，并及时回收开瓶后的封皮、木塞、盖子等杂物，不要将其留在餐桌上

托盘斟酒操作程序

托盘斟酒操作程序如表9.4所示。

表9.4　托盘斟酒操作程序

操作程序	操作规范
斟酒准备	1. 检查酒标及酒水质量 2. 擦拭酒瓶 3. 按规范将酒瓶摆放在托盘内
托盘斟酒	1. 站在客人的右后侧，按先宾后主的次序斟酒 2. 左手托盘，右脚向前，侧身而立，保持平稳 3. 侧身将托盘送至客人面前，向客人展示托盘中的酒水、饮料，示意客人选择自己喜欢的酒水、饮料 4. 待客人选定酒水、饮料后，服务员直起上身，将托盘移至客人身后。托盘移动时，左臂要将托盘向外托送，避免托盘碰到客人 5. 用右手从托盘上取下客人所需的酒水进行斟酒 6. 斟酒时要掌握好酒瓶的倾斜度并控制好倒酒的速度，瓶口不能碰到杯口 7. 斟酒完毕，将瓶口抬起并顺时针旋转45°后向回收瓶

托盘斟酒操作规范如图 9.5 所示。

图9.5 托盘斟酒操作规范

◢ 徒手斟酒操作程序

徒手斟酒操作程序如表 9.5 所示。

表9.5 徒手斟酒操作程序

操作程序	操作规范
斟酒准备	1. 双手消毒 2. 检查酒标及酒水质量 3. 擦拭酒瓶 4. 准备一块干净的消毒布巾
徒手斟酒	1. 徒手斟酒时，服务员站在客人的右后侧，按先宾后主的次序斟酒 2. 左手持布巾背在身后，右脚向前，侧身而立，右手持瓶向前伸出 3. 将酒瓶商标朝上展示给客人，示意客人确认酒水饮料 4. 待客人确认后，服务员用右手为客人斟酒 5. 斟酒时要掌握好酒瓶的倾斜度并控制好倒酒的速度，瓶口不能碰到杯口 6. 斟酒完毕，将瓶口抬起并顺时针旋转 45° 后向回收瓶，再用左手的布巾将残留在瓶口的酒水拭去

徒手斟酒操作规范如图 9.6 所示。

图9.6 徒手斟酒操作规范

中餐酒水服务规范

黄酒服务程序

黄酒服务程序如表 9.6 所示。

表9.6 黄酒服务程序

服务程序	服务规范
准备工作	1. 客人订黄酒后，去酒吧取酒，并准备与客人人数相符合的黄酒杯 2. 取暖桶及酒壶，暖桶内装1/3开水 3. 将暖桶放在暖桶架上，并在暖桶上横放一条叠好的餐巾（条状）
酒的展示与加热	1. 用一块干净的餐巾垫着黄酒坛向客人展示，商标面对客人，然后告诉客人需等候的加热时间 2. 将黄酒打开，倒入酒壶，再将酒壶放入盛有开水的暖桶中加热 3. 将黄酒杯放在客人筷子的右前方
斟酒服务	1. 将暖桶架拿到主人座位的右侧 2. 当黄酒加热至35℃左右时开始为客人斟酒 3. 斟酒时，左手持餐巾，右手从暖桶中拿出酒壶，用餐巾将壶底部擦干净，按先宾后主的原则，依次从客人右侧为客人倒酒至4/5杯即可
酒的添加	1. 随时为客人加酒 2. 随时更换热水，以保持酒的温度 3. 酒壶中的酒倒完时，马上将黄酒坛中的酒倒入酒壶中继续加热 4. 当酒坛中的酒将要斟完时，询问主人是否再加酒，如果需要加酒，则服务程序同上；如果主人不再加酒，则服务员应观察客人，待其喝完后将空杯撤掉

白酒服务程序

白酒服务程序如表 9.7 所示。

表9.7 白酒服务程序

服务程序	服务规范
准备工作	1. 客人订完白酒后，立即去酒吧取酒，不得超过5min 2. 准备一块叠成12cm见方的干净餐巾 3. 准备和客人人数相符合的白酒杯
酒的展示	在左手掌心上放一块叠成12cm见方的餐巾，将白酒瓶底放在餐巾上，右手扶住酒瓶上端，并呈45°倾斜，商标向上，为主人展示白酒
斟酒服务	1. 征得客人同意后，在客人面前打开白酒 2. 服务时，左手持方型餐巾，右手持白酒瓶，按照先宾后主的原则从客人右侧依次为客人倒酒 3. 白酒倒至酒杯的4/5即可 4. 倒完一杯后先轻轻转动瓶口，避免酒液滴在台布上，再用左手中的餐巾擦拭瓶口

续表

服务程序	服务规范
酒的添加	1. 随时为客人加酒 2. 当整瓶酒将要斟完时，询问主人是否再加一瓶，如果需要加酒，则服务程序同上；如果不再加酒，则应及时将空杯撤掉

◢ 啤酒服务程序

啤酒服务程序如表 9.8 所示。

表9.8 啤酒服务程序

服务程序	服务规范
推销及建议	1. 熟练掌握各种啤酒知识，在客人订饮品时，介绍本餐厅提供的各种啤酒及特点 2. 填写订单并去酒吧取酒，不得超过 5min
斟酒服务	1. 用托盘取回啤酒，依据先宾后主的原则为客人服务啤酒 2. 提供啤酒服务时，服务员站在客人右侧，左手托托盘，右手将啤酒轻轻倒入杯中，倒啤酒时，要控制好速度，使啤酒沿杯壁慢慢滑入杯中，以减少泡沫 3. 倒酒时，酒瓶商标应朝向客人 4. 啤酒属含泡沫气体较多的酒，可分两次斟倒，可斟至十分满但不得溢出杯外（即八分酒两分沫） 5. 如果瓶中啤酒未倒完，则应把酒瓶商标面对客人，摆放在酒杯右侧，间距为 2cm
酒的添加	1. 随时为客人添加啤酒 2. 当杯中仅剩 1/3 杯酒时，应主动询问客人是否需要再次添加 3. 如果不需要添加，则及时将空杯撤下

◢ 饮料服务程序

饮料服务程序如表 9.9 所示。

表9.9 饮料服务程序

服务程序	服务规范
准备工作	1. 填写订单并去酒吧取饮料，不得超过 5min 2. 将饮料和杯具放于托盘上 3. 注意饮料一定要当着客人的面开启
饮料服务	1. 将饮料杯放于客人餐盘右前方 2. 从客人右侧按顺时针方向服务，先宾后主 3. 使用右手为客人斟倒饮料，速度不宜过快 4. 未倒空的饮料瓶放在杯子的右前侧，商标朝向客人 5. 如果客人使用吸管，则须将吸管放在杯中

续表

服务程序	服务规范
混合饮料服务	1. 将盛有主饮料的杯子放在客人餐盘右前方 2. 向配酒杯中斟酒，并根据配方要求配加饮料 3. 使用搅棒为客人调匀饮料 4. 将搅棒和配酒杯带回服务桌

西餐酒水服务规范

白葡萄酒服务程序

白葡萄酒服务程序如表9.10所示。

表9.10 白葡萄酒服务程序

服务程序	服务规范
准备工作	1. 客人订完酒后，立即去酒吧取酒，不得超过5min 2. 检查葡萄酒的标志及年代 3. 先向冰桶中放入1/3冰块，再放入1/2碎冰，将冰桶放在冰桶架上，并配一条叠成8cm宽的条状餐巾 4. 白葡萄酒取回后，放入冰桶，商标向上 5. 在客人水杯的右侧摆放白葡萄酒杯，间距为1cm
酒的展示	1. 将准备好的冰桶架、冰桶、餐巾、小酱油碟一次全部拿到主人座位的右侧 2. 左手持餐巾，右手持葡萄酒瓶，将酒瓶底部放在条状餐巾的中间部位，再将条状餐巾两端拉起至酒瓶商标以上部位，并使商标全部露出 3. 右手持用餐巾包好的酒，用左手4个指尖轻托住酒瓶底部，送至主人面前，请主人看清酒的商标，并询问主人是否可以服务
酒的开启	1. 得到客人允许后，将酒放回冰桶中，左手扶住酒瓶，右手用酒刀割开铅封，并用一块干净的餐巾将瓶口擦干净 2. 将酒钻垂直钻入木塞，注意不要旋转酒瓶，待酒钻完全钻入木塞后，轻轻拔出木塞，木塞出瓶时不应有声音 3. 将木塞放入小酱油碟中
斟酒服务	1. 右手持用条状餐巾包好的酒，商标朝向客人，从主人右侧为主人倒入1/5杯的白葡萄酒，请主人确认、品评酒质 2. 主人认可后，按女士优先、先宾后主的原则依次为客人倒酒，倒酒时站在客人的右侧，倒至酒杯的2/3处（或1/2处，视酒杯大小灵活处理）即可 3. 每倒完一杯酒要轻轻转动一下酒瓶，以免酒液滴出 4. 斟完酒后，将白葡萄酒放回冰桶，商标朝上
酒的添加	1. 随时为客人添加白葡萄酒 2. 当整瓶酒将要倒完时，要询问主人是否再加一瓶，如果主人不再加酒，则观察客人，待其喝完酒后，立即将空杯撤掉；如果主人同意再加一瓶，则服务程序同上

红葡萄酒服务程序

红葡萄酒服务程序如表 9.11 所示。

表9.11 红葡萄酒服务程序

服务程序	服务规范
准备工作	1. 客人订完酒后，立即去酒吧取酒，不得超过 5min 2. 检查葡萄酒的标志及年代 3. 准备好酒篮，将一块干净的餐巾铺在酒篮中 4. 将取回的红葡萄酒放在酒篮中，商标朝上 5. 在客人的水杯右侧摆放红葡萄酒杯，如果客人还订有白葡萄酒，则杯具按水杯、红葡萄酒杯、白葡萄酒杯的顺序摆放，间距均为 1cm
酒的展示	1. 右手拿起装有红葡萄酒的酒篮，走到主人座位的右侧 2. 右手拿酒篮上端，左手轻托住酒篮的底部，呈 45° 倾斜，商标朝上，请主人认清商标，并询问客人是否可以服务
酒的开启	1. 将红葡萄酒立于酒篮中，左手扶住酒瓶，右手用开酒刀割开铅封，并用一块干净的餐巾擦拭瓶口 2. 将酒钻垂直钻入木塞，注意不要旋转酒瓶，待酒钻完全钻入木塞后，轻轻拔出木塞，注意不要发出声音 3. 将木塞放入小酱油碟中
斟酒服务	1. 将打开的红葡萄酒放回酒篮，商标朝上，同时用右手拿起酒篮，从主人右侧为主人倒入 1/5 杯的红葡萄酒，请主人品评酒质；主人认可后，按女士优先、先宾后主的原则依次为客人倒酒；倒酒时站在客人的右侧，倒至酒杯的 1/2 处（或 1/3 处，视酒杯大小灵活处理）即可 2. 每倒完一杯酒要轻轻转动一下酒篮，避免酒液滴在桌布上 3. 倒完酒后，把酒篮放在主人餐具的右侧，商标朝上，注意不要将瓶口朝向客人 4. 在服务过程中，动作要轻缓，避免酒中的沉淀物浮起影响酒的质量 5. 采用醒酒器为客人服务时，要将红葡萄酒倒入醒酒器中，静至 30min 以上，然后按上述程序进行服务
酒的添加	1. 随时为客人添加红葡萄酒 2. 当整瓶酒将要倒完时，询问主人是否再加一瓶，如果主人不再加酒，则观察客人，待其喝完后，立即撤掉空杯；如果主人同意再加一瓶，则服务程序同上

葡萄汽酒服务程序

葡萄汽酒服务程序如表 9.12 所示。

表9.12 葡萄汽酒服务程序

服务程序	服务规范
准备工作	1. 准备好冰桶 2. 将酒从酒吧取出，擦拭干净，放在冰桶内冰镇 3. 将酒连同冰桶和冰桶架一起放到客人桌旁，以不影响正常服务为宜 4. 将一条叠成 8cm 宽的条状餐巾放在冰桶架上

续表

服务程序	服务规范
酒的开启	1. 将葡萄汽酒从冰桶内取出向主人展示,待主人确认后放回冰桶内 2. 用酒刀将瓶口处的锡纸割开去除,将酒瓶倾斜45°,左手握住瓶颈,同时用拇指压住瓶塞,右手将捆扎瓶塞的铁丝拧开,取下后用干净餐巾包住瓶塞顶部,左手依旧握住瓶颈,右手握住瓶塞,双手同时反方向转动并缓慢地上提瓶塞,直至瓶内气体将瓶塞完全顶出 3. 开瓶时动作不宜过猛,不要将瓶口朝向客人
酒的确认	1. 用餐巾将瓶口和瓶身上的水迹拭掉,将酒瓶用餐巾包住 2. 用右手拇指抠住瓶底,其余四指分开托住瓶身 3. 向主人杯中斟入 1/5 杯的酒,请主人品尝 4. 主人品完认可后,服务员须征求意见,是否可以立即斟酒
斟酒服务	1. 斟酒时服务员右手持瓶,从客人右侧,顺时针按女士优先、先宾后主的原则依次为客人倒酒 2. 斟酒量为 2/3 杯 3. 每斟一杯酒最好分两次完成,以免杯中泛起泡沫溢出,斟完酒后须将瓶身顺时针轻转一下,防止瓶口的酒液滴出 4. 酒的商标始终朝向客人 5. 为所有的客人斟完酒后,将酒瓶放回冰桶 6. 当酒瓶中只剩下一杯的酒量时,要及时征求主人意见,是否准备另外一瓶,如果主人同意再加一瓶,则服务程序同上;如果主人不再加酒,则观察客人,待其喝完酒后,立即将空杯撤掉

拓展阅读

▲ 醒酒的步骤

对于陈年红酒来说,由于单宁和色素会在漫长的岁月中形成沉淀物,倒在杯中既有碍观瞻,又会产生些许苦涩,所以开瓶之后,原则上应该把酒平稳而缓慢地注入醒酒器,把沉淀物留在瓶底。这个过程即醒酒(decanting),俗称"换瓶"。

对于浅龄红酒来说,通过注入醒酒器的开放时间(包括注入时的流动过程),可使酒液大面积接触空气(醒酒器的空间和开口较大),从而加速单宁挥发,充分释放封闭的香气。这个过程即醒酒(breathing),俗称"呼吸"。

第一,醒酒器的选择。醒酒器颈的长短和醒酒器直径的大小直接影响葡萄酒与空气的接触面积,从而控制葡萄酒的氧化程度,决定葡萄酒气味的丰富程度。因此在醒酒之前，要根据葡萄酒的类型选择醒酒器的形状和型号。通常来说，对于年份较短的葡萄酒宜选用比较扁平的醒酒器，这种扁平的醒酒器有一个宽大的肚子，可以促进氧化作用；而对于年份较长的葡萄酒，直径比较小的醒酒器比较适合，还应该选择带有塞子的醒酒器，这样的醒酒器可以防止过分的氧化作用，避免酒的香气散失与味道变差。更重要的是，在使用醒酒器之前要认真地清洗醒酒器，醒酒器应该是干燥的、没有异味的、干净的。

第二，平稳开瓶及将酒倒入醒酒器。不要摇晃或转动酒瓶，以免"惊动"瓶中的沉淀物。往醒酒器中倾倒葡萄酒时，手法要轻柔，须缓缓倾斜酒瓶，慢慢让葡萄酒透过漏斗、沿着醒酒器的瓶壁流入其中。这对陈年葡萄酒尤其重要，那些又"老"又贵、在恒温恒湿的环境下储存了数十年的葡萄酒最怕震动。对它们而言，醒酒是个剧烈的运动过程，因此动作要尽可能轻柔。

第三，醒酒时间把握。不同种类的葡萄酒的醒酒时间不同，甚至同种类不同年份的葡萄酒的醒酒时间也有所不同。通常，年份较短的葡萄酒需要醒30~40min，或更长；年份较长的陈年葡萄酒的醒酒时间相对要短，因为老酒的香气与味道容易被影响。

典型情境

被拒绝的啤酒

两位外国游客随旅行团入住北京某饭店，中午来到中餐厅，准备共进午餐。

中餐厅迎宾员热情地向两位外国游客问候致意，将他们引领入座。服务员小吴马上为客人送上欢迎茶和香巾，并递上菜单，请客人点菜。外国客人接过菜单，时而互相交谈，时而翻看菜单，看上去似乎很熟悉中餐菜点。很快，他们招呼一直站立在旁边的服务员小吴，将他们选定的菜点一一告诉他。小吴在订菜单上迅速地记录着并主动询问客人想要哪种酒水，客人一致选了某品牌啤酒。小吴便把客人的订菜单交给了传菜员，自己去为客人取啤酒。他来到酒水柜台旁，送上订单，酒水服务员递给小吴两瓶啤酒。小吴习惯性地摸了摸工服口袋，却没摸到开瓶器，便叫酒水服务员直接开启了啤酒，然后他拿着已开启的啤酒来到餐桌旁，正要斟酒，却被其中一位客人拦住了。这位客人面带不悦地问道："这两瓶啤酒是刚刚开启的吗？是不是卖不出去又给了我们，我们不要这两瓶啤酒。"

虽经服务员小吴一再解释，但客人仍坚持更换啤酒。

餐厅经理闻讯后，马上让小吴更换了啤酒，并亲自走到餐桌旁，向两位客人表达歉意，重新取来开瓶器，当着客人的面开启了啤酒。

请思考：

本案例中服务员小吴的失误在于何处？如何避免此类事件发生？

考核指南

▲ 基础知识部分

△ 考核内容
1. 简述斟酒前的准备工作的主要内容。
2. 简述酒水的冰镇与加热方法。
3. 简述开启葡萄酒或香槟酒的方法。

△ 考核方式
笔试或口试。

△ 即学即测
扫描二维码，完成在线练习。

第九专题测一测

▲ 操作技能部分

△ 考核内容
考核学生斟酒技术掌握情况。

△ 考核方式
实训室现场操作。

△ 考核评价

评价内容	考核要点	分值	自评 20%	互评 30%	师评 50%	综合评价
托盘斟酒	托盘上放置3~4种大小和高低都不一的酒水饮料，向客人问斟；要求在5min内完成，做到动作规范、不滴不洒、不贴靠客人	40分				

续表

评价内容	考核要点	分值	自评 20%	互评 30%	师评 50%	综合评价
徒手斟酒	1. 斟白酒时，要求在2min内完成10客位的斟酒工作，做到斟酒均匀（八分满）、不滴不洒，注意酒水商标的展示及手持瓶的位置 2. 斟葡萄酒时，要求在2min内完成10客位的斟酒工作，做到斟酒均匀、不滴不洒，注意酒水商标的展示及手持瓶的位置	40分				
酒水服务	1. 红葡萄酒服务，准备工作要充分、及时，服务时展示位置准确，开启。手法得当，酒水服务顺序无误（使用酒篮或醒酒器） 2. 白葡萄酒服务，准备工作要充分、及时，服务时展示位置准确，开启。手法得当，酒水服务顺序无误（使用冰桶） 3. 黄酒服务，准备工作要充分、及时，服务时展示位置准确，开启手法得当，酒水服务顺序无误（须加热）	20分				
评分标准	A：90~100分，斟酒位置准确，按规范熟练操作，服务方法得当，程序顺序准确，能在规定时间内完成。 B：80~89分，斟酒位置准确，能够按规范操作，服务方法较为得当，程序顺序准确，能在规定时间内完成。 C：60~79分，斟酒位置准确，基本能够按规范操作，服务方法较为得当，程序顺序基本正确，能在规定时间内完成。 D：59分以下，不能够按规范操作，程序顺序不准确，不能在规定时间内完成。					
备注						

第十专题
上菜与分菜

学习目标

- 了解中餐上菜原则，上菜、分菜的顺序。
- 掌握中餐分菜方法及西餐派菜手法。
- 熟练掌握上菜、分菜服务的操作程序及要领。
- 熟练掌握分鱼的操作程序及规范。
- 具备规范、熟练地为客人提供各式菜肴服务的能力。

基础知识

中餐上菜

中餐上菜原则
先冷后热、先咸后甜、先菜后点、先浓后淡、先优质后一般。

中餐上菜顺序
中餐上菜,一般是先上冷菜以便下酒,然后视冷菜的食用情况,适时上热菜,最后上汤菜、点心、水果。中餐中的粤菜则与西餐上菜程序相似,先汤后菜。

中餐上菜位置
零点餐厅服务较为灵活,上菜的位置以不打扰客人为宜,严禁从主人和主宾之间上菜;宴会服务上菜则选择在上菜口上菜。

几种特殊菜肴的上菜方法
- 易变形的炸炒菜肴:一出锅即需要立刻端上餐桌,上菜时要轻、稳,以保持菜肴的形状和风味。
- 锅巴类菜肴:出锅后要以最快的速度端上台,随即把汤汁浇在锅巴上,使之发出响声。注意浇汁动作要连贯,否则会失去应有的效果。同时要做好保护,并提醒客人注意防止汤汁溅到客人身上。
- 原盅炖品类菜肴:要在端上餐桌后当着客人的面启封,以保持炖品的原汁原味,并使菜肴的香气在席面上散发。揭盖时要将盖子翻转移开,以免汤水滴落在客人身上。
- 泥纸包、荷叶包菜肴:应先将菜肴端上台供客人观赏后,再拿到边台上拆开启封,以保持菜肴的香味和特色。

中餐分菜

中餐分菜顺序
- 在餐桌上分菜时,服务员应站在客人的左侧操作,按逆时针方向先宾后主依次分派。
- 在旁桌上分菜时,服务员应站在客人的右侧操作,将分好的菜肴按顺时针方向先宾后主依次分派。

中餐分菜方法
- 桌上分让式分菜:服务员站在客人左侧操作,分菜时边分边向客人介绍菜肴的名称、风味特点;分让给每位客人的菜肴要份额均匀、搭配合理。
- 二人合作式分菜:一名服务员站在上菜口,右手持公用筷,左手持长把公用勺,为客人分菜;另一名服务员绕台将每位客人的餐盘移到分菜服务员近处,将分好的菜肴从客人左侧送上。

- 旁桌式分菜：一般用于宴会，由服务员从上菜口将菜肴送上餐桌；报菜名、展示并介绍菜肴，供客人观赏后撤下餐桌；在备餐桌上将菜分到客人餐盘内，然后用托盘从客人右侧依次送上。

几种代表性菜肴的分菜方法

- 鱼类菜肴：要先剔除鱼骨，其方法是将鱼身上的配料拨到一边，用餐刀顺脊骨或鱼中线划开，将鱼肉分开，剔除鱼骨后，再将鱼肉恢复原样，浇上原汁。注意不要将鱼肉碰碎，要尽量保持鱼的原形，用餐刀将鱼肉切成若干份，按宾主先后次序分派。如果鱼块带鳞，则要将带鳞部分紧贴餐盘，鱼肉朝上。
- 拔丝菜肴：必须配上凉开水，分让时用公用筷将菜肴夹起，迅速放入凉开水中浸一下，然后送入客人盘中，要注意拔丝的效果，分让动作要敏捷、连贯，做到即拔、即上、即浸、即食。
- 鸡、鸭等整体造型类菜肴：要先用刀、叉剔去骨头，分让时要按鸡、鸭类菜肴的自身结构来分割及分派，要保持其形状的完整和均匀，一般头尾不分派，由客人自行取用。
- 冬瓜盅：冬瓜盅是带皮的炖品，瓜身高，一般要进行两次分让。第一次分让先用服务勺将冬瓜肉和盅内配料、汤汁均匀地分给客人。由于分让后的瓜皮很薄，容易破裂，所以必须横切去上部瓜皮后再进行二次分让。
- 烤乳猪：须用刀片先片下外皮，片下后原样复好，打上菱形花刀后，端上餐桌；随后的片肉手法如下。

西餐派菜

西餐派菜顺序

西餐派菜顺序为先女后男、先宾后主，即按女主宾、女宾、女主人、男主宾、男宾、男主人的顺序进行。

西餐派菜方法

西餐派菜方法有法式、英式、美式、俄式等，这些方法在一些饭店中常常交叉使用，具体内容将在西餐宴会服务专题中详细介绍。目前常用的派菜方法是：先沿顺时针方向从客人的右侧摆上餐盘，然后左手托盘，按逆时针方向右手持服务叉、勺，从左侧将菜分入餐盘。

操作技能

操作所需物品

餐桌、各式菜盘、分（派）菜工具、托盘、各式菜品。

视频：上菜与分菜

中餐上菜操作程序

中餐上菜操作程序如表 10.1 所示。

表10.1　中餐上菜操作程序

操作程序	操作规范
上菜准备	1. 上菜工具的准备——托盘、菜肴服务工具等 2. 菜单准备——熟悉上菜顺序 3. 确定上菜口
上菜服务	1. 从上菜口将菜肴送上餐桌 2. 菜肴摆放的位置与间距及荤素与色彩的搭配要合理 3. 上菜时动作要轻，严禁将菜肴从客人的头上越过 4. 为客人展示菜肴、报菜名并介绍菜肴 5. 上热菜时，菜盘内放置服务叉、勺，要注意将叉（勺）柄朝向主人 6. 如果热菜盘子很热，则一定要提醒客人注意，以防烫伤客人 7. 上汤类菜肴时，服务员要给客人分汤 8. 上带头尾的菜品，应根据当地的上菜习惯摆放 9. 上带有佐料的菜肴，要先上配料后上菜，要一次上齐，切勿遗漏 10. 如果有小孩同桌就餐，则一定要将热菜、汤菜远离孩子并提醒成年人注意 11. 上带壳的菜肴时要上小毛巾和洗手盅，同时要说明用途 12. 菜上齐后要告知客人并询问是否需要加菜或其他帮助 13. 上菜撤盘的基本礼节要求是：上菜不准推，撤盘不准拖

中餐分菜服务要领

- 分菜动作要娴熟优雅、干净利落。
- 服务员单人分菜时使用叉匙或专用夹子；两人合作时使用长把汤勺和长筷。中餐分菜如图 10.1 所示。

(a) 夹取

(b) 放置

图10.1　中餐分菜

- 分菜要做到均匀一致，尽量把优质的部分分给主要客人。此外，通常还要留两份左右以备客人添加。如果菜品很多，则将余下菜肴用小盘盛上整理好后送上餐桌。
- 若分菜时不慎将菜落在台面上，则切忌用手拾起，可先用干净的布巾包起，再清洁台面。

▲ 中餐分菜操作程序

中餐分菜操作程序如表 10.2 所示。

表10.2　中餐分菜操作程序

操作程序	操作规范
分菜准备	分菜工具的准备——服务叉、服务匙、长筷、长把汤勺
分菜服务	若采用桌上分让式分菜，则使用服务叉、服务匙 1. 从上菜口将菜肴送上餐桌 2. 为客人展示菜肴、报菜名、征得客人同意后撤下餐桌 3. 服务员左手托菜盘，站在客人左侧操作 4. 服务员分让菜肴时可以边分边向客人介绍菜肴 5. 给每位客人分让的菜肴要份额均匀、搭配合理
	若采用二人合作式分菜，则使用长筷、长柄匙 1. 在上菜口将菜肴送上餐桌 2. 为客人展示菜肴并报菜名 3. 一名服务员站在上菜口，右手持公用筷，左手持长把公用勺，为客人分菜 4. 一名服务员绕台将每位客人的餐盘移到分菜服务员近处，然后将分好的菜肴从客人左侧送上
	若采用旁桌式分菜，则使用服务叉、服务匙 1. 一般用于宴会，由服务员从上菜口将菜肴送上餐桌 2. 报菜名、展示介绍菜肴、供客人观赏后撤下餐桌 3. 在备餐桌上将菜分到餐盘内，然后用托盘从客人右侧送上

▲ 中餐分鱼操作程序

中餐分鱼操作程序如表 10.3 所示。

表10.3　中餐分鱼操作程序

操作程序	操作规范
分鱼准备	分菜工具的准备——餐刀、服务叉、服务盘
整鱼展示	先报菜名，为客人展示菜肴，然后撤至服务桌

续表

操作程序	操作规范
剔出鱼骨	1. 左手持叉，右手持刀，先将鱼身上的配料拨到一边 2. 用叉轻压鱼背，以避免鱼在盘中滑动。注意叉不可叉进鱼肉中 3. 用刀顺鱼脊骨或鱼中线划开，将鱼肉分开，让整条鱼骨露出 4. 用叉轻压鱼骨，用刀将鱼骨剔出 5. 将鱼骨放入服务盘
整理成型	1. 将鱼肉恢复原样，浇上原汁及配料 2. 不要将鱼肉碰碎，尽量保持鱼的原型
上菜服务	1. 将整理成型的整鱼端上餐桌 2. 如果需要分菜，则要用餐刀将鱼肉切成若干块，按宾主先后次序分派。如果鱼块带鳞，则要将带鳞部分紧贴餐盘，鱼肉朝上

中餐分鱼操作程序如图 10.2 所示。

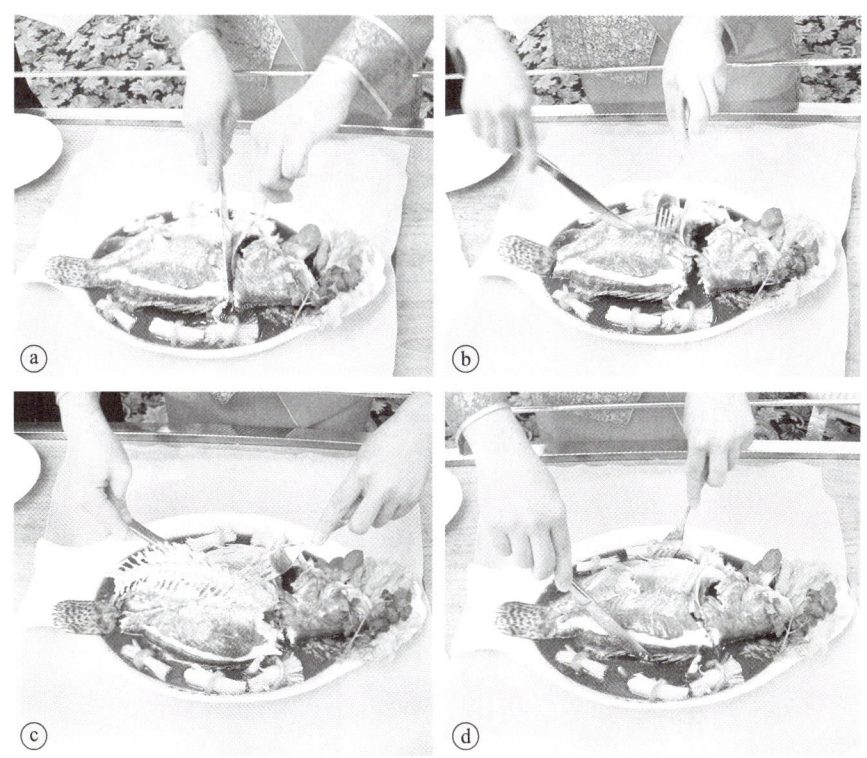

图10.2 中餐分鱼操作程序

▲ 带骨、带壳菜肴服务程序

带骨、带壳菜肴服务程序如表 10.4 所示。

表10.4　带骨、带壳菜肴服务程序

服务程序	服务规范
上刀叉	1. 当客人点了较大的块状食物或带壳食物时，在上菜之前应为客人摆上餐刀、餐叉或专用餐具 2. 将餐刀、餐叉或专用餐具整齐摆放在铺好餐巾的托盘上，然后逐位按左叉右刀原则，摆在客人餐盘的两侧
服务菜肴	如果客人需要，则可协助客人分割食物或帮助客人除去食物外壳
服务洗手盅	1. 使用托盘送上洗手盅，如果每人一份，则摆在餐位的右上方 2. 如果每桌两份，则摆在正副主人位前的转盘上，同时要礼貌地向客人说明用途
服务小毛巾、茶水	1. 递送小毛巾 2. 为客人斟茶
撤餐具	1. 客人品尝完该道菜并洗手后，将洗手盅、茶具和小毛巾撤下 2. 及时将刀叉撤下

西餐派菜要求

服务员在派菜时要挺胸收腹、不倚不靠、呼吸均匀、姿态优雅。西餐主菜分量重、品种多，派主菜时尤其要注意荤素搭配均匀，不要将菜肴或汤汁溅到客人身上。

西餐派菜手法

西餐通常使用服务匙、服务叉派送菜肴。服务匙、服务叉的正确使用手法如下：匙头、叉头朝向大拇指方向；匙面向上，用右手中指、无名指和小拇指三指配合，无名指在上，中指和小拇指在下，稍加弯曲夹住匙把尾部，靠近掌心下端；用食指和大拇指夹住叉的中心部，让叉把和匙把平行重叠，无名指垫于匙、叉之间。操作时，右手背向上，掌心向下，用大拇指和食指将服务叉向左分开，将服务匙插入菜中，用服务匙和服务叉配合，将菜肴夹起派入客人餐盘中。西餐派菜时匙、叉的使用手法如图10.3所示。

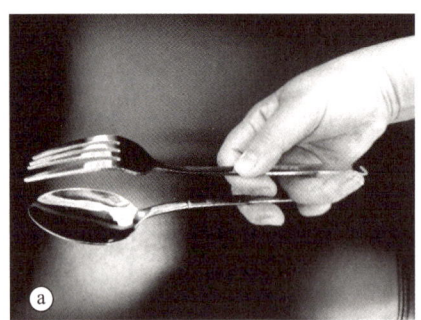 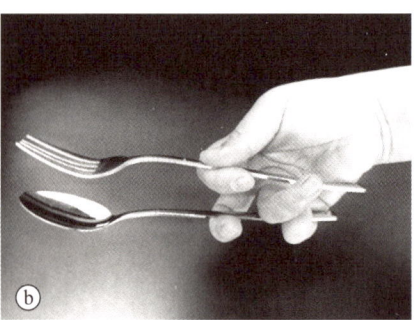

图10.3　西餐派菜时匙、叉的使用手法

拓展阅读

特殊情况下的分菜服务

客人只顾谈话而忽视菜肴：遇到这种情况时，服务员应抓住客人谈话出现短暂停顿间隙的时机，向客人介绍菜肴并以最快的速度将菜肴分给客人。

主要客人带有儿童赴宴：此时分菜先分给儿童，然后按常规顺序分菜。

老年人多的宴会：采取快分慢撤的方法进行服务。分菜步骤可分为两步，即先少分、再添分。

筵席中有卷食类菜肴：一般情况是由客人自己取拿卷食。如果老人或儿童较多，则需要分菜服务——服务员将吃碟摆放于菜肴的周围；放好铺卷的外层，然后逐一将被卷物放于铺卷的外层上；最后逐一卷上送到每位客人面前。

典型情境

令人恼火的铁板牛柳

某饭店中餐厅内，靠近窗边的一张餐桌旁坐着一家三口，他们点了四菜一汤，正在等候上菜。当铁板牛柳端上来时，服务员将准备好的调汁浇在牛柳上，然后立即用餐巾纸和铁盖盖住，只听见铁板里面吱吱作响，显然温度很高，虽然盖上了餐巾纸和铁盖，但是调汁仍顺着缝隙溅落在周围的桌布上，有几滴还飞落在女客人的连衣裙上。

"你怎么搞的，把汤汁都溅到我衣服上了，要是烫了人怎么办呀？再瞧这桌布，上面全是油点，让我们怎么吃饭？"女客人看到自己漂亮的连衣裙溅上了污点，十分恼火。

"实在对不起，都怪我没把盖子盖严，把您的衣服弄脏了，我马上去帮您联系清洗衣服。"说着，服务员把铁盖和餐巾纸取下，便匆匆去找餐厅经理。

随后客人用筷子拨开牛柳，发现下面的肉已经烧煳了。女客人连忙寻找那位服务员，但不见她的踪影，又等了10min，才见她和餐厅经理一同走来。

"你们这里的服务太差了。上菜将汤汁溅到客人衣服上，把桌布也弄脏了。上的菜是煳的，没法吃。等菜时间又长，我们已经看着这盘煳菜半天了。"女客人怒气冲冲地指着烧煳的牛柳对餐厅经理说。

"对不起！女士、先生。这确实是我们的过错，我们马上替您换一张干净的餐桌，烧煳的菜给您换一份新的，其他菜马上就送到。女士的衣服我们现在就替您洗烫，然后送到您的家里。现在只好委屈您先穿我的衣服。另外，这顿饭的餐费全免，以表示我们的歉意。您看这样处理可以吗？"餐厅经理略加思索后，说出了她的建议。

听到这位餐厅经理合情合理的建议，女客人的气全消了。她表示，餐桌可以换，菜也可以换新的，衣服污染得不重，可以回家洗，餐费也不用免。餐厅经理又建议，餐费打 8 折，另外加上洗衣费，并坚持让她接受。最后，女客人接受了这个建议。

　　换过餐桌后，菜马上就上齐了。服务员这次格外小心地为他们服务。在他们走时，又一次向客人道歉，并希望他们再来。

请思考：

结合本案例，谈一谈上菜服务技能训练时应注意的问题。

考核指南

基础知识部分

考核内容

1. 简述中餐上菜的原则与顺序。
2. 简述锅巴类和原盅炖品类菜肴的上菜方法。
3. 简述中餐分菜的顺序与方法。
4. 简述分让鱼类和拔丝类菜肴的方法。
5. 简述西餐派菜的顺序与方法。

考核方式

笔试或口试。

即学即测

扫描二维码，完成在线练习。

第十专题测一测

操作技能部分

考核内容

考核学生上菜、分派菜服务掌握情况。

考核方式

实训室现场操作。

考核评价

评价内容	考核要求	分值	自评 20%	互评 30%	师评 50%	综合评价
上菜服务	1. 依据上菜顺序上菜 2. 从上菜口将菜肴送上餐桌 3. 菜肴的摆放位置、搭配和间距均匀合理 4. 展示菜肴、报菜名及介绍菜肴时，语言表达准确、语音语速适中、态度自然大方 5. 菜上齐后要告知客人，并询问是否需要加菜或其他帮助 6. 整个操作程序无遗漏	40分				
分派菜服务	1. 分菜工具使用准确、得当 2. 分派食品、菜肴应不滴不洒、一次到位、分派均匀 3. 按分派顺序分派菜肴 4. 在规定时间内（4min）完成一道菜肴的分派任务	40分				
中餐分鱼服务	1. 分鱼服务程序无遗漏 2. 剔鱼骨动作准确、一次到位；鱼肉无破碎、可较好保持鱼的原型 3. 如果需要分菜，则要求份额均匀 4. 在规定时间内（4min）完成	20分				
评分标准	A：90~100分，上菜、分菜位置准确，按规范熟练操作，服务方法得当，程序顺序准确，能在规定时间内完成。 B：80~89分，上菜、分菜位置准确，基本能够按规范操作，服务方法较为得当，程序顺序准确，能在规定时间内完成。 C：60~79分，上菜、分菜位置准确，基本能够按规范操作，服务方法较为得当，程序顺序基本正确，能在规定时间内完成。 D：59分以下，不能够按规范操作，程序顺序不准确，不能在规定时间内完成。					
备注						

第三模块
零点餐厅服务规范

星级饭店通常设有风格不同、大小不一的零点餐厅,以适应不同类型客人的消费需求。餐厅服务人员必须掌握的零点餐厅服务规范大体包括以下8个方面:餐位预订、迎客准备、迎客服务、点菜服务、上菜与就餐服务、结账服务、送客收尾、日志填写。本书将服务程序设定为一个圆形,即这8个环节可能是餐饮服务活动的开始,也可能是餐饮服务活动的结束,如右图所示。

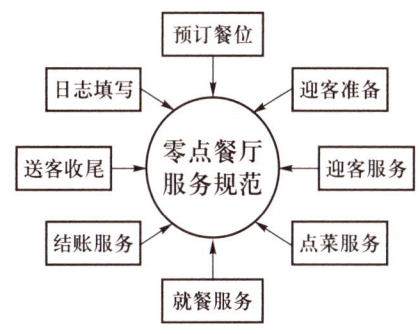

通过学习本模块,学生应养成良好的职业素养,培养克勤克俭、顾客至上的服务意识;树立主人翁意识,以敬业态度及诚信品质面对未来岗位;在工作中充分发挥主观能动性、积极性和创造性,培养团队意识和责任意识。

第十一专题
预订餐位

学习目标

- 了解零点餐厅餐位预订的方式及注意事项。
- 掌握零点餐厅餐位预订的基本内容。
- 熟练掌握零点餐厅预订服务程序与标准。
- 具备熟练、准确地为客人提供餐厅餐位预订服务的能力。

基础知识

▲ 预订餐位环节涉及人员

预订餐位环节涉及的主要工作人员有餐厅经理、专职预订员。

△ 餐厅经理

餐厅经理要带领餐厅全体服务人员做好餐厅对客服务工作，完成餐厅经营任务，其主要工作任务如下。

- 指导和监督餐厅的日常工作，保证餐厅业务的正常进行。
- 亲自督导大型宴会预订、VIP 接待工作。
- 负责制定服务质量标准与服务程序；巡视、检查各项工作的具体实施，纠正不符合规范的行为，改进服务态度及方法。
- 组织安排员工工作，监督制定排班表，招聘新员工，制订培训计划。
- 评估员工的工作表现，保证各项规章制度的执行，解决有关问题。
- 发展良好的客户关系，为客人提供针对性服务，处理客人投诉。
- 负责营业额、经费及劳动成本的预算工作。
- 撰写菜肴推销方案，利用纯熟的推销技巧做好促销工作。
- 协调餐厅与厨房之间的关系，及时反馈信息，树立以客人为中心的服务意识。

△ 专职预订员

专职预订员要服从餐厅经理的安排，按照工作程序与标准做好餐位预订工作，其主要工作任务如下。

- 全面掌握餐厅的餐位及其预订情况，控制好餐位的使用情况。
- 接受和安排客人的餐前预订，适时向客人介绍餐厅设施，回答客人询问，始终保持良好的服务形象。
- 做好餐厅预订的登记工作并及时通知餐厅迎宾员或领班，每天向餐厅经理汇报预订情况。
- 记录客人的相关信息，做好客史档案的信息收集工作，及时与服务人员沟通，提高客人满意度。
- 当班结束后，做好工作记录。
- 营业结束，打扫所管辖区域卫生，做好收尾工作。

▲ 预订餐位的方式

- 当面预订：客人亲自或委托他人前来餐厅预订餐位，通常会选择在包房用餐，如图 11.1 所示。
- 电话预订：客人打电话预订餐位，餐台或包房均有可能选择，如图 11.2 所示。

图11.1 当面预订

图11.2 电话预订

▲ 预订餐位的基本内容

- 客人预订的用餐日期及时间。
- 客人的用餐人数及标准。
- 订餐客人的姓名、联系电话。
- 菜单与酒单的确定。
- 包房或餐台的确定。
- 其他服务项目或客人的特殊要求。

▲ 预订餐位的注意事项

△ 预订时间

- 餐厅接受餐位预订是对订餐客人的一种承诺,即在约定的时间内为客人保留餐位。
- 在餐厅实际接待服务中,常常出现客人预订餐位后未按约定时间到达、客人预订餐位后不来就餐、客人用餐时间超出预计的时间导致其他客人不能按时就餐的现象。
- 餐厅在为客人预订餐位时,应强调时间的重要性,主动告诉客人为其保留座位的时间期限,超过保留期限的餐位会有其他客人使用。
- 对重要客人的餐位预订要主动了解其实际到达饭店就餐的时间和变更情况,以便保证餐厅正常营业和接待服务质量。
- 如果餐厅因某种原因须更改客人的预订时间,则应事先征得客人同意,更改后的标准和条件应有一定的优惠并符合客人提出的要求。

△ 记录内容

- 进行餐位预订须记录的内容较多。预订时,每项都要向客人询问清楚,尤其是客人提出的特殊要求一定不能忽视。
- 准确记录客人的餐位预订是对客人的尊重,也是优质对客服务的保证。
- 餐位预订内容可记录在预订登记表(表11.1)上。现今多数餐厅(餐饮企业)会同步使用餐饮信息系统记录客人预订信息。

表11.1 预订登记表

×× 餐厅预订登记表

年　月　日　No.

房号/桌号	午餐				晚餐			
	姓名、电话	用餐时间	人数、标准	特殊要求	姓名、电话	用餐时间	人数、标准	特殊要求
包房1								
包房2								
……								
1号台								
2号台								
……								
备注								

注：1. 预订登记表每天一张（针对规模较大的餐厅，午晚餐的预订可分列），每月一本，用后存档。
　　2. 预订登记表具体内容也可根据餐厅具体情况设计安排。

▲ **服务态度**

▲ 预订员既要精通预订业务，又要具备良好的服务素质和道德意识。预订服务应注意服务的主动性，以良好的服务态度尽量满足客人的要求。

▲ 在餐位预订中可能出现的问题有：接听电话不及时，接听电话不使用礼貌用语，无法满足客人要求时没有提出替代性建议，对客人的预订没有进一步确认，对客人的具体要求不做细节记录，忘记记录客人的特殊要求，等等。

服务技能

▲ **电话预订服务的受理**

▲ **服务程序与标准**

电话预订的服务程序与标准如表11.2所示。

视频：预订餐位

表11.2 电话预订的服务程序与标准

服务程序	服务标准
问候客人	1. 电话铃响3声之内接听电话 2. 主动向客人礼貌问好，并准确报出餐厅名称及自己的姓名。例如，"您好，这里是云海餐厅，我是服务员（预订员）小李。" 3. 及时表示愿意为客人提供服务。例如，"有什么事情需要帮忙？"或"很高兴为您服务。"

续表

服务程序	服务标准
了解需求	1. 对报出姓名的客人，服务员应称呼其姓名，以示对客人的尊重 2. 仔细聆听客人介绍，了解客人的身份、用餐日期及时间、宴请对象、人数、台数及其他要求 3. 征得客人同意后为其安排相应的包房或餐台，并告知客人包房号或餐台号 4. 大型宴会的预订，要请客人进行面谈
接受预订	1. 复述预订的内容，并请客人确认 2. 请客人留下电话、姓名 3. 告知客人预订餐位最后的保留时间 4. 告知客人稍后会有预订确认信息发到客人手机上，请客人关注 5. 向客人致谢并道别
预订通知	1. 填写预订单 2. 若为订好菜单的预订或大型宴会的预订，则应立即通知餐厅经理、厨师长、采购部门 3. 若为未订菜单的预订，则只通知餐厅即可 4. 若为有特殊要求的预订，则要及时通知餐厅主管和厨师长
预订记录	1. 将预订的详细内容记录在预订登记本上，并录入计算机系统 2. 零点餐厅预订登记本一般每月一本，用后存档

模拟对话1（住店客人电话预订）

预订员：早晨好（下午好），这里是××饭店龙苑餐厅，我是预订员小柳，请问有什么事能为您效劳？

客人：您好，我是8088房间的客人，我想预订明天晚上的一张10人台。

预订员：（快速查询计算机）请问是罗宾逊先生吗？

客人：是的。

预订员：您好，罗宾逊先生。请问您是打算在大厅用餐还是在包房用餐？

客人：我希望在大厅用餐。

预订员：好的，给您安排在餐厅C区5号台可以吗？5号台在餐厅的里面，相对独立，适合朋友聚会交谈。

客人：可以，谢谢。

预订员：请问客人几点可以到？

客人：明天下午5点。

预订员：好的，明天下午5点的晚餐。顺便告诉您，根据本餐厅的规定，最晚可为您保留座位到5点半，可以吗？

客人：可以。

预订员：您是现在订菜单还是明天来后再订？

客人：我打算明天客人来后再订，可以吗？

预订员：没问题，罗宾逊先生——饭店8088房间客人，您预订明天5点的晚餐，在大厅用餐，10人台。请问您还有其他吩咐吗？

客人：很好，没有别的了。

预订员：恭候您的光临，再见。

模拟对话2（店外客人电话预订）

预订员：您好，这里是金华餐厅，预订员小王为您服务。

客人：您好，我是××房地产开发公司的。能为我安排今天晚上16人的晚餐吗？

预订员：当然可以，先生。请您告诉我怎么称呼您？

客人：姓李，李明。

预订员：好的，李明先生。是木子李、明天的明吗？

客人：是的。

预订员：请问您是打算在大厅用餐还是在包房用餐？

客人：我希望在包房用餐，最好是可以观赏海边风景的房间。

预订员：好的，您一共是16位客人，给您安排在一张大餐台可以吗？如果可以，那么我们有观海的大包房两间——云海厅和江海厅，云海厅的视野更好一些。

客人：那就在云海厅吧，谢谢。

预订员：好的，为您安排在三楼的云海厅。请问客人几点可以到？

客人：可以，我们明天下午6点到。

预订员：好的，明天下午6点的16人晚餐。顺便告诉您，根据本餐厅的规定，可为您保留座位的最晚时间是6点半，可以吗？

客人：可以。

预订员：您是选用零点菜单还是套餐菜单？

客人：明天再点可以吗？

预订员：李先生，如果您计划选用套菜菜单，那么最好今天确定下来，因为厨师长需要提前准备。

客人：那我明天选用零点菜单吧。

预订员：没问题。李明先生，您预订的是明天下午6点三楼云海厅的16人晚餐。您能给我们留下联系电话吗？

客人：可以。请记录138××××0808。

预订员：谢谢，请问您还有其他吩咐吗？

客人：没有，再见。

预订员：稍后会有确认信息发到您手机上，请您关注。恭候您的光临，再见。

当面预订服务的受理

服务程序与标准

当面预订的服务程序与标准如表11.3所示。

表11.3 当面预订的服务程序与标准

服务程序	服务标准
问候客人	1. 当客人来到餐厅时，迎宾员首先应礼貌问候客人。例如，"早上好／下午好，××先生／小姐，欢迎光临××餐厅。" 2. 当知道客人是来订餐时，要主动向客人介绍自己，并表示愿意为客人服务 3. 如果餐厅设有专职预订员，则要及时引领客人并做好交接介绍
了解需求	1. 礼貌问清客人的姓名、房号或单位、用餐日期及时间、宴请对象、用餐人数、台数及其他要求 2. 征得客人的同意后为其安排相应的包房或餐台，并告知客人房号或餐台号 3. 大型宴会的预订应请客人进行实地考察，要与客人共同探讨协商后，画出场地安排图
接受预订	1. 向客人复述预订的内容，并请客人确认 2. 确认客人的电话、姓名 3. 告知客人预订餐位最后的保留时间 4. 告知客人稍后会有预订确认信息发到客人手机上，请客人关注 5. 向客人致谢并道别
预订通知	1. 填写预订单 2. 若为订好菜单的预订或大型宴会的预订，则应立即通知餐厅经理、厨师长、采购部门；若为未订标准或菜单的预订，则只通知餐厅即可 3. 若为有特殊要求的预订，则要及时通知餐厅主管班和厨师长
预订记录	1. 将预订的详细内容记录在预订登记本上，并录入计算机系统 2. 零点餐厅预订登记本一般每月一本，用后存档

模拟对话

服务员：您好，欢迎光临梦圆餐厅。

客人：您好，我是辽南有限公司的。我想订明天的晚餐。

服务员：好的，先生。请您告诉我怎么称呼您？

客人：免贵姓刘，刘扬。

服务员：好的，刘先生。请这边走，（进入预订部）这是我们餐厅专职预订员小王。

预订员：我是预订员王新，很高兴为您服务。刘先生请坐（客人看预订宣传资料，预订员为之倒茶），请您用茶。

客人：谢谢。

预订员：刘先生，可以告诉我您有多少客人吗？需要大厅就餐还是包房就餐？

客人：我们下周五晚上有30人，是毕业30年的同学聚会，希望安排在一个不受干扰、相对安静的包房用餐。

预订员（看预订登记本）：好的，您一共是30位客人，下周五晚上，希望在一个包房用餐。我们可以将相邻两个包房的隔断打开，给您安排3张餐台可以吗？我们去看看场地吧！

客人：好的。

预订员：（来到二楼）为您安排在二楼可以吗？您看，这是书香厅和画香厅，开餐前由服务人员将这里的隔断打开，使其成为一个大包房可以吗？

客人：可以。

预订员：请问客人几点可以到？

客人：我们计划下周五也就是本月27日下午5点开始。

预订员：好的，下周五也就是本月27日下午5点的晚餐。顺便告诉您，根据本餐厅的规定，可为您保留座位的最晚时间是5点半，可以吗？

客人：可以。

预订员：您准备现在订菜单还是来后再订？

客人：现在就订，人均标准100元的商务套餐就行。

预订员：可以，您能为我们留一个联系电话吗？

客人：我单位电话是31××567、我手机号码是138××××1155。

预订员：谢谢。刘扬先生，您预订下周五也就是本月27日下午5点的同学会餐，采用人均标准100元的商务A套餐，在二楼书香厅和画香厅用餐，3桌30人。请问您还有其他吩咐吗？

客人：哦！请问餐厅的音响效果怎么样？

预订员：我们的音响效果很好，您尽可放心。

客人：很好，谢谢。

预订员：稍后预订信息会发到您手机中，请您确认，如有变化请及时与我们联系。恭候您的光临，再见。

拓展阅读

佛跳墙的来历

佛跳墙原名福寿全，是福州一道集山珍海味于一体的传统名菜，誉满中外，被各地烹饪界列为福建菜谱的"首席菜"，至今已有百余年的历史。

光绪二十五年（1899年），福州官钱局一官员宴请福建布政使周莲，他为巴结周莲，令内眷亲自下厨，用绍兴酒坛装鸡、鸭、羊肉、猪肚、鸽蛋及海产品等10多种原料、辅料，煨制成一道菜，取名福寿全。周莲尝后，赞不绝口。问及菜名，该官员说该菜取"吉祥如意、福寿双全"之意，名为"福寿全"。后来，衙厨郑春发学成烹制此菜方法后加以改进，口味胜于先者。到郑春发开设聚春园菜馆时，即以此菜轰动榕城。有一次，一批文人墨客来尝此菜，当福寿全上席启坛时，荤香四溢，其中一秀才心醉神迷，触发诗兴，当即曼声吟道："坛启荤香飘四邻，佛闻弃禅跳墙来。"同时，在福州话中，"福寿全"与"佛跳墙"发音亦雷同。从此，人们引用诗句意，普遍称此菜为"佛跳墙"。

佛跳墙的做法是把18种主料、12种辅料煨于一坛，既有共同的荤味，又保持各自的特色。佛跳墙之煨器，多年来一直选用绍兴酒坛，坛中有绍兴名酒与料调和。煨佛跳墙讲究储香保味，料装坛后先用荷叶密封坛口，然后加盖。煨佛跳墙之火种乃严格质纯无烟的炭火，旺火烧沸后用微火煨五六个小时而成。佛跳墙在煨制过程中几乎没有香味冒出，反而在煨成开坛之时，只需略略掀开荷叶，便有酒香扑鼻，直入心脾。盛出来汤浓色褐，却厚而不腻。食时酒香与各种香气混合，香飘四座，烂而不腐，口味无穷。吃起来软嫩柔润，浓郁荤香，又荤而不腻；各料互为渗透，味中有味。同时营养价值极高，具有补气养血、清肺润肠、防治虚寒等功效。上席时如配以襄衣萝卜一碟、油芥辣一碟、火腿拌豆芽心一碟、冬菇炒豆苗一碟，再用银丝卷、芝麻烧饼佐食，更是妙不可言，其味无穷。

典型情境

外订的佛跳墙

一天晚上，某饭店的门前驶来一辆出租车，4位客人先后下车走进饭店，直奔二楼风味餐厅。

"欢迎各位到丽园餐厅用餐，请问先生贵姓，有没有预订？"接待小姐很有礼貌地问道。

"我姓雷，3天前电话预订了佛跳墙，请你查一下。"雷先生急切地说。

接待小姐查了预订记录，发现只有两个姓李的客人订了4人餐，一个是李永（海鲜宴），另一个是李明（外订佛跳墙）。

"先生，请看这是不是您的预订？"接待小姐请客人确认预订记录。

"哦，不，我叫雷铭，这外订佛跳墙是什么意思呢？"雷先生用笔更正了姓名后，不解地问道。"佛跳墙这道菜有18种原料，需要很长时间加工，其中金钱鲍鱼等原料我们这里今天刚进货，在接到您预订时制作时间已经不够，但考虑到您对饭店的信任，我们已经为您在其他饭店预订了这道菜。"接待小姐耐心地向雷先生解释了外订的原因。

"那不行，你们这么大的饭店连佛跳墙都做不出来，还开什么饭店！同意了我的预订就要兑现，我就要吃你们做的佛跳墙，其他饭店做的不要。"雷先生突然生起气来。

"十分抱歉，我们没有向您解释清楚，让您误会了。这几天预订佛跳墙的客人只有您一位，原料和时间都紧张，我们就派厨师到关系单位亲自为您加工，现在已经准备好了，口味绝对正宗。请您到里面入座，先品尝其他菜，佛跳墙马上就上桌。"餐厅经理急忙走过来回答。

"谢谢你们想得周到，但以后预订，不要把客人的名字搞错。"雷先生和家人跟随领位小姐走进了餐厅。

事实上，由于雷先生预订时间晚，又是电话预订，餐厅因为原料不全来不及准备，的确在外面为其预订了佛跳墙，等雷先生一来，就开车去取。

当雷先生一家吃到那满堂馥郁的佛跳墙时不禁食欲大增，竖起大拇指连声说好。

请思考:
电话预订应注意哪些环节?为客人外订菜肴是否要与客人说明?

更改的预订

徐先生带着客人来到北京一家饭店用餐。接待小姐微笑着问道:"请问先生有没有预订?"

"我姓徐,3天前和你们电话联系,在这里预订的烤鸭。"徐先生答道。

"对不起,先生。今天有几个重点国外旅游团队在这里用餐,已经把这里包满了。以前预订的客人,我们已经在昨天分别通知改期或改地了。"接待小姐解释道。

"昨天我不在北京,没有接到你们的通知,既然预订了就应该有我们的座位。"徐先生不耐烦地带着客人走进了餐厅。在餐厅里,他看到餐位上都坐满了外宾,确实没有座位了。

"您是不是阳光科技开发公司的徐先生?"随后追进来的接待小姐问道。

"不错,请你马上给我们安排座位,我的客户都很重要。"徐先生有点激动。

"您的预订已经改在其他餐厅,我们昨天已经和您公司的马先生联系过了。"接待小姐把更改过的预订单递给徐先生。

"好的,只要保证我们的座位就行。请你带我们去吧。"徐先生催促着接待小姐。

接待小姐请别人带徐先生一行人来到了另一个餐厅。由于徐先生等人来到饭店时超过了预订时间,所以这里的餐厅也没有空位了。餐厅经理走过来抱歉地说:"我们已经按预订时间为您延长了15min,实在无法再等了,请在休息厅休息一下,我们会尽快安排你们入座。今天客人太多,请您多多原谅。"

又过了10min,徐先生一行终于得以在餐厅用餐。

请思考:
本案例中的问题出现在哪一环节?如何避免此类事情的发生?

考核指南

▲ 基础知识部分

△ 考核内容
1. 简述常用的餐位预订的方式。
2. 简述餐位预订的注意事项。

△ 考核方式
笔试或口试。

◢ 即学即测

扫描二维码，完成在线练习。

第十一专题测一测

◣ **服务技能部分**

◢ 考核内容

以小组为单位，在实训室模拟进行电话预订、当面预订服务流程训练，掌握餐厅预订服务规范。

◢ 考核方式

实训室现场操作。

◢ 考核评价

评价内容	考核要点	分值	自评 20%	互评 30%	师评 50%	综合评价
电话预订	接听电话及时，主动问好；态度积极主动、热情有礼、语言准确；主动介绍餐厅相关信息；客人需求信息掌握准确、完整；重复关键部分，力求准确无误；向客人表示感谢；客人先挂断电话；做好预订记录	100分				
当面预订	主动问好；态度主动热情；仪态大方有礼；语言规范准确；主动介绍餐厅相关信息；客人需求信息掌握准确、完整；重复关键部分，力求准确无误向客人表示感谢；做好预订记录；若为大型预订，则应引领客人到餐厅现场，并做好跟踪服务	100分				
评分标准	A：90~100分，准备充分、内容完整、符合规范、服务意识及服务表现力显著。 B：80~89分，准备较为充分、内容完整、基本符合规范、服务意识及服务表现力较好。 C：60~79分，简单准备、内容较为完整、基本符合规范、服务意识及服务表现力一般。 D：59分以下，无准备、内容不完整、缺少服务意识及服务表现力较差。					
备注						

第十二专题
迎客准备

学习目标

- 了解迎客准备工作的内容。
- 掌握餐前会的内容及开好餐前会的要点。
- 熟练掌握迎客准备的服务程序与标准。
- 具备独立做好餐厅迎客准备工作的能力。

基础知识

餐厅服务人员在客人到达之前要完成一系列的服务准备工作，如明确服务任务、分配工作区域、做好餐厅台面的布置等。

▲ 迎客准备环节涉及人员

迎客准备环节涉及的主要工作人员有餐厅经理、餐厅领班、各岗位服务人员。下面主要介绍餐厅领班的工作任务。

△ 餐厅领班

餐厅领班要协助餐厅经理做好当班对客服务工作，其主要工作任务有以下几项。

- 组织餐前会，布置当班工作任务，检查服务员的仪表仪容及营业前的准备工作情况。
- 对管辖区负责，保证工作效率。
- 适时推销菜肴、酒水，保证所上菜品与订单相符，按时按序出好每道菜，及时按客人要求提供桌边服务。
- 观察服务员的具体操作，发现问题及时纠正，保证服务工作合乎标准与要求。
- 及时了解客人的用餐情况，向厨房通报客人的要求与意见，满足客人的需要。
- 逐项检查各项工作，出现问题及时报告餐厅经理。
- 按服务规程做好服务员的培训工作。
- 当班服务人手不够时，要做具体的服务工作。
- 做好当班工作记录及交接工作。

▲ 迎客准备工作

迎客准备工作包括餐桌分配、餐具准备、餐桌准备、备餐柜准备、酒水准备、菜单准备等。

视频：迎客准备

△ 餐桌分配

- 划分服务区域。划分服务区域就是将餐厅按客人就座习惯划分成若干区域，并将餐桌编号。餐厅服务区域划分如图 12.1 所示，其将餐厅划分为 A、B、C、D 四个区域。每个区域按规定进行编号，如 A1、A2、B1、B2 等；或者用连续号码编号，如 A1、A2……B5、B6……C18、C19 等。
- 分配服务人员。开餐前要培训员工明确其所负责的服务区域，便于做好餐前准备及服务。值得注意的是，服务人员区域之间的互相协助与帮助十分重要，要相互照应、做好补位服务，保证服务的连贯性。

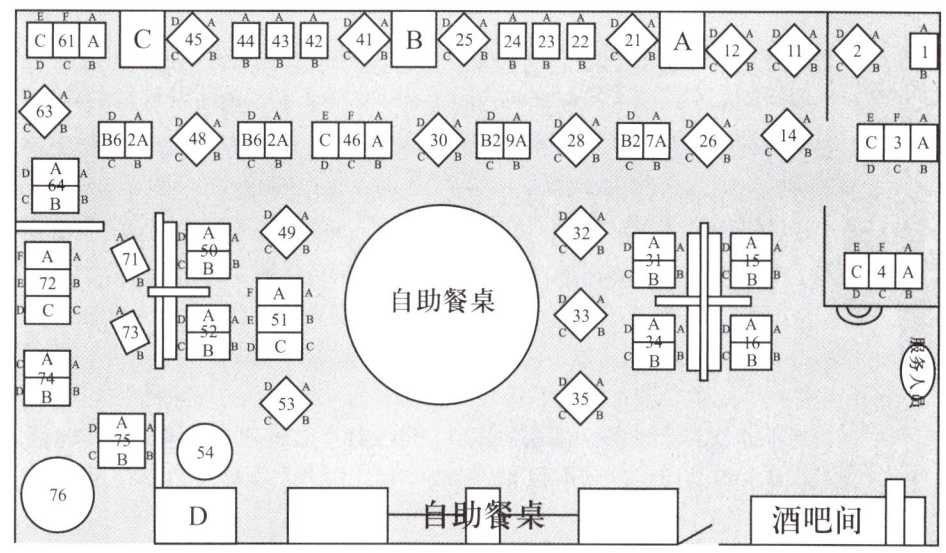

图12.1 餐厅服务区域划分图（北京凯宾斯基饭店提供）

⚠ 餐具准备

- ▲ 准备充足的摆台餐具。
- ▲ 准备齐全的服务用具。
- ▲ 擦拭餐具、用具。

⚠ 餐桌准备

- ▲ 明确服务区域。
- ▲ 清扫服务区域卫生。
- ▲ 检查餐桌摆台是否规范。
- ▲ 检查餐具、用具清洁及破损情况。
- ▲ 补充各种调味瓶的调料。
- ▲ 全面检查以免有疏忽或遗漏。

　　餐桌准备如图 12.2 所示。

(a) 检查杯具

(b) 检查摆台

图12.2 餐桌准备

△ 备餐柜准备
- 备餐柜摆放在靠近服务区域的地方，是餐厅存放餐具及方便服务的重要用具；备餐柜里物品齐全，可避免频繁来回端取餐具，方便服务员接放餐具、菜肴。
- 备餐柜内外应干净卫生，柜内的物品要分类摆放整齐。以中餐厅备餐柜为例，一般应有下列物品（备品）：新鲜茶叶、茶壶、暖瓶、备用的牙签等，备用摆台餐具1~2套，小毛巾、干净的台布和餐巾，各种调味品，干净的菜单（星级饭店的菜单一般放在迎宾员手中），点菜记录本、笔、开瓶工具等服务用具，餐巾纸、打包餐盒、方便口袋等。

△ 酒水准备
- 供应的酒水、饮料要在餐前准备好，根据需要可放入冰箱或冰桶中冷藏备用。
- 各餐厅酒水饮料的准备工作做法不一：可由餐厅服务吧台准备，也可由饭店的饮料部派员工去各餐厅提供酒水服务，或者由餐厅服务员到酒库中领取酒水。
- 酒瓶外部应卫生清洁。
- 检查酒水的质量，发现问题坚决退回。

△ 菜单准备
　　菜单准备可以帮助服务员熟悉本餐厅菜肴的基本常识、了解当天餐厅菜肴供应情况、增强自信心、增进与客人之间的关系，从容地为客人提供服务。菜单准备的内容包括以下几个方面。
- 明确菜单上的菜肴名称及价格。
- 明确菜肴的制作原料及口味特点。
- 明确菜肴的基本烹制过程。
- 明确菜肴的烹制方法。
- 了解菜肴典故。
- 了解当日特供菜肴的供应情况。
- 明确菜肴的烹制时间。
　　菜肴烹制时间的掌握可以帮助服务员在不同情况下恰到好处地给客人推荐菜肴。菜肴烹制时间一般取决于厨房的设备、厨师的工作效率、积压订单的多少、菜肴烹制所花费的时间等。

▲ **餐前会**

　　在完成各项准备工作后，餐厅将在营业前的30min至1h，举行一次餐前会，一般由餐厅经理或领班负责。

△ 餐前会的内容
- 检查服务员的仪表、仪容。
- 检查服务工具是否备好。

- 讲解推荐菜肴的要点。
- 介绍客人情况及 VIP 接待工作。
- 向服务员说明客人的投诉及处理办法。
- 总结前一天的工作，讲解当天工作要点。
- 通报其他部门对本部门的意见及请求协作事项。

开好餐前会的要点

- 要有时间限制，一般以 10~15min 为宜。
- 要有统一约定的开会时间，通常午餐餐前会在 10 点进行，晚餐餐前会在 16 点进行。
- 开会时要求员工列队。
- 要做好充分的准备，事先写下开会时要讲的工作要点。
- 开会时要以期望员工做好工作的态度去激励员工。
- 讲话要清晰，气氛要轻松，让员工易于接受。
- 定期请上级到会指导。
- 及时传达上级的指示，做到下情上报、上情下传。
- 要允许并鼓励员工反映问题，而且要及时解决。
- 遇到重要问题可延长开会时间。
- 利用餐前会实施培训和技术交流。
- 强调餐厅制度及工作标准。

服务技能

餐具的擦拭程序与标准

餐具的擦拭程序与标准如表 12.1 所示。

表12.1 餐具的擦拭程序与标准

擦拭程序	擦拭标准
准备	1. 将洗过并晾干的餐具分类 2. 准备干净的托盘 3. 准备足量的服务布巾
擦拭	1. 打开服务布巾，把一端搭在左手上 2. 用右手拿餐具，将餐具放在搭着服务布巾的左手上 3. 用右手拿起服务布巾的另一端，双手配合擦拭餐具 4. 检查餐具是否都被擦干、擦亮 5. 用隔着服务布巾的右手把餐具放在干净的托盘里 6. 重复以上的动作，直到每件餐具都被擦干、擦亮

餐具的擦拭如图 12.3 所示。

图12.3 餐具的擦拭

玻璃酒杯的擦拭程序与标准

玻璃酒杯的擦拭程序与标准如表12.2所示。

表12.2 玻璃酒杯的擦拭程序与标准

擦拭程序	擦拭标准
准备	1. 把洗净并分类控过水的玻璃酒杯放在干净的托盘里 2. 准备足够的没有绒毛的专用布巾 3. 在准备擦亮的玻璃酒杯的左边放一碗热水 4. 在热水碗的左边放一个干净的托盘，用于放置擦亮的玻璃酒杯
擦拭	1. 拿起准备好的布巾一角，搭在左手上 2. 用右手拿起玻璃酒杯，检查有无污渍。有污渍的玻璃酒杯要放在一边，以备重洗。如果玻璃酒杯已经损坏，则不能再用，放在一边做报废处理 3. 把玻璃酒杯的口朝下，正对热水碗，使热水碗里散发的蒸汽布满玻璃酒杯内外 4. 把玻璃酒杯传到搭有布巾的左手，拿杯底部位 5. 用右手拿起布巾的另一角，塞进玻璃酒杯，使布巾能够到达杯内底部 6. 拿着包在布巾里面的玻璃酒杯，左手轻轻地转动杯底，右手擦拭酒杯 7. 重复以上动作，直到玻璃酒杯被擦亮为止
检查与装盘	1. 右手拿开布巾，左手举起玻璃酒杯，迎着光检查酒杯是否明亮、干净 2. 如果玻璃酒杯的卫生不合格，则要重复以上动作，直到酒杯被擦亮为止 3. 把合格的玻璃酒杯杯口朝下，放在预先准备好的干净托盘里 4. 擦拭其他玻璃酒杯时程序同上

玻璃酒杯的擦拭如图12.4所示。

擦拭　　　　　　　　　　　检查

图12.4 玻璃酒杯的擦拭

迎客准备的服务程序与标准

迎客准备的服务程序与标准如表12.3所示。

表12.3 迎客准备的服务程序与标准

服务程序	服务标准
餐前会	由餐厅经理或领班负责，总结前一天的工作，讲解当日工作任务
员工准备	员工按餐厅规定着装、化妆
餐厅摆台准备	1. 餐具定位准确 2. 餐具距离均等 3. 餐厅所有餐具横竖摆成一直线 4. 餐具干净卫生，无破损 5. 擦拭摆台所需的各种餐具
餐厅卫生准备	1. 餐厅大门及周围环境干净整齐 2. 地毯（面）干净，无杂物 3. 备餐柜内外干净，物品齐全 4. 台布干净，无折皱 5. 服务车干净，无异味 6. 沙发、桌椅干净，无污迹 7. 转盘干净明亮，转动自如 8. 客用通道及卫生间清洁卫生
备餐柜准备	物品齐全，分类摆放，干净整齐，使用方便
检查设备	开餐前1h检查所有照明设备、空调及音响设备等是否正常，发现问题及时报修
检查预订摆台	1. 所摆餐位符合预订人数 2. 指示牌干净，内容正确 3. 餐台摆花美观，不触犯客人禁忌 4. 客用菜单干净，内容正确无误
打开餐厅大门	如果无特殊情况，则一般午餐开餐时间为11点，晚餐开餐时间为17点，由迎宾员打开餐厅大门

拓展阅读

中餐烹调方法

中国的烹调技艺闻名于世，菜肴的色、香、味、形、器非常精美。根据由简到繁及传热物的异同，可将中餐烹调方法归纳为氽、烩、拌、炝、腌、煎、烘、塌、贴、炸、熘、爆、炒、烹、炖、焖、卤、烧、煨、煮、蒸、烤、熏、泥烤、拔丝、挂霜、蜜汁等。其中常用的如下。

① 烘——在烘炉中，用干燥的、持续不断的热度制作菜肴。

② 煮——在沸水中制作菜肴，特点是汤菜各半，汤宽汁浓、口味清鲜。

③ 焖——向经过炸、煎、炒或水煮的原料中加入酱油、糖等调味汁，用旺火烧

开后再用小火长时间加热成熟。

④ 炸——在烧热的食油中制作菜肴,有清炸、软炸之分。

⑤ 爆——是急火、热油、速成的烹调方法。常用的爆法有油爆、酱爆、葱爆、爆炒等。

⑥ 炒——将原料放置于锅内,在旺火上急速翻拌,原料断生即可。常用的炒法有生炒、熟炒、滑炒等。

⑦ 烩——将数种原料掺在一起,旺火用汤和调味品制成半汤半菜的菜肴,特点是汤宽汁厚、口味鲜浓。

⑧ 汆——将原料投入开水锅中,加以调味,不勾芡,水开即好。

⑨ 熘——先将形状小的原料经过油炸,大的经过煮或蒸,再另取油锅,调制卤汁浇淋于原料表面,或将原料投入卤汁中搅拌腌制。

⑩ 塌——一般是先用少量油及温水将挂糊的原料煎至两面金黄,再加入调味品和少许汤汁,用微火收干汁。

典型情境

有裂纹的酒杯

一位翻译带领几位外国客人走进了某三星级饭店的中餐厅。入座后,服务员请他们点菜。客人点了一些菜,还点了啤酒、矿泉水等饮料。突然,一位客人发出诧异的声音。原来他的啤酒杯有一道裂缝,啤酒顺着裂缝流到了桌子上。翻译急忙让服务员过来换杯。另一位客人用手指着眼前的小碟子让服务员看,原来小碟子上有一个缺口。翻译赶忙检查了一遍桌上的餐具,发现碗、碟、瓷勺、啤酒杯等均有不同程度的损坏。

翻译站起身把服务员叫到一旁说:"这里的餐具怎么都有损坏?这太不安全了,也影响情绪啊!"

"这批餐具早就该换了,最近太忙还没来得及更换。您看其他桌上的餐具也有损坏。"服务员红着脸解释。

"这可不是理由啊!难道这么大的饭店连几套像样的餐具都找不出来吗?"翻译有点火了。

"您别着急,我马上给您换新的餐具。"服务员急忙改口。

翻译和外宾交谈后又对服务员说道:"请你给我们换个地方,我的客人对这里的环境不太满意。"

经与餐厅经理商洽,最后这几位客人被安排在小宴会厅用餐,餐具的质量也是好的,并根据客人的要求摆上了刀叉。

望着桌上精美的餐具,喝着可口的啤酒,这几位客人终于露出了笑容。

请思考:

此案例给你哪些启示?如何做好餐前管理工作?

"特供"的香蕉

某星级饭店里住满了来自世界各国的旅游者。其中一位孤僻的外国客人住在这里已有一周。他不苟言笑，总是板着脸，就连面对服务员的笑脸相迎也不动声色。

这位外国客人每天总到自助餐厅吃早餐。每当吃过盘中自选的食品后，他总要在台上寻找一些东西，一连两天都是这样。第一天服务员笑着问他需要何物，没有得到答复。第二天服务员又耐心地询问，他仍然没有回答，这使服务员有些尴尬；正当这位"冷面先生"要走出餐厅时，服务员又笑着问他是否需要帮助，"香蕉"一词终于从他的口中吐出。第三天当他来到餐厅时，一大盘香气扑鼻的香蕉呈现在面前，这情形让他震惊，使他绷紧的脸第一次有了微笑。在之后的几天，这位外国客人每天早上都能享用到香蕉。

几个月后，这位外国客人再次光顾了这家饭店。次日早上，他步入自助餐厅时，惊喜地发现在上次同样的位置上摆放着香蕉。他忙找到服务员，主动询问是否特意为他准备了香蕉。服务员笑着告诉他，前台服务员昨晚已经通知餐厅他入住饭店的信息。"服务太好了！"这位"冷面先生"的脸上不禁露出了感激的笑容。

请思考：

此案例中餐厅做法的可取之处是什么？

考核指南

基础知识部分

考核内容

1. 简述菜单准备的内容。
2. 简述餐前会的内容。
3. 简述开好餐前会的要点。

考核方式

笔试或口试。

即学即测

扫描二维码，完成在线练习。

第十二专题测一测

服务技能部分

考核内容
以小组为单位，在实训室模拟进行迎客准备流程训练，掌握餐厅迎客准备工作服务规范。

考核方式
实训室现场操作。

考核评价

评价内容	考核要点	分值	自评 20%	互评 30%	师评 50%	综合评价
迎客准备	参加（主持）餐前会，了解当日工作任务；按餐厅规定着装、化妆；负责区域内的餐桌摆台，环境卫生符合规范，整体环境整齐、干净明亮；备餐柜物品齐全、分类摆放、使用方便；检查消防、照明等设备，保证一切正常；检查预订摆台符合餐位预订人数，做到准确无误；准时打开餐厅大门	60 分				
餐具擦拭	准备充分；按规范动作进行操作；符合卫生标准，不直接用手接触餐具；餐具干净明亮，无水渍	20 分				
玻璃酒杯擦拭	准备充分；按规范动作进行操作；符合卫生标准，不直接用手接触玻璃酒杯杯口；玻璃酒杯干净明亮，无水渍；按规范进行装盘或摆放	20 分				
评分标准	A：90~100 分，准备充分、各环节操作符合规范、服务技术及服务表现力显著。 B：80~89 分，准备较为充分、各环节操作基本符合规范、服务技术及服务表现力较好。 C：60~79 分，简单准备、各环节操作基本符合规范、服务技术及服务表现力一般。 D：59 分以下，无准备，缺少服务技术及服务表现力较差。					
备注						

第十三专题
迎客服务

学习目标

- 了解问候引领客人、客人入座后的服务内容等基本知识。
- 熟练掌握迎接客人的服务程序与标准。
- 具备热情大方、娴熟自然迎接客人的能力。

基础知识

迎客服务环节涉及人员

迎客服务环节涉及的主要工作人员有餐厅经理、餐厅迎宾员。下面主要介绍餐厅迎宾员的工作任务。

餐厅迎宾员

餐厅迎宾员负责接听电话，欢迎并引领客人入座，其主要工作任务如下。
- 保管餐厅钥匙，每天上班前去餐饮部取回钥匙，打开餐厅大门。
- 如果餐厅无专职预订员，则负责预订工作，按标准接听电话，向客人推荐并介绍宴会菜单；接受预订后，做好记录并通知厨房准备，通知餐厅当班领班按预订摆台。
- 在营业时间内，在餐厅门口欢迎客人，并引领客人入座。
- 通知餐饮部秘书，为客人打印中英文宴会菜单。
- 为宴会客人预订鲜花，做指示牌及完成宴会客人的各项特殊要求。
- 当营业高峰没有空位时，向客人认真解释，并先请客人坐在候餐区或酒吧等候，及时与客人保持沟通，告知客人大约等候的时间。
- 随时与餐厅服务员沟通，密切合作。
- 客人用餐结束后，欢送客人，并表示欢迎客人再次光临。
- 当班结束后，与下一班做好交接工作，营业结束后，做好收尾工作。

问候引领客人

- 当客人来到餐厅时，迎宾员要热情礼貌地问候客人。可说："早上好／晚上好，先生、小姐，欢迎光临××餐厅。请问几位？／请问需要几人桌？"
- 询问客人姓名，以便称呼客人。
- 询问客人是否有预订，如果客人尚未订桌，则应立即按照客人需要为其安排座位。
- 协助客人存放衣物，提示客人保管好贵重物品，将取衣牌交给客人。
- 迎宾员右手拿菜单，左手为客人指示方向，要四指并拢手心向上，同时说："请跟我来／请这边走。"
- 引领客人进入餐厅时要和客人保持 1m 的距离。将客人带到餐桌前，并征询客人意见。
- 帮助客人轻轻搬开座椅，待客人落座前将座椅轻轻送回。

迎宾服务示意如图 13.1 所示。

安排客人就座

- 一张餐桌只安排同一批的客人就座。

- 要按照一批客人的人数安排合适的餐桌。
- 喧闹的大批客人应当安排在餐厅的包房或餐厅靠里的位置，以避免干扰到其他客人。
- 老年人或行动存在障碍的客人尽可能安排在靠餐厅门口的地方，可避免多走动。
- 年轻的情侣喜欢被安排在安静及景色优美的地方。
- 服饰漂亮的客人可以渲染餐厅的气氛，应当将其安排在餐厅中引人注目的地方。

▲ **客人入座后的服务内容**

- 为客人送上菜单或点菜 ipad。
- 为客人提供毛巾和茶水服务。
- 为客人铺餐巾。
- 为客人撤筷套及多余餐具。

入座后服务示意如图 13.2 所示。

图13.1 迎宾服务示意

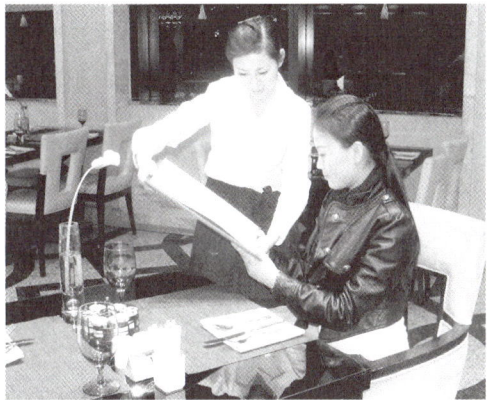

图13.2 入座后服务示意

服务技能

▲ **餐厅有座位时的迎宾服务**

△ 服务程序与标准

餐厅有座位时的迎宾服务程序与标准如表 13.1 所示。

视频：迎客服务

表13.1 餐厅有座位时的迎宾服务程序与标准

服务程序	服务标准
迎接客人	客人来到餐厅时，迎宾员应面带微笑，主动上前问好

续表

服务程序	服务标准
带位	1. 如果客人已预订座位,则迎宾员应热情地引领客人入座 2. 如果客人没有预订,则迎宾员应礼貌地将客人引领到客人满意的餐台 3. 引领客人时,应走在客人右前方1m处,并且不时回头,把握好与客人之间的距离
拉椅让座	当迎宾员把客人带到餐台边时,服务员应主动上前问好并协助迎宾员为客人拉椅让座(女士优先) 1. 站在椅背的正后方,双手握住椅背的两侧,后退半步的同时将椅子拉后半步 2. 用右手做请的手势,示意客人入座 3. 在客人即将坐下的时候,双手扶住椅背的两侧,用右腿顶住椅背,手脚配合将椅子轻轻往前送,使客人不用自己移动椅子便能恰到好处地入座 4. 拉椅、送椅的动作要迅速、敏捷,力度要适中
送上菜单	1. 迎宾员在开餐前应认真检查菜单,保证菜单干净整洁,无破损 2. 按引领客人人数,拿取相应数量的菜单 3. 当客人入座后,按先宾后主、女士优先的原则,站在客人的右后侧,打开菜单的第一页,依次将菜单送至客人手中
服务茶水	1. 服务茶水时,应先询问客人喜欢饮用何种茶,适当介绍并告知价位 2. 按照先宾后主的顺序为客人倒茶水 3. 在客人的右侧倒第一杯礼貌茶,以八分满为宜 4. 为全部客人倒完茶后,将茶壶加满水,放在转盘上,以便客人自己添茶
服务毛巾	1. 根据客人人数从保温箱中取出小毛巾,放在毛巾篮中,用毛巾夹取送毛巾 2. 服务毛巾时,站在客人右侧 3. 按女士优先、先宾后主的原则依次送上 4. 热毛巾要抖开后放在客人手上 5. 冷毛巾直接放在客人的毛巾盘中 6. 客人用过毛巾后,征得客人同意后方可撤下 7. 毛巾要干净无异味,热毛巾温度宜为40℃
铺餐巾	1. 服务员依据女士优先、先宾后主的原则为客人铺餐巾 2. 一般情况下,应在客人右侧为客人铺餐巾,如果不方便操作(如一侧靠墙),则也可以在客人左侧为客人铺餐巾 3. 铺餐巾时应站在客人右侧,拿起餐巾,将其打开并对折成三角形,注意右手在前,左手在后,将餐巾轻轻铺在客人腿上,注意不要把胳膊肘伸到客人的面前(左侧服务相反) 4. 如果有儿童用餐,则可根据家长的要求,帮助儿童铺餐巾
撤、加餐具	按用餐人数撤去多余餐具(如果有加位,则补上所需餐具),并调整座椅间距;如果有小朋友就餐,则须搬来加高童椅,并协助小朋友入座
撤筷套	在客人的右侧,用右手拿起带筷套的筷子,交于左手,用右手打开筷套封口,捏住筷子的后端并取出,摆在桌面原来的位置上;每次撤下的筷套握在左手中,最后一起撤走
记录	在协助服务员完成上述服务后,迎宾员回到迎宾岗位,将客人人数、到达时间、台号等迅速记录在迎宾记录表(表13.2)上

表13.2 迎宾记录表

迎宾记录表

年　月　日　星期

项目	预订客人			零散客人			人数总计
	人数	时间	台号	人数	时间	台号	
早餐							
午餐							
晚餐							
总计							

注：① 每天统计一张；② 人数统计可细分为忠诚客人、住店客人、店外客人等；③ 时间统计可划分时段进行统计；④ 台号统计可显示出区域流动情况和热门餐桌。

模拟对话 1

迎宾员：早上好。欢迎光临！请问您有预订吗？

客人：没有。现在正常营业吗？

迎宾员：是的，先生。我们这里从上午 6 点半到 9 点都供应早餐。请问您一共几位？

客人：我太太马上就到，一共两位。

迎宾员：先生请这边走。（领到座位处，拉开椅子请客人就座）先生，请问您现在点餐吗？

客人：请稍等，等我太太到了再点。

迎宾员：（微笑、斟茶）请您先看一下菜单（礼貌地将菜单呈递给客人）。

模拟对话 2

（一位客人腋下夹着一柄长把雨伞，手里拎着一个沉重的手提箱急匆匆地走进餐厅）

迎宾员：晚上好，先生。您有预订吗？

客人：我的朋友已经在那儿用餐了。（一群客人向他招手）

迎宾员：对不起，先生，请您把伞和手提箱寄存一下好吗？

客人：不，我从不喜欢把我的私人用品交给别人保管。我尽快吃完好啦！这样不妨碍他人的。

迎宾员：（有礼貌地带着微笑）不过您的伞长了一些，这样也许会影响您就餐或碰到别人或打掉碟盘。

客人：要求我必须照你说的去做是您的特权吗？

迎宾员：这不是我的特权，是我的职责。我们餐厅信誉一直很好，同客人的关系十分融洽，我们一定会妥当地照看好您的物品，您用过饭之后立即就给您拿过来。

客人：（脸上露出了笑容）我想我无法拒绝你的好意啦！

迎宾员：谢谢您的配合，同时祝您用餐愉快！

模拟对话 3

迎宾员：中午好，先生，请问几位客人？
客人：3 位。
迎宾员：请问您喜欢什么样的位置呢？
客人：这个餐厅以窗外景色宜人闻名，给我们找一个靠窗的餐台吧。
迎宾员：很抱歉，先生，靠窗的座位都满了，稍微靠后一点的座位可以吗？那里也可以看到外面的景色。
客人：可以。
迎宾员：谢谢，请跟我来。
迎宾员：先生，你看这个位置怎么样？既幽静，视线又好。
客人：可以。
迎宾员：先生请坐。（介绍服务员）这是服务员小王，今天由她为您服务。祝您用餐愉快！

餐厅座位已满时的迎宾服务

服务程序与标准

餐厅座位已满时的迎宾服务程序与标准如表 13.3 所示。

表13.3　餐厅座位已满时的迎宾服务程序与标准

服务程序	服务标准
迎接客人	客人来到餐厅时，迎宾员应面带微笑，主动上前问好
服务	1. 礼貌地告诉客人餐厅座位已满 2. 询问客人是否可以等待，并告知大约等待的时间 3. 安排客人在休息处等待，为客人服务茶水 4. 与餐厅及时沟通，了解餐位情况，以最快速度为客人准备好餐台 5. 为客人送上菜单，可提前为客人点菜
带位	1. 尽快将客人带到其满意的餐台前 2. 引领客人时，应走在客人右前方 1m 处，并且不时回头，把握好与客人之间的距离 3. 通知服务员尽快提供上菜服务
服务毛巾	1. 根据客人人数从保温箱中取出小毛巾，放在毛巾篮中，用毛巾夹取送毛巾 2. 服务毛巾时，站在客人右侧 3. 按女士优先、先宾后主的原则依次送上 4. 毛巾可放在客人的毛巾盘中 5. 客人用过毛巾后，征得客人同意后方可撤下 6. 毛巾要干净无异味，毛巾温度宜为 40℃

续表

服务程序	服务标准
铺餐巾	1. 服务员依据女士优先、先宾后主的原则为客人铺餐巾 2. 一般情况下，应在客人右侧为客人铺餐巾，如果不方便操作（如一侧靠墙），则也可以在客人左侧为客人铺餐巾 3. 铺餐巾时应站在客人右侧，拿起餐巾，将其打开并对折成三角形，注意右手在前，左手在后，将餐巾轻轻铺在客人腿上，注意不要把胳膊肘伸到客人的面前（左侧服务相反） 4. 如果有儿童用餐，则可根据家长的要求，帮助儿童铺餐巾
撤筷套	在客人的右侧，用右手拿起带筷套的筷子，交于左手，用右手打开筷套封口，捏住筷子的后端并取出，摆在桌面原来的位置上；左手拿好每次撤下的筷套，最后一起撤走
记录	在协助服务员完成上述服务后，迎宾员回到迎宾岗位，将客人人数、到达时间、台号等迅速记录在迎宾记录表上

模拟对话

迎宾员：晚上好，先生，您预订座位了吗？

客人：没有，现在你能设法为我们找到一张空的桌子吗？

迎宾员：对不起，今晚餐厅客人已满。不过如果您能等一下的话，那么我们还是愿意为您想办法的。

客人：我们要等多长时间呢？

迎宾员：我想大约20min吧。

客人1：（转向客人2）这样时间太久了。我们是否要换个别的地方呢？

客人2：这个时间找个清静地方可不容易。（转向迎宾员）我们可以等20min，您看能为我们找到座位吗？

迎宾员：好的，我会尽力而为。您先到那边坐一下喝杯茶可以吗？先看一下菜单，过一会儿由服务员先为您点菜，一找到空座我会立即请您入座的。

客人：谢谢。

迎宾员：不客气，请随我到这边来。

拓展阅读

▲ 客人就餐的五大动机

一般来说，客人的餐饮消费都有明确的动机。人们的就餐动机驱使人们去消费，产生消费行动；消费后如果有良好的感受，则促使人们重复、周期性地产生消费行为。简单地说，客人就餐的动机主要有5种。

① 消除饥饿感。这是人类最基本的生理需求。

② 调节日常生活。例如，有些人认为在家自己做菜不但劳累，而且千篇一律，难以满足自身对美食的追求。

③ 社会交往的需要。很多社交活动无法在家庭、办公室等地点开展，在餐厅边吃边喝边谈，能使交际活动产生更好的效果。

④ 个人习惯。很多收入较高的人喜欢到餐厅就餐。

⑤ 调节情绪，寻求心理平衡或满足感。例如，有些人去餐厅就餐是为了摆脱生活中的各种烦恼、使心理得到平衡或显示自己的富有等。

典型情境

走错餐厅，谁之过？

一天晚上，下榻在某星级饭店的一位外国客人来到餐厅用餐。迎宾员很有礼貌地用英语向他问好："您好，先生！请问您有没有预订？"

客人微微一愣，笑着回答："晚上好。我就住在你们饭店，现在想用餐。"

迎宾员没有听明白，仍问客人有没有预订。客人不耐烦地告诉迎宾员，前台让他来这里用餐，并拿出住宿卡让她看。迎宾员看后，忙带客人走进餐厅。

"请坐。"迎宾员把客人引到一张靠窗的餐桌前。

奇怪的是，客人不肯坐下，并摇着头说出一串迎宾员听不懂的英语。

迎宾员愣愣地看着客人，不知所措。

这时，一位英语比较好的服务员走过来帮忙。经过询问得知，原来客人要在饭店的西餐厅用餐，但他没有找到西餐厅，错来了中餐厅，而迎宾员在没有搞清楚的情况下就把客人引了进来。

迎宾员听明白后，忙向客人道歉，并主动引领客人去西餐厅。

"晚上好，先生。欢迎您来这里。请问您是否住在我们饭店？"西餐厅的迎宾员微笑着问候客人。

"晚上好，小姐。这是我的住宿卡。"客人满意地回答。

临进餐厅前，客人又转过身对中餐厅的迎宾员说："你应该像这位小姐那样服务。"

请思考：

结合案例，谈谈星级饭店迎宾员应如何做好迎宾工作。

订错日子的晚餐

门外下着大雪，金小姐和同事们正忙着为来到餐厅就餐的客人们接衣挂帽。今天是正月十五，餐厅已被客人订满，只见一家老小走了进来，金小姐忙过去问候。

"晚上好，欢迎光临，请问先生贵姓？"金小姐熟练地问道。

"我姓冯，订了3月3日10个人的晚餐。"冯先生答道。

"可今天是3月2日，您订的是明天的晚餐。"金小姐提醒道。

"没错，我订的是正月十五的晚餐。我查看了，3月3日是正月十五。"冯先生十分着急地辩解着。

"今天确实是3月2日，农历正月十五，请看日历牌。"金小姐耐心地解释说。

"我们可能搞错了，但我们一家老小已经来了，外面又在下雪，你看能不能把预订改在今天。"一位女士忙向前插话道。

"今天的预订都满了，让我想办法看能不能解决。请先到休息室去休息一下吧。"金小姐把他们安排好，忙去帮他们联系。最后终于把他们安排在一个小宴会厅里。

"请您老坐在这里。"金小姐把年长的老人让到了主座。接着按顺序和冯先生的意愿分别将客人们安排入座，并让服务员为小朋友拿来了儿童餐椅。

"不知大家对这里满意不满意，坐得舒服不舒服。如果没有问题，我就请服务员为大家点菜。"临走前，金小姐又问。

"太感谢你了！你帮我们解决了问题，又为我们找到这么好的地方，服务太好了。我们要向饭店写表扬信。"随着冯先生的话，大家纷纷对金小姐表示谢意。

请思考：

遇到提前到来或没有预订的客人，又恰好赶上客满时该怎么办？

考核指南

基础知识部分

考核内容

1. 简述引领客人入座的服务程序。
2. 简述安排客人就座的要点。

考核方式

笔试或口试。

即学即测

扫描二维码，完成在线练习。

第十三专题测一测

服务技能部分

考核内容
以小组为单位,在实训室模拟进行迎客服务流程训练,掌握餐厅迎客服务规范。

考核方式
实训室现场操作。

考核评价

评价内容	考核要点	分值	自评 20%	互评 30%	师评 50%	综合评价
餐厅有座位时的迎宾服务	面带微笑,主动问好迎接客人;为客人选择满意、合适的座位;按规范准确引领客人入座,拉椅让座动作迅速敏捷,力度要适中;按客人人数将相应数量的干净菜单送至客人手中;服务第一杯礼貌茶、递毛巾;为客人铺餐巾,主动撤(加)餐具、撤筷套;做好与值台服务员的交接;做好迎宾记录	100分				
餐厅座位已满时的迎宾服务	面带微笑,主动问好迎接客人;礼貌地告诉客人餐厅座位已满;询问客人是否可以等待,并告知大约等待的时间;安排客人在休息处等待,为客人服务茶水;为客人送上菜单,可提前为客人点菜;尽快将客人带到其满意的餐台前(其他同有座位时的服务)	100分				
评分标准	A:90~100分,服务环节完整且符合规范、服务语言得体,服务意识及服务表现力显著。 B:80~89分,服务环节较为完整且符合规范、服务语言得体,服务意识及服务表现力较好。 C:60~79分,服务环节较为完整且符合规范、服务语言基本得体,服务意识及服务表现力一般。 D:59分以下,服务环节较为完整,服务意识及服务表现力较差。					
备注						

第十四专题
点菜服务

学习目标

- 了解点菜服务的注意事项及点菜单的填写要求。
- 掌握为客人推销菜肴的技巧。
- 熟练掌握点菜服务程序及要领。
- 具备规范熟练地为客人提供点菜服务的能力。

基础知识

点菜服务环节涉及人员

点菜服务环节涉及的主要工作人员有点菜服务员。

点菜服务员

点菜服务员要帮助客人安排及选择菜肴，其主要工作任务有以下几项。

- 了解饭店市场行情、竞争对手、客人消费心理、本店餐饮产品等相关信息，参与饭店餐饮产品的设计。
- 精通业务，熟悉各类菜肴的名称和价格。
- 熟悉各种菜式的口味特点、烹调方式和服务方法。
- 掌握菜肴供应状态，适时根据客人需要为客人推荐、安排菜点。
- 懂得饮食营养卫生知识，为客人提供健康、营养的餐饮产品。
- 接受宴会预订，进行宴会菜单、团队套餐菜单的设计工作。
- 随时与餐厅服务员沟通，了解客人用餐情况。
- 参与客户关系管理与信息处理工作。

点菜服务的位置

- 在餐桌旁点菜，要端正地站在客人的右后侧，左手持点菜记录本（或电子点菜机），右手持笔（或电子手写笔），站立姿势要美观大方，不可把点菜本放在餐桌上，也不可把点菜本贴在身体上。
- 在展示菜台旁点菜，要端正地站在客人后侧，站立姿势要美观大方，注意不要影响客人视线。

点菜服务的位置如图 14.1 所示。

在餐桌旁点菜

将点菜信息录入电脑

图14.1 点菜服务的位置

点菜服务的注意事项

- 在记录客人点菜时,要先询问主人是否可以点菜,得到明确答复后再依次进行。
- 当主人表示由客人各自点菜时,服务员应先从主人右侧第一位客人开始按逆时针顺序记录。
- 如果就餐客人实行 AA 制(即分单结账),则可按餐厅规定的座位号记录每位客人所点菜肴。
- 如果餐厅有扫码点餐二维码,则服务员要主动介绍并告知客人如何扫码登录点餐,并提示同桌客人可同时点单;如果客人在扫码点餐时需要服务员的帮助,则主动为客人推荐。无论何种情况均须在客人下单后及时与客人核对防止出错。
- 如果餐厅有官网及相关平台网购业务,则服务员应在点菜前提前询问客人,扫码验证并与客人核对订单。同时根据实际情况提示客人如果需要增添菜肴、酒水,则可采用直接点餐或扫桌面二维码点餐。

点菜单的填写要求

- 填写点菜单时要书写清楚、符合规范。
- 通常根据菜单上的项目次序分类填写。
- 填写点菜单要冷、热菜分开记。
- 注明上主食的时间,便于厨师备菜和服务员上菜。
- 记清客人的特殊要求。
- 手写点菜单一式四份,厨房(酒吧)、收款台、传菜员、服务员各一份;机打点菜单一般一式三份,厨房、收银台、服务员各一份。
- 点菜单上要注明用餐日期、时间、台号、人数、服务员姓名。
- 填写完点菜单后,应再次核对(如果餐厅提供的是自助点菜单,由客人自助选择菜肴,则更要加强核查),以防出现差错。

点菜单如表 14.1 所示。

表14.1 点 菜 单

点 菜 单

×× 餐厅			年 月 日 No.
台号		人数	
服务员		时间	

注:点菜单上要有饭店或饭店集团的标志、名称;星级饭店点菜单要中英文对照。

▲ 点菜时回答客人询问

服务员应了解并掌握客人在点菜时经常会提出的服务方面、菜肴方面甚至与饭店服务无关的问题。这样有利于服务员圆满地回答客人的询问，给客人留下良好的印象，并增加客人对饭店的信任感。客人经常询问的问题有以下几个方面。

- 餐厅的基本情况，如餐厅的营业时间、电话号码、菜肴特色、风味、传统菜肴的典故。
- 整个饭店的基本情况，如饭店有哪些康乐服务项目、营业时间、地点，商务中心在何处等。
- 当地的旅游景点及历史名胜。
- 到某地的行车路线。

▲ 为客人推荐菜肴

- 按菜肴的搭配原则（颜色、营养、风味、数量、价格）为客人推荐菜肴。
- 对身份较高的客人或商务客人可推荐名贵的特色菜以示尊敬。
- 对比较在意账单金额的客人应推荐一些经济实惠的菜肴。
- 对节食的客人可推荐一些低热量的菜肴。
- 推荐菜肴时除了考虑价位，还应了解其成本率，以期达到利润最大化。
- 向客人推荐菜肴时要使用建议性语言，描述要简明、具体。
- 在给客人介绍特色菜时要说出名称并略做说明，如"我店有适合小朋友吃的甜品——桃子冰淇淋"。
- 如果客人所点的菜售罄，则要及时推荐类似的菜肴。
- 如果客人点的菜不周全，则要马上建议补充。
- 在推荐菜肴时，无论是客人要求推荐还是服务员主动服务，都不可用命令式或强制性语言。服务员还应针对客人需要提出建议性说明。

▲ 点菜单的传递

点菜单的及时传递不但关系到厨师对食品的准备，而且对整个服务效果有很大影响。因此在为客人点完菜后要以最快的速度将点菜单分送厨房、酒吧、收款台、传菜员。

服务员通过点菜机（手持点菜宝）点菜，或客人通过相关平台（美团、微信小程序等）自助选择菜肴，在收银台确认后自动传递到厨房。通过自动传递，厨房就能从屏幕上看到显示出的菜肴名称、点菜时间及出菜顺序。有些餐厅会将点菜单打印出来，放在传菜区的传菜架上。新的点菜单放在右边，以保证厨师按客人点菜的先后次序，从排在左边的点菜单开始准备菜肴。

服务技能

点菜服务

点菜服务程序与标准

点菜服务程序与标准如表 14.2 所示。

视频：点菜服务

表14.2　点菜服务程序与标准

服务程序	服务标准
问候客人	1. 礼貌地问候客人，如"晚上好，先生。很高兴为您服务"。 2. 介绍自己，如"我是服务员小李"。 3. 征询客人是否可以点菜，如"现在可以为您点菜吗"
介绍、推销菜肴	1. 根据客人的消费需求和消费心理，向客人推销，推荐餐厅的时令菜、特色菜、畅销菜、高档菜 2. 介绍菜肴时要做适当的描述和解释 3. 必要时对客人所点的菜量和菜品搭配提出合理化建议 4. 注意礼貌用语的使用，尽量使用选择性、建议性语言，不可强迫客人接受
填写点菜单	1. 为客人点菜时，要站在客人的右侧，身体略向前倾，认真倾听客人的叙述 2. 回答客人问询时要音量适中、语气亲切 3. 注意身体姿势，不可将点菜单放在餐桌上填写 4. 熟悉菜单，对于客人所点菜肴要做到了如指掌
特殊服务	1. 客人所点菜肴过多或重复时，要及时提醒客人 2. 如果客人所点菜肴菜单上没有或已销售完，则要积极与厨房取得联系，尽量满足客人的需要或介绍其他相似的菜肴 3. 如果客人所点菜肴烹制时间较长，则要主动向客人解释，告之等待时间，并调整出菜顺序 4. 如果客人赶时间，则要主动推荐一些快捷易做的菜肴 5. 记清客人的特殊要求，并尽量满足客人
确认	1. 点完菜后，要向客人复述一遍所点菜肴及特殊要求，并请客人确认 2. 感谢客人，告知客人预计等待的时间 3.（收回菜单）同客人告别
下单	1. 填写点菜单要准确、迅速、清楚、工整 2. 填写内容齐全、冷热分开 3. 及时分别送交厨房、酒吧、收款台、传菜员

模拟对话 1

服务员：（客人就座后）晚上好，张先生，很高兴为您服务，请问，现在可以为您点菜吗？

客人：今天我想请我的外国朋友品尝一下中国的菜肴，您可以向我们介绍一下吗？

服务员：很愿意为您服务。我们餐厅以粤菜和川菜为主。

客人：它们之间有什么不同之处吗？

服务员：粤菜以品尝海鲜为主，许多菜肴的口味与西餐相似；川菜以调味品丰富、口味麻辣而著称，同时川菜的口味比粤菜重些。

客人：这样听上去，还是粤菜较适合我们的口味。

服务员：好的，请您先看一下菜单好吗？您可以从中选择最称心的菜，我随后给您点菜下单。

客人：非常感谢，您想得很周到。

服务员：谢谢，这是我应该做的。

模拟对话 2

服务员：晚上好，很高兴为您服务，点菜之前先喝点什么酒吗？

客人：不了，谢谢，我想我们把开胃酒免了吧，直接点菜，请先让我们看一下菜单。

服务员：请问现在可以点菜了吗？

客人：我们还是拿不定主意点什么菜，也许您可以向我们介绍一些主菜。

服务员：好的，我建议您点一份带骨牛排，许多客人品尝后都说味道好极了。

客人：您有把握将带骨牛排烧得很嫩吗？

服务员：是的，请您尽管放心，我们餐厅选用的牛肉都是优质的，是从国内最好的肉类加工厂进的货。

客人：那好吧，我就点一份带骨牛排和一些牛腰肉吧，牛腰肉火候大一些。请问你们这里有没有新鲜的蔬菜？

服务员：好的。芹菜、洋葱、黄瓜及小萝卜都是今天的特色菜，您喜欢哪一种？

客人：我点一份芹菜和一份洋葱。

服务员：您点了一份带骨牛排和牛腰肉，牛腰肉火候稍大一些，还有一份芹菜和一份洋葱。请问还有其他的吗？

客人：就这样吧！

服务员：谢谢。（收回菜单）请稍候，马上就好。

模拟对话 3

服务员：晚上好，请问现在您可以点菜了吗？我们店的烤牛肉味道很好。

客人1：不，我不喜欢烤牛肉。让我想一想……今天菜单上还有什么菜呢？汤姆，你先点吧。

客人2：好吧，我来一份烤牛肉，但不要加土豆。

服务员：（对客人1）我向您推荐我们这里的烤羊肉，口味也很不错。

客人1：不，我想点一份鱼，请给我来一份苏格兰鲑鱼。

服务员：非常抱歉，先生，我们这里没有鲑鱼。

客人1：那有什么鱼？

服务员：您来一份鳟鱼吧，现在是品尝鳟鱼最好的季节，这时的鱼肉口感最好，是今天早上进的货，非常新鲜。

客人1：好，就按你说的吧！你们餐厅的服务可真是周到。

服务员：谢谢您，先生。一份不加土豆的烤牛肉、一份鳟鱼。（收回菜单）菜马上就好，请二位稍候。

拓展阅读

中国的菜系

菜系也称"帮菜"，是指在一定区域内，由于气候、地理、历史、物产及饮食风俗的不同，经过漫长历史演变而形成的一整套自成体系的烹饪技艺和风味，并被全国各地所承认的地方菜肴。早在春秋战国时期，中华的饮食文化中南北菜肴风味就表现出差异。到唐宋时，南食、北食各自形成体系。发展到清代初期时，鲁菜、苏菜、粤菜、川菜成为当时最具影响力的地方菜，被称作"四大菜系"。到清末时，浙菜、闽菜、湘菜、徽菜四大新地方菜系分化形成，共同构成中华饮食的"八大菜系"，如表14.3所示。

表14.3 中华饮食的"八大菜系"

菜系	口味特点	代表菜
鲁菜	选料精细、刀法细腻，注重实惠，花色多样，善用葱姜	糖醋鱼、锅烧肘子、葱爆羊肉、葱扒海参、锅塌豆腐、红烧海螺等
川菜	以麻辣、鱼香、家常、怪味、酸辣、椒麻、醋椒为主要特点	鱼香肉丝、宫保鸡丁、夫妻肺片、麻婆豆腐、回锅肉、樟茶鸭等
苏菜	制作精细、因材施艺、四季有别，浓而不腻，味感清鲜，讲究造型	烤方、淮扬狮子头、叫花鸡、火烧马鞍桥、松鼠鳜鱼、盐水鸭等
粤菜	选料广泛，讲究鲜、嫩、爽、滑、浓	龙虎斗、脆皮乳猪、咕噜肉、冬瓜盅、文昌鸡等
闽菜	制作细巧、色调美观、调味清鲜	佛跳墙、太极明虾、闽生果、烧生糟鸭、梅开二度、雪花鸡等
浙菜	讲究刀工、制作精细、变化较多，富有乡土气息	西湖醋鱼、龙井虾仁、干炸响铃、油焖春笋、西湖莼菜汤等
湘菜	以熏、蒸、干炒为主，口味重于酸、辣，辣味菜和烟熏腊肉是湘菜的独特风味	麻辣子鸡、辣味合蒸、东安子鸡、洞庭麻鸭、霸王别姬、冰糖湘莲等
徽菜	以烹制山珍野味著称，擅长烧、炖、蒸，而少爆炒，其烹饪荚大、油重、色浓、朴素实惠	火腿炖甲鱼、雪冬烧山鸡、符离集烧鸡、蜂窝豆腐、无为熏鸭等

典型情境

自尊的中国人

梁先生请几位外国客人到上海某高级饭店的中餐厅吃饭。一行人围着餐桌坐好后,服务员走过来请他们点菜。

"先生,请问您喝什么饮料?"服务员首先用英语问坐在主宾位置上的外宾。

"我要德国黑啤酒。"外宾答道。接着,服务员又依次询问其他客人需要的酒水,最后用英语问坐在主位的衣装简朴的梁先生。梁先生看了她一眼,没有理会。服务员忙用英语问坐在梁先生旁边的外宾点什么菜。外宾却示意请梁先生点菜。

"先生,请您点菜。"这次服务员改用中文讲话,并递过菜单。

"你好像不懂规矩。请把你们的餐厅经理叫来。"梁先生并不接菜单。

服务员感到苗头不对,忙向梁先生道歉,但仍无济于事,最终还是把餐厅经理请来了。

梁先生对餐厅经理讲:"第一,服务员没有征求主人的意见就让其他人点酒、点菜;第二,她看不起中国人;第三,她影响了我请客的情绪。因此,我决定换个地方请客。"说着,他掏出一张名片递给餐厅经理,并起身准备离去,其他人也连忙应声离座。

餐厅经理一看名片方知,梁先生是一家知名国际咨询公司的总经理,该公司的上海分公司经常在本饭店宴请外商。

"原来是梁总,实在抱歉。我们对您提出的意见完全接受,一定加强对服务员的教育。请您还是留下来让我们尽一次地主之谊。"餐厅经理微笑着连连道歉。

"你们要让那位服务员向梁老板道歉,他是我认识的中国人当中自尊心和原则性都很强的人,值得尊重。"一位外宾用流利的中文向餐厅经理说道,原来他是一个中国通。

在餐厅经理和服务员的再三道歉下,梁先生等人终于坐了下来。餐厅经理亲自服务,气氛终于缓和了下来。

请思考:

在本案例中问题出现在哪一环节?如何避免此类事情的发生?

崔经理欠账了

崔经理请几位教授到北京某星级饭店的中餐厅用餐。服务员很有礼貌地把他们请到餐桌前入座,便开始请他们点菜。老朋友见面十分热闹,都在聊天,崔经理接过菜单看了一眼,便递给旁边的孙教授请他来点。孙教授对一些菜名不太熟,便边请服务员讲解边点菜。

点了几个中高档的菜后,孙教授对服务员说:"我们年纪都大了,很想要一些清淡的汤菜,像粟米羹之类的东西。""我们今天没有粟米羹,但有招牌全家福,这是我们的特色羹汤。"服务员不失时机地推荐道。

此时崔经理正在和其他人谈话，孙教授见菜单上没有这道羹汤，以为价钱不贵，就点了点头："请给我们10个人每人来一碗吧。"

过了一会儿，酒水和菜就上桌了。大家边聊边吃，非常高兴。席间服务员给每人端上一小罐羹汤，并告诉大家这是招牌全家福，当时大家并没有在意，就用小汤匙喝了起来。孙教授几口就把羹汤喝光了，并说道："好喝，味道很鲜。"结账时服务员告诉崔经理，餐费共6000多元人民币。大家一听都傻了眼，以为自己听错了。

"我们确实没有要很多菜呀。"崔经理忙让服务员把账单拿过来，一看光招牌全家福一项就近5000元。

"小姐，这羹多少钱一碗？"孙教授忙问。"498元。"服务员回答说。

"你在介绍时怎么不告诉我们价钱呢？"孙教授有些生气了，服务员却微笑不语。

崔经理安慰大家说，他既然请客就要让大家高兴。他告诉收款员身上只带了3000多元现金，余下部分用手机支付可好？收款员说没问题，只要能付钱就可以。

临出餐厅时，孙教授叹着气说："今天我可犯了个大错误。"大家也都笑着和他开玩笑："你刚一见崔经理就让他欠账，真有本事啊！"

那么，这次"欠账"真是孙教授的错吗？

请思考：

如何做好餐厅一些特殊菜、高档菜的推销工作？

考核指南

基础知识部分

考核内容
1. 简述点菜服务的位置及注意事项。
2. 简述填写点菜单的方法。
3. 简述为客人推荐菜肴的方法。

考核方式
笔试或口试。

即学即测
扫描二维码，完成在线练习。

第十四专题测一测

服务技能部分

考核内容
以小组为单位,在实训室模拟进行点菜服务流程训练,掌握餐厅点菜服务规范。

考核方式
实训室现场操作。

考核评价

评价内容	考核要点	分值	自评 20%	互评 30%	师评 50%	综合评价
点菜服务	礼貌问候客人,询问客人是否可以点菜	20分				
	主动为客人推荐菜肴,介绍时要做适当的描述和解释	20分				
	站位适宜,姿势端庄,填写点菜单准确	20分				
	重复客人所点菜肴及特殊要求,并请客人确认	20分				
	感谢客人,告知客人预计等待的时间	20分				
评分标准	A:90~100分,服务环节完整且符合规范、服务语言得体,服务意识及服务表现力显著。 B:80~89分,服务环节较为完整且符合规范、服务语言得体,服务意识及服务表现力较好。 C:60~79分,服务环节较为完整且符合规范、服务语言基本得体,服务意识及服务表现力一般。 D:59分以下,服务环节较为完整,服务意识及服务表现力较差。					
备注						

第十五专题
就餐服务

学习目标

- 了解就餐服务环节的工作内容。
- 掌握撤换餐盘的时机。
- 熟练掌握上菜服务及就餐服务的程序与标准。
- 具备灵活自如地为客人提供上菜及就餐服务的能力。

基础知识

▲ 就餐服务环节涉及人员

就餐服务环节涉及的主要工作人员有值台服务员、传菜服务员。

△ **值台服务员**

值台服务员在客人就餐期间为客人提供高质量的餐桌服务,其主要工作任务如下。

- 按要求摆设台面,做好营业前的准备工作。
- 协助迎宾员安排客人入座,做好客人的迎送工作。
- 无专职点菜服务员的餐厅,值台服务员要负责接受客人点菜,做好客人的参谋。
- 为客人提供快速、高质量的就餐服务。
- 尽量帮助客人解决就餐过程中的各类问题,必要时将客人的问题和投诉及时反映给领班,寻求解决办法。
- 核对客人账单,协助客人结账。
- 认真、仔细地做好客人离去后的检查和清洁整理工作。

△ **传菜服务员**

传菜服务员要听从指挥,准确、迅速地完成传菜工作,其主要工作任务如下。

- 明确领班布置的开餐任务,了解 VIP 和宴会的传菜注意事项。
- 按照本岗工作程序与标准做好开餐前的准备工作。
- 通知餐厅领班当日厨师长推荐菜和不能供应的菜。
- 根据订单和传菜领班的布置,将菜准确无误地传递到餐厅内,向值台服务员报菜名及台号。
- 做好厨房和餐厅内的沟通工作。
- 在传菜过程中检查菜的质量、温度及分量。
- 用餐结束后,关闭热水器、毛巾箱电源,将剩余的饭菜送回厨房,收回托盘、银托,做好收尾及交接工作。

▲ 上菜服务

- 在为客人点完菜后,服务员应根据具体情况掌握上菜的时机。为客人提供恰到好处的服务,必须掌握客人的进餐速度及厨房制作菜肴的烹调速度。如果客人所点菜肴需要等候,则应事先告知客人预计等待的时间。在一般情况下,厨房烹饪好的菜肴须在 2min 之内服务到桌。

- 从厨房端出菜肴时，要注意核对桌号、菜名，防止上错菜；要检查菜肴的质量和分量，不合格的要坚决退回；要注意菜肴是否需要配料，是否准备好；送到餐厅交与服务员时需再次核对。
- 其他内容详见第十专题的上菜操作技能部分。

就餐服务

就餐服务是餐饮服务中时间最长、环节最复杂的服务过程。
- 进行分菜服务。
- 服务员必须经常在客人餐台旁巡视，及时为客人更换餐盘。
- 收去餐台上的空瓶、空罐等杂物。
- 点菜后 30min，应检查客人的菜是否上齐。
- 处理客人在用餐过程中出现的各种问题。
- 为客人斟添酒水、饮料。
- 把握菜肴、酒水再次推销的时机。

就餐服务如图 15.1 所示。

图15.1　就餐服务

撤换餐盘的时机

- 上翅、羹或汤类菜肴之前，应先上一套小汤碗。待客人吃完后，送上毛巾，收回汤碗，换上干净餐盘。
- 吃完带骨的食物之后应更换餐盘。
- 吃完芡汁多的食物之后应更换餐盘。
- 上甜菜、甜品之前应更换餐盘。
- 上水果之前，应换上干净餐盘和水果刀、叉。
- 残渣、骨、刺较多或有其他脏物的餐盘，要随时更换。
- 若客人失手将餐具跌落在地，则要立即更换。

服务技能

上菜服务

上菜服务程序与标准

上菜服务程序与标准如表 15.1 所示。

表15.1　上菜服务程序与标准

服务程序	服务标准
选择上菜口	根据客人的实际入座情况，选择好上菜口
上菜	1. 上菜前要整理餐台上的菜肴，移出位置后再上菜 2. 从上菜口将菜肴送上餐台 3. 报菜名时声音要明亮、清晰 4. 上带壳菜肴时，要上洗手盅和小毛巾 5. 在上特殊菜肴前要先上专门餐具和调料 6. 其他服务标准详见第十专题的上菜操作技能部分
介绍菜肴	为客人介绍菜肴，介绍内容通常包括菜肴的原料、配料、风味特点、历史典故等

模拟对话（客人点完菜后）

服务员：先生，麻烦问一下，是现在上菜还是待会儿上菜？

客人：现在就上吧。

服务员：好的，请您稍等，马上就来。（2min 后，服务员拿来冷菜）先生这是您点的冷菜——五彩凉皮、老醋蜇头、拌龙须菜，请您慢用。

客人：谢谢。

服务员：先生，劳驾让一让。（放好菜肴后）这是灌汤鲜虾球，是我们餐厅的特色菜，具有肉质新鲜、口感细腻、色彩艳丽、营养丰富的特点。我为大家分一下好吗？

客人：好的。

（在上最后一道菜时）

服务员：这是水饺。先生，您的菜上齐了。还需要什么可随时招呼我，祝您用餐愉快，多提宝贵意见。

就餐服务

就餐服务程序与标准

就餐服务程序与标准如表 15.2 所示。

视频：就餐服务

表15.2　就餐服务程序与标准

服务程序	服务标准
分菜服务	1. 根据客人需要为客人提供分菜服务 2. 把握时机，合理、适时分派菜 3. 其他服务标准详见第十专题的分菜操作技能部分
餐桌卫生清洁	1. 时刻保持餐台清洁卫生，出现杂物或空盘应征得客人同意后及时撤去 2. 如果餐桌台面上有剩余食物，则要用专用的服务用具清除，切记不可用手直接操作
餐盘、餐具的撤换	1. 撤换餐盘时，要待客人将盘中食物吃完后，方可进行，如果客人放下筷子而菜未吃完，则应征得客人同意后撤换 2. 按先宾后主的顺序依次撤换 3. 使用托盘撤换时，先在客人的右侧送上干净的餐盘，再在客人的左侧撤下脏的餐盘，左手托盘，右手撤餐具，动作要轻、稳 4. 徒手撤盘时，站在客人右侧，用右手撤下，将其放入左手，左手应移到客人身后 5. 将用过的餐具及时撤下
服务酒水	1. 随时观察客人用酒情况，在客人杯中的酒水剩至1/3时，要及时斟酒 2. 掌握客人酒水情况，及时推销，提供添酒服务
加菜的处理	1. 服务员应细心观察分析，主动了解客人加菜的目的。客人提出加菜的原因一般有如下几种：所点的菜不够吃；想买菜带走；对某一道菜特别欣赏，想再次品尝 2. 主动介绍菜肴，帮助客人选择菜肴 3. 根据客人的需要开单

模拟对话

（看到客人向自己示意，服务员走了过去。）

服务员：先生有什么要吩咐的事吗？

客人：是的，请先看一下这份虾，这是陈虾。

服务员：很遗憾这样的事情发生在我们这里，因为我们总是当天从市场购进鲜虾。我马上将这件事报告给厨师长。

客人：我可没有那么多的时间。

服务员：实在对不起，您再尝一下别的可以吗？

客人：给我换份排骨吧！记住这次做得好些，我可没有时间换来换去。

（几分钟后，服务员将排骨端上来。）

服务员：很抱歉让您久等了，这排骨还对您的口味吧？

客人：这次好多啦。

服务员：谢谢。请您慢用。

（几分钟后，服务员又端着一份虾来到客人面前。）

服务员：厨师长让我告诉您这份虾是厨房赠送的。请您再尝一下，多提宝贵意见。

客人：（惊讶地）怎么，我已经不要这份虾了，不过我还是可以试一试。（尝过后）这次真的好多了。

服务员：厨师长说这份虾比上一份做得火大一些，不过事实上两份虾都是用今天的同一批虾烹制出来的。
客人：太感谢你们了，我对刚才所说的话向您道歉。
服务员：没关系，很高兴您能满意，请慢用。

拓展阅读

餐桌菜肴摆放技巧

① 摆菜时不宜随意乱放，要根据菜的颜色、形状、菜种、盛具、原材料等因素决定摆放位置，同时讲究一定的艺术造型，可按一中心、二平行、三三角、四正方、五梅花的原则摆放。

② 在中餐宴席中，一般将大菜中的头菜放在餐桌中间位置，使用砂锅、炖盆盛装的汤菜通常也摆放在餐桌中间位置。

③ 摆菜时要使菜肴与客人的距离保持适中，并注意将菜肴最适宜观赏的一面摆在适当的位置。一般宴席中的头菜的观赏面要朝向主位。

④ 当为客人送上宴席中的头菜或一些较有风味特色的菜时，应首先考虑将这些菜放到主宾与主人的前面，然后在上下一道菜时再移放至餐桌的其他地方。

⑤ 遵循"鸡不献头，鸭不献掌，鱼不献脊"的传统礼貌习惯，即在给客人送上鸡、鸭、鱼之类的菜肴时，不要将鸡头、鸭掌、鱼脊对着主位。应当将鸡头与鸭头朝右边（主人方向）放置。上整鱼时，由于鱼腹的刺较少，肉味鲜美腴嫩，所以应将鱼腹而不是鱼脊对着主位，表示对主人与主宾的尊重。

典型情境

服务中的"度"

五月的一天晚上，深圳某星级酒店的餐厅来了几位客人，看得出来他们是久未相见的老朋友。在点菜时，实习服务员小李很热心地向客人推荐餐厅特色菜——茶花鸡，客人欣然接受。当茶花鸡上桌时，小李又热情地向客人介绍本餐厅其他特色食品，在座的客人非常满意小李的服务。

在客人们津津有味地品尝茶花鸡时，小李看到客人的骨盘已满，就走近一位年轻客人说："对不起，先生，给您换一下骨盘好吗？"此时这位客人右手正拿着一只鸡翅，见状忙侧身让开，为避免碰到小李，客人还把右手举过了肩膀，小李发现骨盘中还有一只鸡脚，便提醒客人："先生，还有一只鸡脚呢！"客人又连忙用左手拿起那只鸡脚，手拿鸡脚和鸡翅的客人为不影响小李更换骨盘而双手高举做投降状，一旁的年老客人看到后便打趣说："怎么，是不是喝不下酒向我投降啊？"客人一听，连忙自嘲说："我是向漂亮的服务员投降，要说到喝酒，我哪会怕您。等换好盘，我好好与您喝几杯。"等到小李换好骨盘，两位客人果真要比拼喝酒。当两人喝完第一杯酒正凑在一起说话时，小李过来说："对不起，先生，给您倒酒。"两位客人不约而同地向两边闪，小李麻利地为两人斟满酒，两人又喝了一杯，然后继续凑在一起说话，小李又一次上前说道："对不起，先生，给您斟酒。"此时年轻客人突然对着小李大声怒吼道："没看到我们正说着话吗？你烦不烦啊！"服务员小李一脸茫然，不知道该怎么办才好。

请思考：

结合此案例，谈谈如何把握服务中的"度"。

"热"得透不过气

一天晚上，曲先生陪着一位外国客人来到某饭店的粤菜餐厅用晚餐。点菜后，一位服务员便热情地为他们服务。她为外宾摆上刀叉，为两位客人斟酒、上汤、上菜、上饭。当一大盆粟米羹端上来后，她先为客人报了汤名，接着便为他们盛汤，盛了一碗又一碗。一开始外宾还以为是中餐的规矩，听曲先生告诉他凭客自愿后，忙在服务员要为他盛第三碗汤时谢绝了。服务员在服务期间满脸微笑、眼疾手快，一刻也不闲着，上菜时即刻报菜名，见客人杯子空了马上斟酒，见菜盘上的骨刺、皮壳多了随即更换，见米饭没了赶紧添……她站在旁边忙上忙下，并不时用英语礼貌地询问两位客人还有何需要，使得两位客人拘谨起来。

"曲先生，我们还是赶快吃完走吧。这里的服务太周到了，就是让人有点透不过气来。"外宾说完便急忙用餐。

当服务员给他们上最后一道菜时，他们谢绝了服务员的布菜，各自吃两口便要求结账了，在服务员为他们送账单时，外宾拿出一张钞票给服务员，服务员谢绝了，并告诉他中国饭店的餐厅不收小费，这是她分内的工作。外宾不太习惯地把钱又收了起来。服务员把他们送离座位，连声说："欢迎再来。"

请思考：

此案例中的服务员热情周到，但为何客人会不满意？

考核指南

▲ **基础知识部分**

△ 考核内容

1. 简述就餐服务的工作内容。

2. 简述撤换餐盘的时机

▲ 考核方式
笔试或口试。

▲ 即学即测
扫描二维码，完成在线练习。

第十五专题测一测

▰ 服务技能部分

▲ 考核内容
以小组为单位，在实训室模拟进行上餐服务流程训练，掌握餐厅就餐服务规范。

▲ 考核方式
实训室现场操作。

▲ 考核评价

评价内容	考核要点	分值	自评 20%	互评 30%	师评 50%	综合评价
就餐服务	按规范服务，时刻保持餐台清洁卫生	25分				
	根据用餐情况撤换餐盘	25分				
	观察客人用餐情况，及时斟酒	25分				
	把握餐中的销售机会，有效、适度推销菜肴酒水	25分				
评分标准	A：90~100分，服务环节完整且符合规范、服务语言得体，服务意识及服务表现力显著。 B：80~89分，服务环节较为完整且符合规范、服务语言得体，服务意识及服务表现力较好。 C：60~79分，服务环节较为完整且符合规范、服务语言基本得体，服务意识及服务表现力一般。 D：59分以下，服务环节较为完整，服务意识及服务表现力较差。					
备注						

第十六专题
结账服务

学习目标

- 了解结账的种类及要求。
- 掌握为客人结账的服务流程及要领。
- 具备熟练、准确地为客人提供结账服务的能力。

基础知识

结账的种类

- 现金结账——适用于零散客人和团队客人。
- 支票结账——适于大企业、大公司的长期包餐或大型宴会、旅游团队用餐。
- 信用卡结账——适用于零散客人。
- 签单——适用于住店客人、与饭店签订合同的单位、饭店高层管理人员及饭店的VIP等。
- 扫码结账——采用微信、支付宝等渠道,客人通过手机扫描餐厅微信(支付宝)客户端专属二维码完成的支付,是一种安全、快捷、高效的结账方式,适用于所有客人。
- 团购结账——通常在用餐前,客人将团购码提供给餐厅即可。如果有其他消费,则在餐后补齐钱款,结账方式可选择现金支付、银行卡支付、扫码支付等。

结账的要求

结账服务对整个服务过程来说十分重要,结账中出现的问题会影响客人对饭店的印象,影响整体服务质量。

- 要注意结账的时机。服务员要提前准备好账单,并核对保证无误。服务员不可催促客人结账,结账应由客人主动提出,以免造成赶客人走的印象。同时账单递送要及时,不可让客人等候过长时间。
- 要注意结账的对象。尤其是在散客结账时,应分清由谁付款,如果搞错了收款对象,则容易造成客人对饭店的不满。
- 要注意服务态度。餐饮服务中的服务态度要始终如一,结账阶段也要体现出热情、有礼的服务风范,不要在客人结账后就停止为其服务,甚至马上撤台收拾,而应继续为其端茶送水,询问他们的要求,直至他们离去。

服务技能

结账服务

结账服务程序与标准

结账服务程序与标准如表16.1所示。

视频:结账服务

表16.1 结账服务程序与标准

服务程序	服务标准
结账准备	1. 在给客人上完菜后，服务员要到收款台核对账单 2. 当客人要求结账时，请客人稍候，立即去收款台取回账单 3. 服务员告诉收款员台号，并核查账单台号、人数、食品及饮品消费额是否准确无误 4. 将账单放入账单夹，并确保账单夹打开，使账单正面朝向客人 5. 注意先上小毛巾、后递账单 6. 随身准备结账用笔
递交账单	将取回的账单夹在账单夹内，走到主人右侧，打开账单夹，右手持账单夹上端、左手轻托账单夹下端，递至主人面前，请主人检查，注意不要让其他客人看到账单，并对主人说"这是您的账单"
现金结账	1. 客人付现金时，服务员要礼貌地在餐桌旁当面点清钱款 2. 请客人等候，将账单及现金交给收款员 3. 核对收款员找回的零钱及账单上联是否正确 4. 将账单上联及所找零钱夹在账单夹内，站在客人右侧递给客人 5. 现金结账应注意唱收唱付 6. 在客人确定所找钱数正确后，服务员应真诚地向客人表示感谢，并迅速离开客人餐桌
支票结账	1. 如果客人使用支票结账，则应请客人出示身份证及联系电话，然后将账单、支票、证件同时交给收款员（记录证件号码及联系电话） 2. 如果客人使用旅行支票结账，则服务员应礼貌地告诉客人到外币兑换处兑换成现金后再结账 3. 如果客人使用密码支票，则应请客人说出密码，并记录在一张纸上，结账后将账单第一联、支票存根、密码纸交还给客人，真诚地向客人表示感谢
信用卡结账	1. 如果客人使用信用卡结账，则服务员应礼貌地请客人到收款台结账 2. 收款员做好信用卡收据，服务员检查无误后，请客人输入密码，并请客人在账单和信用卡收据上签字 3. 检查签字是否与信用卡上一致，将账单、收据及信用卡递还给客人 4. 真诚地感谢客人
签单结账	1. 如果是住店客人，则服务员在为客人送上账单的同时应为客人递上笔 2. 礼貌地要求客人出示房间钥匙（房卡），示意客人需写清房间号、用楷书签名 3. 客人签好账单后，服务员将账单重新夹在账单夹内，拿起账单夹，真诚地感谢客人 4. 迅速将账单送交收款员，并查询客人的名字与房间号码是否相符 5. 打电话给前台，核查账单是否并入客人消费总账中
扫码结账	1. 客人使用微信（支付宝）扫码结账时，服务员可使用移动POS机到餐桌前结账，如果饭店未配备移动POS机，则服务员应礼貌地请客人到收款台结账 2. 收款员应征询客人意见，是客人扫餐厅微信（支付宝）专属付款码，还是餐厅扫客人微信（支付宝）付款码，根据客人需要为客人提供服务 3. 无论采用何种方式，扫码时都要核对好餐费金额，防止出现数额错误或扫错的现象
团购结账	1. 当餐厅在网站或其他渠道有餐厅产品团购促销时，服务员要主动询问客人，客人购买后请其出示团购消费码 2. 根据餐厅规定做好核销工作 3. 如果客人有其他消费，则消费款项的结账方式可采用现金支付、银行卡（信用卡）支付、扫码支付的任意一种，服务程序同上
发票服务	1. 客人如果需要纸质发票，则应记录好单位名称、税号等相关信息，防止发生错误；开票后，双手将发票递送给客人，并真诚地感谢客人 2. 客人如果需要电子发票，则可提醒客人用微信（支付宝）自助开票

模拟对话1（现金结账）

客人：服务员，结账。
服务员：请稍候（取来账单），让您久等了，这是您的账单一共是××元。
（客人取出钱交给服务员）
服务员：收了您××元，请稍候。
（过了一会儿）
服务员：找您××元，请您点一下。这是您的发票。（面带笑容）谢谢，很高兴为您服务。

模拟对话2（签单结账）

客人：服务员，结账，把账单拿来。
服务员：先生，给您，一共是978元。
客人：酒水算在里面了吗？服务费是多少？
服务员：是的，包含酒水费用了。我们不收取服务费，您消费的食品为537元，酒水是441元，加起来总额为978元。
客人：哦！
服务员：您是签单还是现金结账？
客人：签单吧！
服务员：好的，请您出示房卡并在这里用楷书签下您的名字。
（客人签下了自己的名字）
服务员：谢谢，麻烦您把自己的房间号也写上。
（客人按照要求写上房号）
服务员：谢谢，很高兴为您服务，欢迎您下次光临。

拓展阅读

支票的种类

支票是出票人签发，委托办理支票存款业务的银行或者其他金融机构在见票时无条件支付确定的金额给收款人或持票人的票据。饭店常用的支票有如下几类。

① 现金支票：专门制作的用于支取现金的一种支票。当客户需要使用现金时，随时签发现金支票，向开户银行提取现金，银行在见票时无条件支付给收款人确定金额的现金。

② 转账支票：用于单位之间的商品交易、劳务供应或其他款项往来的结算凭证。它只能用于转账结算，不能用于提取现金。

③记名支票：在支票的"收款人"一栏，会写明收款人姓名，如"限付某甲"或"指定人"，取款时须由收款人签章，方可支取。

④不记名支票（又称空白支票）：支票上不记载收款人姓名，只写"付给来人"。取款时持票人无须在支票背后签章，即可支取。此项支票仅凭交付转让。

⑤旅行支票：银行或旅行社为旅游者发行的一种固定金额的支付工具，是旅游者从出票机构用现金购买的一种支票。

典型情境

结账风波

郑先生一行10人到一家饭店的中餐厅吃川菜。大家兴致勃勃地推杯换盏、夹菜品肴。席间，两位服务员的服务颇为周到，又是上菜，又是报菜名，又是换菜盘，面面俱到；菜肴的味道也让大家感到满意。郑先生不无得意地对大家说："我挑的这家饭店不错吧？"

餐宴临近尾声，郑先生招手请服务员过来添茶，一位穿旗袍的服务员轻盈地走了过来。

服务员以为郑先生要结账，便提高声音说："先生，您这桌的餐费是1330元，不知由哪位来付钱？"

服务员的话使大家一愣，为什么她收钱时的语调与刚才服务时的轻柔语调相比反差那么大？连旁边餐桌的客人都向这里张望。郑先生是个很讲面子的人，服务员的话使他感到尴尬。

"小姐，收餐费不用这么大声，钱，我是会付的，况且，我只是想让你过来添茶……既然如此，我现在就结账吧。"郑先生连忙掏钱。

"先生，实在抱歉，我还以为您要结账。我们饭店规定，结账时要报账清楚，所以……对不起，现在我就给大家添茶。"服务员不好意思地说着，并赶忙为客人添茶。

郑先生此时已经把钱拿出来交给服务员，连账单都没看，让她赶快结账。

由于服务员的一句话，大家的情绪不再那么热烈了，服务员找回钱后大家便离开了餐厅。

请思考：

结合此案例，谈谈如何做好结账的"保密"工作。

赖账的客人

几位客人到广州某饭店的中餐厅用晚餐。他们点了12道菜，其中有鲍鱼、贝类、螃蟹和鱼肚等。每上一道菜，服务员都为客人报菜名、换菜盘。就餐快结束时，一位醉眼蒙眬的客人招手让服务员过来结账。他看过账单后，突然不满地对服务员说："我们根本就没点过'鸳鸯海鲍'和'金钱鱼肚'，你们把账算错了。"

"先生，您可能忘记了，刚才是我把这两道菜端上来的，还为您报过菜名。请大家仔细想一想。"服务员微笑着说道。"不用想，我根本就没点过鲍鱼和鱼肚，桌子上也没有嘛。你们把账算错了。"客人大声地叫嚷着。

听到客人的叫嚷声，邻桌的客人和服务员都向这边张望，领班也赶过来。由于客人要的贝类较多，更换盘碟的次数比较频繁，加上他们吃那两道菜的速度很快，装那两道菜的盘碟已经撤掉了，所以餐桌上确实找不到鲍鱼和鱼肚的痕迹。同桌的客人也不出来主持"公道"，看热闹的人越来越多。

领班一边示意服务员去找餐厅经理，一边微笑地对客人讲："我们的服务都是按饭店规范的程序进行的，点菜、上菜和撤盘也都是在征得客人同意后进行的。因此，请大家协助我们的工作，仔细回想一下，这两道菜一定是吃过以后忘记了。"

"我们就是没吃过……"见客人仍在赖账，领班只好先去疏散看热闹的人，请其他人回到餐桌。

"先生，您好。我是这个餐厅的经理。首先，我对账单引起您的不满表示抱歉。您提出餐桌上没有这两道菜，实际上是帮助我们完善服务程序，提醒我们对上过的菜不要完全撤盘，以免结账时引起误会，对此，我向您表示感谢。经过调查，鲍鱼和鱼肚确实上过桌，空盘已经撤去清洗。这样吧，这两道菜按 8 折计价，您看行吗？"餐厅经理赶来诚恳地建议道。

见餐厅做出了让步，醉酒的客人终于停止了吵闹，起身结账去了。

请思考：

此案例中的问题出现在哪一环节？谈谈结账服务的技巧。

考核指南

▲ 基础知识部分

△ 考核内容
1. 简述结账的种类。
2. 简述结账的要求。

△ 考核方式
笔试或口试。

△ 即学即测
扫描二维码，完成在线练习。

第十六专题测一测

服务技能部分

考核内容
以小组为单位,在实训室模拟进行结账服务流程训练,掌握餐厅结账服务规范。

考核方式
实训室现场操作。

考核评价

评价内容	考核要点	分值	自评 20%	互评 30%	师评 50%	综合评价
结账服务	结账准备准确无误,账单核对准确	25 分				
	递交账单姿势优雅大方,语言得体、音量适中	25 分				
	按不同结账方式为客人结账,流程准确	25 分				
	征询客人用餐意见,真诚感谢客人	25 分				
评分标准	A:90~100 分,服务环节完整且符合规范、服务语言得体,服务意识及服务表现力显著。 B:80~89 分,服务环节较为完整且符合规范、服务语言得体,服务意识及服务表现力较好。 C:60~79 分,服务环节较为完整且符合规范、服务语言基本得体,服务意识及服务表现力一般。 D:59 分以下,服务环节较为完整,服务意识及服务表现力较差。					
备注						

第十七专题
送客收尾

学习目标

- 了解送客服务与收尾服务的基本内容。
- 掌握撤台、送客与收尾服务的程序与标准。
- 具备得体欢送客人的能力。

基础知识

送客服务

热情送客是礼貌服务的具体体现，表示餐饮部门对客人的尊重、关心、欢迎和爱护，送客时服务员的态度和表现，直接反映出饭店接待的等级规格、标准和规范程度，体现出服务员本身的文化素质与修养水平。因此，在送客服务过程中，服务员应做到礼貌、耐心周全、使客人满意。在服务中应注意以下要点。

- 客人不想离开时绝不能催促，也不要做出催促客人离开的举动。
- 客人离开前，如果有未吃完的菜肴，在征求客人同意的情况下，则可主动将食品打包，切不可有轻视的举动，不要给客人留下遗憾。
- 客人结账后起身离开时，应主动为其拉开座椅，礼貌地询问他们是否满意。要帮助客人穿戴外衣，提醒他们不要遗忘物品。
- 要礼貌地向客人道谢，欢迎他们再来。
- 要面带微笑地注视客人离开，或亲自陪同客人到餐厅门口。迎宾员应礼貌地欢送客人并欢迎他们再来。遇特殊天气，如雨天，可为没带伞的客人打伞、扶老携幼、帮助客人叫出租车，直至客人安全离开。
- 重大餐饮活动的欢送要隆重、热烈，服务员可列队相送，使客人真正感受到服务的真诚和温暖。

收尾服务

待客人全部离开餐厅后，要在不影响其他就餐客人的前提下收拾餐具、整理餐桌，并重新摆台。这项收尾整理工作往往是在其他客人仍在用餐或已有客人在等待餐桌的情况下进行的，因此文明操作和规范迅速是该工作的重要标准。在服务中应注意以下要点。

- 在 4min 之内清桌完毕并及时摆台。
- 清桌时如果发现客人遗忘的物品，则应及时交给客人或上交有关部门。
- 清桌时应注意文明作业，保持动作的稳定，不要损坏餐具物品，也不应惊扰正在用餐的客人。
- 清桌时要注意周围的环境卫生，不要将餐纸、杂物、残汤剩菜等乱洒乱扔。
- 清桌完毕后，应立即开始规范摆台，尽量减少客人的等候时间。
- 营业结束，要对餐厅进行全面检查，结算一天的账务，检查水、电、火等设备开关是否关闭，关好门窗，一天服务工作即告结束。

服务技能

送客服务程序与标准

视频：送客收尾

送客服务程序与标准如表17.1所示。

表17.1　送客服务程序与标准

服务程序	服务标准
协助客人离开座位	1. 客人起身准备离开时，上前为客人拉开座椅 2. 客人起身后，向客人致谢并提醒客人勿遗漏物品
向客人致谢	征询就餐意见并礼貌地与客人道别，向客人表示感谢，诚恳欢迎客人再次光临
送客人离开餐厅	1. 走在客人前方，将客人送至餐厅门口 2. 当客人走出餐厅门口时，迎宾员或餐厅经理再次向客人致谢、道别 3. 迎宾员应帮助客人按电梯，并在电梯来后，送客人进入电梯，目送客人离开 4. 正门直接有车道的餐厅，迎宾员要帮助客人叫出租车，雨天要为客人打伞，为客人开车门，目送客人坐车离开
餐厅检查	1. 服务员立即回到服务区域再次检查是否有客人遗留的物品 2. 如果有遗留物品，则应尽快交还客人，如果客人已经离开，则要向餐厅经理汇报，将物品交于大堂副理处

撤台服务程序与标准

撤台服务程序与标准如表17.2所示。

表17.2　撤台服务程序与标准

服务程序	服务标准
撤台要求	1. 零点撤台须在该桌客人离开餐厅后进行，宴会撤台只有在所有客人离开餐厅后才能进行 2. 收撤餐具时要轻拿轻放，尽量不要发出碰撞声响 3. 收撤餐具要为下道工序创造条件，叠碗时大碗在下、小碗在上 4. 收撤时，要把剩有汤或菜的餐具集中放置
撤台	1. 按摆台规范对齐餐椅 2. 将桌面上的花瓶、调味瓶和台号牌收到托盘上，暂放于服务桌 3. 按饭店规定的收撤顺序，收撤桌面上的布巾、餐具、酒具，将餐具、酒具送至洗碗机房清洗 4. 桌面清理完后，立即更换台布 5. 用干净布巾把花瓶、调味瓶和台号牌擦干净后按摆台规范摆上桌面 6. 使用转盘的餐桌，须先取下已用过的转盘罩及转盘，更换台布，再摆好转盘，套上干净的转盘罩

收尾服务程序与标准

收尾服务程序与标准如表 17.3 所示。

表17.3　收尾服务程序与标准

服务程序	服务标准
减弱照明	1. 当客人离开、营业结束后，服务员开始着手餐厅的清理工作 2. 关掉大部分的照明灯，只留适当的灯光供清场用
撤器具 收布件	1. 先清理桌面，再撤走服务桌上所有的器皿，送至洗碗机房清洗 2. 把布件分类送至备餐间（干净的与脏的要分开）
清洁	清洁四周护墙及地面、地毯，如果有污迹，则通知绿化部清洗
落实 安全措施	1. 关闭水阀门，切断电源 2. 除员工出入大门外，锁好所有门窗 3. 落实厅面各项安全工作，最后锁好员工出入大门，方可离岗

拓展阅读

各国有趣的送客礼

① 左手礼。在印度、缅甸和冈比亚等国，人们用左手干脏活、完成上厕所程序，平时端菜、接物、送客等都不允许用左手。对不受欢迎的客人，主人送客用左手打发。

② 送鞋礼。尼泊尔山区民族对远道而来的客人，见面时送一顶尼泊尔帽表示欢迎，告别时还要送上一双尼泊尔鞋。男客送黑色，女客送红色，意为祝客人归途顺利、前途无量。

③ 抹泥礼。巴布亚新几内亚人在送别客人时会高声尖叫，还把道路上的泥土往客人身上抹，据说此举表示土地代表他们的心，表示对客人真心诚意。

④ 收伞礼。在泰国北部农村的一些少数民族地区，客人来时有撑伞欢迎的习俗。若主人把伞收拢存放，则暗示主人要送客了。

⑤ 白色礼。匈牙利人很好客，不管客人带不带礼物到主人家，送客时主人都要送一份白色的礼物，表示诸事顺利之意。

典型情境

遗失的手提包

一个雨天的晚上，庄小姐和男友在北京某四星级饭店的西餐厅用餐。庄小姐随手将雨伞靠在了座椅旁,又将手提包挂在了座椅的后面。餐间,两人聊得很热烈,没有注意旁边有人已经盯上了她的手提包。

这天,餐厅用餐的人很多,服务员也非常忙碌。庄小姐二人用完餐,付账后急匆匆地离去了,完全忘记了雨伞和手提包。外面的雨已经停了,他们开着车离开了饭店,十几分钟后,庄小姐想打电话,才发现手提包不见了,急忙开车回饭店寻找,手提包中有两万多元现金、手机及证件等物品。

赶到餐厅时,他们发现刚才的座位上已经有人在用餐,雨伞和手提包都不见了。庄小姐焦急地询问服务员,服务员说翻台时没看到,并连忙报告餐厅经理。为了不影响其他客人就餐,他们在休息室与保安部人员、当班服务员一同回忆。初步认定,庄小姐用餐时服务员确实看到她的包,但翻台时未见,以为他们带走了,在他们离开的同时,还有两位高大男士提包离店。在认定这些基本情况后,饭店协助庄小姐报了案。庄小姐离开饭店时,苦笑着对男友说:"看来以后要找一家不会丢钱的餐厅吃饭了。"

请思考:
如何避免餐厅就餐客人丢失或遗忘物品?

台布下的小纸条

冯先生邀请几位朋友来到某饭店的中餐厅就餐。在进餐过程中,大厅的服务员小王服务非常周到,冯先生感到非常满意。一会儿,旁边那桌客人开始退席了,只见小王热情地帮他们拉开座椅、穿戴衣帽,并按他们的要求将客人送至休息室休息。看到这种情景,冯先生与同桌的朋友小声交谈了几句后,便继续用餐。趁小王为他们斟倒酒水的时候,冯先生向她打听,为什么另一桌客人可以到休息室休息。小王微笑着告诉他,那是客人预先订好的,如果冯先生等人需要,则也可进行安排。用餐结束后,小王为他们结清了餐费,但没有为他们拉开座椅、穿戴衣帽,只是站在包间门口礼貌地向大家点头示意,口中说道:"请您走好,欢迎再次光临。"众人穿戴完毕后,便匆匆离去了。走到餐厅门前时,站在门口的一位服务员微笑着欢迎他们再次光顾。

"我有一样东西忘在了餐桌上,请你让负责的那个服务员帮我找一下送来。"冯先生眨着眼睛对门口的服务员说。门口的服务员连忙去问。不一会儿,小王和门口的服务员一同赶来,告诉冯先生没有看到任何东西。冯先生笑着对小王说:"其实,我只是想和你开个善意的玩笑。对于你们的服务,我们感到很满意,只是觉得你们在对待客人的态度上有点差别。我在餐桌台布的下面留下了具体的意见,请参考。"说完这些,冯先生等人便离开了餐厅。

回到大厅,小王掀开台布,果然发现有一张纸条,上面写着:"服务员小姐,您的服务总体上是好的。但您告诉我休息室需要预订后,在餐后并没有主动询问我们是否需要。拉开座椅、帮助客人穿戴等服务则不论有没有预订,都应对客人一视同仁。"

请思考:
结合案例,谈谈如何圆满地完成接待服务。

考核指南

▲ 基础知识部分

△ 考核内容
1. 简述送客服务的要点。
2. 简述收尾服务的要点。

△ 考核方式
笔试或口试。

△ 即学即测
扫描二维码，完成在线练习。

第十七专题测一测

▲ 服务技能部分

△ 考核内容
以小组为单位，在实训室模拟进行送客收尾服务流程训练，掌握餐厅送客收尾服务规范。

△ 考核方式
实训室现场操作。

△ 考核评价

评价内容	考核要点	分值	自评 20%	互评 30%	师评 50%	综合评价
送客服务	协助客人离开座位；向客人征求意见并致谢；提醒客人勿遗漏物品；将客人送至餐厅门口、道别；再次检查是否有客人遗留物品	50分				
撤台服务	撤台服务不影响其他客人；动作轻、无大声响；按规范及顺序进行撤台，按摆台规范摆台	25分				

续表

评价内容	考核要点	分值	自评 20%	互评 30%	师评 50%	综合评价
收尾服务	撤器具，收布件；进行餐厅的卫生清理工作；关闭水阀门，切断电源；锁好所有门窗	25分				
评分标准	A：90~100分，服务环节完整且符合规范、服务语言得体，服务意识及服务表现力显著。 B：80~89分，服务环节较为完整且符合规范、服务语言得体，服务意识及服务表现力较好。 C：60~79分，服务环节较为完整且符合规范、服务语言基本得体，服务意识及服务表现力一般。 D：59分以下，服务环节较为完整，服务意识及服务表现力较差。					
备注						

第十八专题
日志填写

学习目标

- 了解管理日志的基本内容及形式。
- 熟练掌握日报表的填写程序及标准。
- 具备设计管理日报表及利用管理日志了解餐厅经营和员工工作情况的能力。

基础知识

管理日志的基本内容

- 当天日期。
- 客人人数。
- 消费金额。
- 客人投诉情况。
- 服务员情况。
- 卫生、安全检查情况。
- 特殊情况。

常用管理日志的形式

- 登记表格。
- 日报表。

使用管理日志的必要性

- 有助于管理者对餐厅经营情况的掌握。
- 有助于管理者形成科学的管理习惯。
- 有助于管理者开展目标管理。
- 为餐厅进行成本控制、成本管理提供第一手资料。
- 有助于改进餐厅现存的服务管理问题。

管理日志表格

登记表格

登记表格如表 18.1 所示。

表18.1 登 记 表 格

_____餐厅管理日志

每日一页，每月一本

年　　月　　日　　星期

项目	具体内容
客人人数	

续表

项目	具体内容
消费金额	
客人投诉情况	
服务员情况	
卫生、安全检查情况	
特殊情况	

日报表

日报表如表 18.2 所示。

表18.2 日 报 表

餐厅日报表

餐厅名称：_____　　　座位数：____　　饭店入住率：_____

　　　　　　　　　　　　　　　　　　　　　　年　　月　　日　　星期

餐厅经营情况					服务人员情况						
项目	食品金额	饮品金额	其他金额	总消费金额	项目	经理	主管	领班	服务员	其他	总计
早餐					早班						
午餐					午班						
晚餐					晚班						
夜宵					公休/请假						
总计					总计						
备注					说明						

客人情况								
项目	预订人数	散客人数	饭店住店客人	旅游团队客人	饭店宴请客人	其他用餐客人	人数总计	座位周转率	备注
早餐									
午餐									
晚餐									
总计									

客人投诉情况：

贵宾用餐情况：

续表

饭店宴请及高级员工用餐情况：

餐厅发生的特殊情况：

卫生、安全检查：

报修未完成项目：

报修完成情况：

其他情况：

报表人：

注：① 本报表一般由餐厅主管负责填写；② 填好后上报餐厅经理；③ 本表每天一报；④ 各饭店餐厅可根据自身情况设计此报表；⑤ 星级饭店须有中英文对照。

服务技能

填写日报表的程序与标准

视频：日志填写

填写日报表的程序与标准如表 18.3 所示。

表18.3 填写日报表的程序与标准

填写程序	填写标准
资料准备	迎宾记录，餐厅每天所有的点菜单、团队通知单、早餐单
填写	1. 餐厅经营情况、客人情况、服务人数，每项都需要认真计算，然后以数字形式填写 2. 要将客人投诉等事件的详细过程、处理意见、处理结果完整记录下来 3. 报表中出现的问题，应写出原因并进行分析 4. 针对问题写出解决计划、解决办法
上报	将填写好的报表上交餐厅经理
存档	复印一份作为资料存档，每月装订一次
反馈	1. 针对客人投诉情况，事后要写上餐厅的改进措施、客人的反馈意见 2. 针对经营情况，要记录改进后的效果

拓展阅读

VIP 的起源

VIP 是英文 very important person 的缩写，直译就是非常重要的人、重要人物、大人物，通常译为贵宾或高级会员。

VIP 的说法起源于 20 世纪 80 年代，使用这一说法的缘由有如下几种。

① 据说在第二次世界大战中，英国的运输部队用飞机运载许多重要人物前往中东时，基地的指挥官为了不泄露他们的身份而创造了 VIP 这个简称。

② 当时电子邮件在美国一些发达地区很流行，人们通过发送快捷、简单、便宜的电子邮件向朋友问候。一次，一个人在发送电子邮件的时候不想让其他人知道邮件的内容，因此就把邮件标名为 very important person，后来 VIP 这个词被沿用到现在。

③ very important person 是第二次世界大战时英国皇家空军用来运送高级人物的代码，最早用于运送蒙哥马利（非本人而是替身克利夫顿·詹姆斯）到非洲去。此计划阶段性影响了诺曼底登陆和盟军展开反攻。

典型情境

祸从天降

北方某城市的一家小有名气的餐饮企业，在 7 月最后一天的晚上临近餐厅收档时，迎来了几位男客人。

那天天很热，餐厅的客人很多，餐厅经理和服务员一起忙碌。迎宾员将这几位客人安排在大厅中靠边的位置，开始谁也没注意到这些客人，可他们不一会儿便开始一边划拳一边喝酒，说话声音很大，引起了大家的注意，其他餐桌的客人不时往这边看。服务员小夏看到后，一边主动为客人撤换餐盘、斟酒上菜，一边善意地提醒客人声音小些，不要影响其他客人就餐，并提出如果客人愿意，则可以为其换到包房用餐。没想到，客人却破口大骂："滚开，别扫我的兴，饭店就是喝酒的地方，我花钱我愿意，谁嫌吵谁走人。"很明显客人已经喝多了。小夏见此情景，一边向客人说对不起，一边转身取来茶壶、茶杯。"先生，您请喝……"可没等小夏说完，一位客人上前一把抓住小夏的衣服，顺手抢下茶壶，向地上一摔，又一拳向小夏打去。可能是用力过猛，第一拳没打着，客人却摔了一跤，趴到地上，小夏去扶客人，没想到却激怒了客人，他们一起又向小夏打去，尽管小夏没还手，可客人仍不停手。

这时餐厅经理已闻声赶到，一边拉架，一边向客人道歉。谁知客人又将拳头打向餐厅经理。餐厅一片大乱，几位在一旁就餐的客人看不过去，上前帮忙拉开客人。

随即餐厅报警，事态平息。餐厅经理对此做了如实记录。

两个月后，派出所接到报案，报案人说该餐厅雇佣黑社会打手，并声称曾经受到非法攻击，还举出那天受伤人员的医院诊断及一些证人证言，要求赔偿。餐厅有关人员被传唤，大家都很气愤。餐厅经理找出那天的餐厅预订单及管理日记，提供给派出所，请求给那天就餐的客人打电话，了解实情、协助调查、客观作证。派出所调查了当天客人的证言，还餐厅以公道，那些想讹诈的客人没有得逞。

请思考：
如何处理服务中客人的不理智或故意滋事行为？

小投诉带来的大生意

某五星级商务饭店的中餐厅经理浏览前一天的餐厅日报表，一条投诉引起了他的注意。上面记载着一条由饭店行李员转来的投诉信息：一位入住数日的客人对中餐厅的某道菜不太满意，觉得菜的味道不如从前。客人还说，他在几年前曾多次住过这家饭店。客人说者无心，但行李员听者有意，当客人离开后，他马上用电话将此事告知了中餐厅。

第二天晚上，这位客人来中餐厅用餐时，中餐厅经理专门准备了这道菜请客人免费品尝。客人听明事情的原委，非常高兴，他没有想到随便说说的事，饭店却如此重视。客人真诚地说："这件小事充分体现出贵饭店员工的素质及对客人负责的态度。"

几天后，这位客人的秘书打来预订电话，将下半年公司的研讨会及100多间客房的生意安排在该饭店。秘书还说，在饭店下榻的这位客人是他们集团公司的总经理，他回到公司后，高度赞扬了饭店员工的素质，并决定将研讨会及入住预订从另一家商务饭店更改到这家饭店。

请思考：
此案例中饭店的成功之处是什么？

考核指南

基础知识部分

考核内容
1. 简述管理日志的基本内容。
2. 简述使用管理日志的必要性。

考核方式
笔试或口试。

即学即测

扫描二维码，完成在线练习。

第十八专题测一测

服务技能部分

考核内容

以小组为单位，在实训室进行日报表设计训练，完成后进行展示、讨论，掌握餐厅营业日报的相关内容。

考核方式

实训室现场操作。

考核评价

评价内容	考核要点	分值	自评 20%	互评 30%	师评 50%	综合评价
日报表设计	要求设计的表格具有针对性，形式新颖有创新	30分				
	内容全面，可操作性强，方便实用	30分				
日报表填写	资料准备充分，填写顺序无误，便于上报、存档	40分				
评分标准	A：90~100分，积极主动参与、态度端正，团队合作顺利，内容全面且符合规范，有创新，实用性强。 B：80~89分，积极参与、态度端正、符合规范。 C：60~79分，积极参与、态度较为端正、基本符合规范。 D：59分以下，未参与或敷衍应付。					
展示、讨论纪实						
备注						

第四模块
宴会服务规范

宴会是出于欢迎、答谢、祝贺、喜庆等目的而举行的一种隆重的、正式的餐饮活动。宴会具有就餐人数多、消费标准高、菜点品种全、气氛隆重热烈、就餐时间长、接待服务讲究的特点。

通过学习本模块，学生应具备端正的职业态度，敬业爱岗、忠于职守、诚实守信、团结协作，具备较强的职业责任心；树立全心全意为客人服务的意识；培养创新精神、敬业精神、实干精神和开拓进取精神。

第十九专题
宴会预订与设计

学习目标

- 了解宴会预订的方式、内容。
- 熟练掌握宴会设计的要求及设计要点。
- 具备独立为客人进行宴会预订的能力。
- 具备根据客人需求熟练、准确地进行宴会场景、席位、菜单、酒水和台面等方面设计的能力。

基础知识

▲ 宴会概述

△ 宴会的种类

- 按内容和形式划分，宴会可分为中餐宴会、西餐宴会、冷餐酒会、鸡尾酒会、茶话会等。
- 按进餐标准和服务水平划分，宴会可分为高档宴会、中档宴会、一般（普通）宴会等。
- 按进餐形式划分，宴会可分为立餐宴会、坐餐宴会、混合式宴会等。
- 按礼仪划分，宴会可分为欢迎宴会、答谢宴会、告别宴会等。
- 按主办人身份划分，宴会可分为国宴、正式宴会、非正式宴会（便宴）、家庭宴会。
- 按规模划分，宴会可分为大型宴会（200人以上）、中型宴会（100~200人）、小型宴会（100人以下）。
- 按菜肴特点划分，宴会可分为海鲜宴、燕窝宴、野味宴、全羊席、满汉全席、火锅宴、饺子宴、素席等。

宴会讲究环境布置，格调高雅，在空间与餐台布置上既要舒适、干净，又要突出隆重热烈的气氛；在菜点、酒水选配上有一定的规格和质量要求，讲究色、香、味、形、器、质、名俱全，注重菜肴的季节性，常用色彩、灯光、主题装饰、音乐等烘托宴会气氛。

△ 宴会的经营特点

宴会是一种聚餐方式，是根据客人的要求来确定采取的形式并有组织地进行的，无论是政府、企业还是个人，都可以利用宴会形式来表达欢迎、答谢、庆贺或实现其他目的。与一般餐饮经营活动相比，宴会经营活动具有以下特点。

- 活动方式的多样性。

首先，宴会活动方式的多样性体现在宴会主题选择上。例如，以庆祝活动为主题的宴会，除提供就餐服务外，还要根据主办单位的具体要求提供庆祝活动服务；以会议、谈判、学术交流等为主题的宴会，宴会厅既是用餐场所又是会议场所，服务要求高效率、高质量。其次，宴会活动方式的多样性体现在宴会环境布置上。有些宴会需要豪华的装饰或特殊布置，如国宴、庆功宴、新闻发布会、各类展示会等。有些宴会只需要一般桌椅陈设及视听器材，如便宴、说明会、培训会等。因此，一般宴会厅的基本装饰通常较为简单。有特殊需求的，如婚宴、寿宴等场合则须根据顾客要求，增设舞台、红地毯、花卉、气球、灯光、乐团、背景等，以便营造出喜庆祥和的气氛。再次，宴会活动方式的多样性体现在服务方式上。例如，西餐宴会可采用法式服务、俄式服务、美式服务等服务方式；中餐宴会分菜服务可采用桌上分让式分菜、二人服务式分菜、旁桌式分菜等。宴会经营管理人员要根据宴会主办单位的具体要求，明确宴会性质、目的、活动内容，采取灵活多样的宴会形式，有针对性地做好宴会经营的组织工作，提供优质服务。

▲ 消费档次的差异性。

　　宴会消费档次的差异性一方面体现在客人的不同消费水平上。宴会的消费由百元到万元不等，宴会档次越高，菜品品种越丰盛、服务越讲究。但宴会档次的划分并不是统一、绝对的，这要视不同地区、不同生活水准而定。在一个经济不发达、生活水平不高的地区，其高档宴会标准可能是一个经济发达地区的中低档宴会标准，因此，宴会消费档次的差异性是相对的。宴会消费档次的差异性另一方面体现在客人的不同需求上。根据客人消费档次和需求的不同，消费高的宴会更注重餐饮文化氛围，如宴会厅环境布置有特色与否、宴会场景安排新颖与否、菜肴制作新奇与否等；消费低的宴会往往更重视宴会菜肴、酒水方面的合理安排。为了保持和扩大餐饮市场，做好客源开发，宴会经营管理人员在积极争取举行高档宴会的同时也要重视中低档宴会，并对不同档次的宴会进行相应的安排，做好环境布置、台型设计、座次安排、设备配置、菜单设计、人员配备等各方面的工作。掌握好每个宴会的标准，合理安排菜肴和酒水饮料，使宴会服务同其档次规格相适应，做到档次规格不同、餐食品种有区别，但在服务技能、态度、服务质量上要坚持一视同仁，均应提供优质服务。

▲ 经营管理过程的复杂性。

　　宴会经营管理过程的复杂性主要表现在两个方面。一是宴会经营有一套复杂的工作程序，只有经过宴会预订、预算、确认、开宴准备、宴会设计和宴会服务等一系列的工作，才能完成整个经营管理过程。特别是大型或重要的宴会，它的工作涉及方方面面，即使菜肴做得再好，管理服务不到位，如出现开席突然停电的状况等，宴会效果也将大打折扣。同时，宴请双方不同的心态和宴请目的的差异，也增添了宴会设计的复杂性。因此，无论是宴会服务员还是管理人员，都必须对宴会进行过程中的每个环节做细致、周密的组织和安排。从某种意义上讲，宴会是一个系统工程，即使在某一个细小的方面出现差错，也可能会导致整个宴会的失败，或者留下无法弥补的遗憾。二是宴会经营管理涉及范围广泛，往往需要各级、各部门的协调配合，如原料采购、宴会预算、宴会保卫、音响安装和布置、酒水服务等，都需要各部门的配合。为此，宴会经营必须树立整体观念、全局意识，以保证宴会管理工作的顺利进行，向客人提供优质服务。

▲ 场景布置的主题性。

　　宴会区别于其他就餐形式的一个显著特点：它是围绕某个主题而进行的人员众多的聚餐。宴会侧重场景布置、气氛营造、环境烘托，要求与宴会的主题相吻合，起到烘托、强化主题的作用，并通过场景布置提高宴会的规格和档次。例如，中餐婚宴的布置应该以喜庆的红色基调为主，在餐桌摆放设计、台布与餐巾折花选择、台面布置、鲜花选择放置等都应与宴会主题相呼应。

▲ 消费过程的礼仪性。

　　宴会主办者为了达到一定的社交目的，总希望能营造出一种热烈、隆重的气氛，以表达主办者热情好客的心情。宴会礼仪越隆重，越能体现主办者或主人对来宾的尊重和欢迎。宴会消费过程的礼仪无处不在，如恭候迎宾，问好致意，敬茶献礼，专人陪伴；入席彼此让座，斟酒杯盏高举，布菜"请"字当先，退席"谢"字结束；还有仪容的修饰、衣冠的整洁、表情的谦恭、谈吐的文雅、气氛的融洽、相处的真诚，以及环境布置、台面点缀、上菜程序、菜品命名。另外，嘘寒问暖、尊老爱幼、优待女士、照顾伤残等也是礼仪的表现。

宴会经营者要根据宴会标准和主办单位的要求，根据宴会的性质、目的、活动方式，从宴会预订、菜单设计、环境布置、餐台摆放、座位安排到迎宾领位、席间服务等方面，切实做好组织工作，严格规范服务程序，加强现场指挥，不断提高宴会管理水平，获得优良的经济效益和社会效益。

宴会预订

宴会预订的方式

- 直接预订。直接预订是指客人到饭店当面洽谈宴会事宜的一种预订方式，通常需要交纳一定的预订金，主要包括个人消费预订、公司消费预订、旅游团队消费预订等。

视频：宴会预订

- 间接预订。间接预订是指客人通过电话、信函、网络进行预订，或委托他人代为预订的一种方式，可分为电话预订、信函预订、网络预订、中介预订。
- 政府指令性预订。政府指令性预订是宴会预订的一种特殊形式，是指政府主管部门为某一节庆或重大活动，通过文件或专人向饭店宴会部门发出预订的一种方式。政府指令性预订具有一定的强制性，接受此种预订的饭店需要无条件满足预订要求。政府指令性预订通常会选择那些在当地有一定知名度及服务水平较高的饭店，这既会给饭店带来经济效益，又会带来一定的社会效益。

宴会预订的内容

- 宴会举办的时间（开始、结束的时间）。
- 宴会主办单位（或个人）。
- 主办单位联系人、职务及联系电话。
- 宴会举办规模（人数、桌数）。
- 宴会标准（人均消费、每席价格、总消费额）。
- 宴会类型。
- 付款方式。
- 预订金额。
- 宴会菜单。
- 酒店宴会预订人员。
- 预订日期。
- 宴请事由。
- 特殊要求。
- 预订宴会场地。
- 宴会预订单编号。
- 宴会酒水要求。
- 宴会布置要求。

◢ 宴会预订的确认
- 暂时性宴会预订。暂时性宴会预订是指宴会预订员仅填写完宴会预订单，而尚未得到有关部门和主办单位的确认。暂时性宴会预订主要有以下两种情形：一是客户对于是否在本酒店举办宴会，还未做出最后决断，只是为了防止预订不及时或被他人抢订而采取的一种预订形式；二是客户虽已决定在本酒店举办宴会，但由于种种原因不能最后签订预订合同，未交纳定金。
- 确定性宴会预订。确定性宴会预订是指宴会预订已经得到酒店的有关部门和主办单位负责人的进一步确认，并已交纳规定的预订金的一种预订形式。确定性宴会预订在办好宴会预订承接手续后，还须签订预订合同。餐饮场所预订合同如表 19.1 所示。

表19.1　餐饮场所预订合同样例

本合同由_____饭店与_____公司（地址）_____为举办宴请活动所达成的具体条款：
活动日期_____星期_____时间_____活动地点_____
预计最低出席人数_____座位安排_____酒水_____
菜单计划_____娱乐设施_____
其他_____结账方式_____
预付订金_____
客户签名_____经手人签名_____　_____年___月___日

注：预订合同里相关条款要请饭店法务审核后方可使用。

◢ 宴会预订的传递和变更
- 宴会预订的传递。完成宴会预订确认后，预订员应根据饭店有关规定，及时向饭店相关部门发送宴会预订单，使各部门都能按预订单上规定的要求来操作执行。因此，宴会预订内容的准确性和预订单传递的及时性就显得十分重要。
- 宴会预订的变更。宴会取消或变更有两种情形：一种是客人提出取消或变更（此为多数）；另一种是店方提出取消或变更（此为少数）。
- 宴会预订金的处理。针对大型宴会，在双方确认无误后，须签订预订合同。预订金的收取有两种方式，一是预订方支付消费金额的 50% 作为预订金，在宴会正式开始一周前支付剩余款项；二是预订方支付场地预订金（各品牌、企业有所不同，在 5000~10 000 元之间），宴会当天支付余下款项。无论采取何种方式支付预订金，违约预订金一律不返。

▲ 宴会设计

宴会设计就是根据客人的要求和饭店餐饮部门的物质与技术条件等因素，对宴会场景、台面、菜单、酒水、服务流程等方面进行统筹规划，并拟订具体实施方案的过程。因此，它对宴会活动的内容、形式、程序等具有一定的计划作用，对宴会的开展和进行具有一定的指导作用，对宴会产品及服务质量具有一定的保障作用。

宴会场景设计

宴会场景设计是对宴会举办场地和环境进行合理选择及科学利用，并采取多种手段和方法对进餐环境进行艺术加工及布置，使其既符合宴会主题，又满足与宴者心理需求的一种环境艺术创造。

▲ 宴会场景设计要求。宴会场景设计需要考虑宴会厅所在地的自然人文环境、餐厅装饰风格及宴会场地规模3个方面的因素。宴会场景设计主要体现在宴会场地的设计安排上，宴会设计者要根据宴会主办者的要求及宴会主题，合理利用宴会所在地的自然环境及餐厅装饰风格，通过对宴会场地的家具陈设、装饰布置、灯光色彩、清洁卫生、空气与温度等因素的选择和利用，达到突出宴会主题、烘托宴会气氛的效果。不论宴会风格如何、档次高低，宴会场景设计都要符合一个共同要求：和谐舒适、轻松自然、安全卫生、符合主题。宴会场景如图19.1所示。

宴会场景1

宴会场景2

宴会场景3

图19.1 宴会场景

▲ 宴会场景设计一般需要注意以下几个要点。

① 迎合客人心理。满足客人的心理需求是宴会场景设计的最终目的。然而，一场宴会，客人少则十几人，多则上千人，要想让一种宴会环境满足所有与宴者的心理要求是很难的，这就要求我们在尽量满足大多数与宴者客观要求的同时，侧重迎合主办者及主要宴请者的心理要求。

② 突出宴会主题。所谓宴会主题，就是宴会主办者的社交目的和设宴意图。宴会设计的一切都要围绕主题展开。例如，婚宴主题要求喜庆吉祥、热闹隆重，那么将大红喜字、龙凤呈祥、鸳鸯戏水等元素用于宴会场景设计中就会起到渲染气氛、强化主题意境的作用。

③ 安排布置适宜。要根据宴会场地大小、宴请桌数，合理设计宴会整体布局。在重点突出主桌的同时，要注意其他餐桌的摆放要对称、均衡，桌与桌之间的距离要合理，以方便客人进餐和服务员服务。

④ 注重环境点缀。对宴会环境进行适当的点缀可对宴会主题起到一定的烘托作用。环境点缀方式主要有花卉点缀、绿色植物点缀、字画点缀、艺术品点缀。

⑤ 合理应用光色。宴会场景设计离不开光照和色彩。宴会设计者要根据不同民族、不同国家客人的需要，了解主办单位及主要宴请客人的审美心理，对宴会场景的光色和装饰进行调控。

⑥ 调节餐厅温度。宴会厅的温度、湿度和空气质量等是与宴者评判进餐环境的主要方面。一般来说，冬季宴会厅内温度应调整为18~22℃，夏季为22~24℃，进餐人数较多时为24~26℃。

△ 宴会餐台设计
▲ 宴会餐台设计总体要求。宴会餐台设计应在考虑宴会规模、餐厅场地的基础上合理布局，突出主台、有利进餐、方便服务。
▲ 中餐宴会台型设计。中餐宴会使用圆桌台面，餐桌的排列要根据桌数的多少和宴会厅的大小按实际情况安排。

① 餐桌的排列要特别注意突出主台。主台一般安排在面对正门的餐厅上方，面向众席，背向厅壁纵观全厅。多桌宴会的台型布局要遵循因地制宜、突出主桌、整齐有序、松紧适宜的原则。按桌数不同可参考以下台型设计：3 桌可排成"品"字形或"一"字形，餐厅上方的一桌或中间的一桌为主台；4 桌可排成菱形或正方形，餐厅上方的一桌为主台；5 桌可排成"立"字形或"器"字形，上方的一桌或中间的一桌为主台；6 桌可排成"金"字形（正方形餐厅）或长方形（长方形餐厅），"金"字形排列餐厅上方的一桌为主台，长方形排列餐厅上方右侧的一桌为主台；大型宴会席桌排列可摆成"王"字形，主台单独一排，其他桌摆成方格即可。

② 要有针对性地选择台面。通常直径为 150cm 的圆桌，每桌可坐 8 人左右；直径为 180cm 的圆桌，每桌可坐 10 人左右；直径为 200~220cm 的圆桌，每桌可坐 12~14 人。若主宾人数较多，则可安放特大圆台，每桌坐 20 人以上。直径超过 180cm 的圆台，应摆放转盘。不宜放转盘的特大圆台，可在餐桌中间铺设鲜花或进行艺术布置。

③ 大型宴会除主台外，所有餐桌均应编号。号码牌放在餐桌统一位置上，客人一进餐厅根据座位图就能找到自己的台位。座位图应在宴会前绘好，宴会的组织者可以根据宴会座位图来检查宴会的安排情况和划分服务员的工作区域。宴会主人可以根据座位图来安排客人座位。宴会餐桌的排列还要注意桌与桌之间的距离以方便穿行、上菜、服务为宜，一般不少于 200cm。整个宴会餐桌的布局要求整齐划一，桌布一条线、桌腿一条线、花瓶一条线，主台与主位能相互照应。

▲ 西餐宴会台型设计。西餐通常使用小方台，餐台的台型和大小一般根据就餐人数、餐厅地形和客人要求合理安排：20 人左右的宴会可排成"一"字形长台或"T"形台；40 人左右的宴会可排成"I"形台或"N"形台；60 人左右的宴会可排成"M"形台。

△ 宴会席位设计

宴会席位设计首先要确定主位（大型宴会在确定主台后确定主位）。主位一般正对大门，背靠有特殊装饰的主体墙面。如果餐厅的门不正对主体墙面，则以主体墙面为主要参照物，确定主位。

▲ 正式宴会的席位安排。按照国际惯例，同一桌上，席位高低以离主位的远近而定。我国一般按客人职务排列席位，以便于宾主交谈。如果夫人出席，则通常把女方排在一起，即主宾坐在男主人右侧，其夫人坐在女主人右侧。两桌以上的宴会，其他各桌主人位置可与主台主人位置同向，也可将面对主台的位置设为主位。

▲ 外交宴会的席位安排。在一些外交活动宴会中，礼宾次序是设计宴会席位的主要依据。在编排席位之前，首先要把已落实出席的宾主双方名单分别按主办单位提供的

礼宾次序列出来。除礼宾顺序外，在具体安排座位时，还要考虑其他因素，如各国之间的政治关系等。

▲ 国内一般宴请活动的席位安排。中式宴会通常将主宾安排在主人右侧，副（女）主人右侧为副主宾，或主人右侧为主宾，左侧为副主宾，将第三宾和第四宾安排在副（女）主人两侧，如图19.2所示。实际工作中，可根据不同情况来确定宾主席位，如果主宾身份高于主人，为表示对他的尊重，则可以把主宾安排在主人的位置上，而主人坐在主宾位置上，副（女）主人坐在主宾的左侧；有时赴宴人员不分宾主，如学术会议宴会，座位安排可以学术地位或职务职称高低为依据，确定一人为主人席，然后依次按离主人席远近排列；民间商务宴会，买单者坐主人席位，其他人员根据买单者意图安排；家庭宴会由年长者或辈分高者坐主人席位，其他人员依年龄大小或辈分高低依次排列。

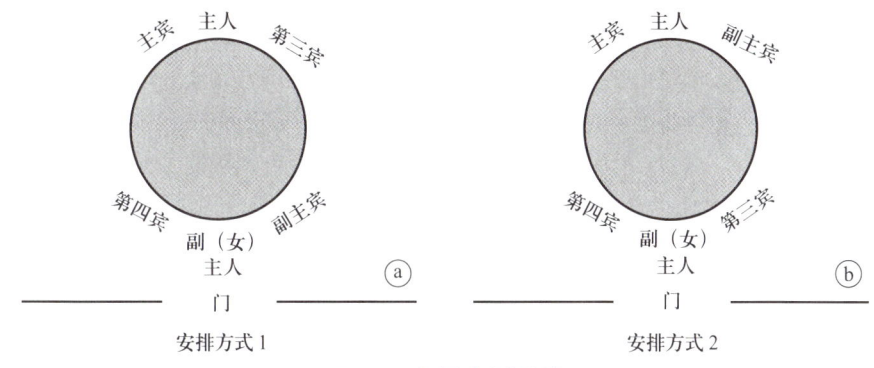

图19.2　中式宴会席位安排

▲ 西式宴会宾主席位的安排。西式宴会多采用长台，较为正式的宴会通常将主人和副（女）主人席位相对地安排在长台长边中央位置，将客人按顺序交叉安排在长台左右，这样可使全桌形成一个交谈中心而又不至于冷落客人。家庭式宴会则将长台面门的一端安排为主人席位，另一端为副（女）主人席位。主人的右侧为主宾，左侧为第三宾，副（女）主人右侧为副主宾，左侧为第四宾，其余席位交错类推，这种宴会席位排法的优点是气氛较随和，可有两个交谈中心。西式宴会席别安排如图19.3所示。如果宴会的正副主宾都偕夫人出席，则主人席位两侧安排主宾夫妇，即其右边安排主宾，其左边安排主宾夫人；副（女）主人席位两侧安排副主宾夫妇，即其右边为副主宾，其左边为副主宾夫人。

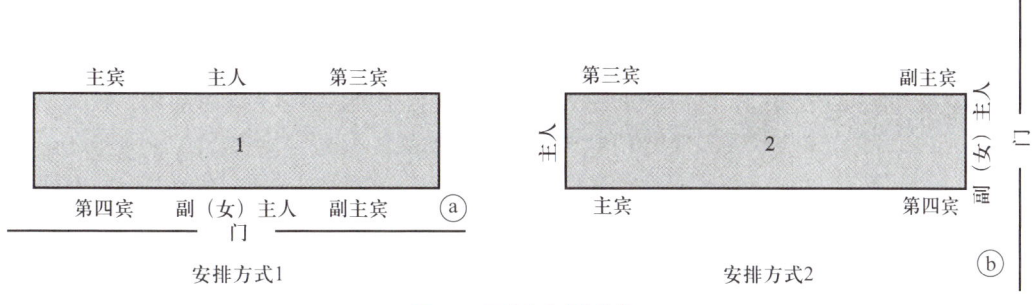

图19.3　西式宴会席位安排

◸ **宴会台面设计**

宴会台面根据其形式、内容、风格、功能的不同有多种分类。根据饮食习惯不同，宴会台面可分为中餐台面、西餐台面、中西结合台面；根据台面的装饰程度和用途不同，宴会台面可分为食用台面、观赏台面、艺术台面。

一个好的宴会台面，不仅给人以美的享受、令人增进食欲，还可以深化宴会主题，起到烘托宴会气氛的作用。宴会台面美化造型的方法有很多，归纳起来主要有以下几种。

▲ 花卉造型。花卉造型是一种既大众化又高雅的造型方法。采用花卉、花瓶、花篮、插花盆景等装饰台面中央，使餐厅充满大自然的生机，色彩艳丽、花香清幽。花卉造型要注意两点：一是选用的花卉要注意其文化内涵，不要与宴会主题和客人习俗相冲突；二是选用花卉的数量要适中，色彩搭配要合理，整个造型要有一定的艺术性。花卉造型如图19.4所示。

▲ 雕塑造型。雕塑造型是一种工艺性较强的造型方法，包括雕和塑两种。用南瓜、萝卜、土豆、西瓜等雕成各种飞禽走兽，或用冬瓜雕成冬瓜盅；用面团、奶油塑成各式造型，也可将冰雕作品搬上餐桌，主要用于主台台面或做展台之用。

▲ 餐具造型。餐具造型就是将餐桌摆台用具摆成金鱼、帆船等象形装饰图案，形成具有一定主题意境的宴会台面。但这种餐具造型图形设计比较抽象，范围比较狭窄，使用不太方便。目前流行的做法是，选择适合宴会主题的主题餐具、具有饭店特色的特色餐具或异型餐具进行台面布置。此种方法不改变餐台基本布局，台面突出主题，使用起来较为方便，日渐成为宴会台面新的设计趋势。餐具造型如图19.5所示。

图19.4　花卉造型

图19.5　餐具造型

▲ 果品造型。果品造型即将时令鲜果或部分干果衬以绿叶或其他饰物，置于高脚盘中，摆成金字塔状，既供观赏又供食用。也可将各色瓜果改切拼摆成各式主题图案，置于餐桌中央，以显示宴会的主题。

▲ 茶点造型。茶点造型即选用酥、发、烫等各种面团，运用搓、捏、塑、包等多种手法，根据宴会主题，制成所需造型，摆放在餐台中央，供客人鉴赏品用，既美化了宴会台面，又有较高的食用价值。

▲ 冷碟造型。冷碟造型是将各式凉菜通过一定的刀工处理和拼摆制成具有一定意义图案的造型方法。多采用一主碟带若干围碟的形式，主辅内容呼应。

▲ 镶图造型。镶图造型即用不同颜色的小朵鲜花或绢花在餐桌上镶出各种图案、字样，用以渲染宴会气氛，展现宴会主题，此种方式较为简单实用。

- 台布造型。台布造型即用台布、丝绸、麻布等材料布置于餐台中央，一般要与餐厅主体风格相一致。台布造型如图19.6所示。

台布造型1

台布造型2

图19.6　台布造型

- 剪纸造型。剪纸是我国民间的一项传统手工工艺，常用于宴席台面的装饰。摆台时可根据宴会的主题和性质，预先设计出各种带有意义的图案，用彩色纸一次剪刻成若干张图案，装饰于台面的中央，既可增加宴席台面的美观，又可做菜盘的底垫。
- 综合造型。综合造型将多种造型手法的特点汇集于一席，既起到了美化台面的作用，又突出了宴会主题。综合造型如图19.7所示。

综合造型1

综合造型2

图19.7　综合造型

无论采用何种造型手法，均应注重造型不可过高（高度不超过30cm），以防止影响客人视线；台面造型不宜过大或过小，要适中，另外还要注意卫生安全。

宴会菜单设计

宴会活动的中心内容是饮食，宴会设计的中心任务是宴会菜单设计。因此，宴会菜单设计在整个宴会设计中占有举足轻重的地位。宴会菜单设计的质量直接关系到整个宴会设计的成败。宴会菜单设计应把握如下要点。

- 确定筵席风格。宴会菜单应该突出某一种风格，这个风格可以是一个地区的风格，也可以是一个民族的风格，或者是该酒店的风格，或者是某一个厨师的风格。总而言之，整个宴会菜点要有别于其他地区、其他酒店的风格特征。强调确定筵席风格，大多数情况下指突出宴会的地方风味特色。具体实施时，主要是通过选用地方特色菜点、采用地方特色烹调方法和调味手段、配用地方特色餐具、选用地方独特烹饪原料等来实现。
- 选择主题菜点。所谓主题菜点，就是我们俗称的"大菜"或"头菜"，是整个宴会菜点中最名贵、工艺最讲究、起担纲和压轴作用的菜肴。一般来说，主题菜点在装盘、造型、上菜方式上有别于其他的菜，一出场就会使整个宴会进入高潮。

- 科学选用原料。宴会菜点的选料十分讲究，原料选用是否得当关系到宴会菜单的成败。原料选择要注意季节性、地方性，同时要注意荤素原料、高低档原料的合理搭配，品种尽量多样，避免重复。
- 突出饭店特色。饭店在长期的经营实践中，总结摸索出了一套符合饭店实际又有别于其他饭店风格的烹调新工艺或新菜式，拟订菜单时要尽量纳入这种烹调新工艺或新菜式，突出筵席的特色。
- 挖掘厨师专长。每个厨师有其独到的技术或擅长制作的菜品。譬如，有的擅长制作鱼菜，有的擅长制作素菜，有的擅长制作工艺菜，有的擅长制作功夫菜。拟订筵席菜单时，要充分考虑这种因素，适当安排一些本店厨师的拿手菜，发挥各自的专长，丰富筵席菜点的内容，提高筵席菜点质量。
- 调配色味形质。颜色、味道、形状、质地是菜肴成品的主要特征。其中颜色是主导（色彩缤纷、诱人食欲），味道是核心（口味纯正、百菜百味），形状是亮点（形姿百态、生动活泼），质地是保障（合理组合、丰富多彩）。
- 巧用烹调方法。中餐烹调方法变化多样，同一原料用不同的烹调方法制作会有不一样的口味特点，无形中促进了菜肴花色品种的多样化。设计宴会菜单时，要力争做到一菜一种烹调方法、菜菜不同样，这既丰富了宴会菜肴品种，又体现了宴会菜肴工艺的多样性。
- 掌握菜点数量。菜点数量包含两层含义：一是"数"，即整套宴会的菜点道数；二是"量"，即整套筵席的菜点分量和总量。菜单设计之初，首先确定菜点的道数。菜点道数既要符合宴会主题，也要照顾赴宴者的民俗心理（10道菜代表十全十美，12道菜代表月月都有，16道菜代表一切顺利）。其次确定菜点的分量和总量。在一般情况下，菜点道数越多，菜点总量越大。但这不是绝对的，如果菜点单份（每件）的量减少，那么虽然菜点数量多，但未必总量大。
- 注重菜单造型。传统、普通的宴会菜单大多采用折叠式菜单卡。菜单卡封皮上印制饭店的相关信息（店名、店徽、饭店建筑外貌、菜单字样），内页为空白，只需将宴会菜单印刷在上面即可。在具有某种意义或纪念性的宴会菜单设计上，通常会根据宴会的实际情况单独设计制作，在材料选择、菜单式样、制作工艺上都十分讲究，设计的菜单往往具有特色和纪念意义。特色菜单如图19.8所示。

(a) 扇面菜单

(b) G20丝绸菜单

图19.8 特色菜单

△ 宴会酒水设计

"无酒不成席"形象地说明了酒与宴会之间的不解之缘。酒在宴会中占有举足轻重的地位。宴会中如何选用酒,酒与宴会如何巧妙搭配是进行宴会设计时必须考虑的问题。

▲ 酒与宴会的搭配一般需要注意以下要点。
① 酒水的档次要与宴会档次相一致。
② 宴会用酒要与宴会主题相结合。
③ 宴会用酒应与季节相适应。
④ 宴会用酒应尊重主人的意见。
⑤ 宴会用酒应使用低度酒。

▲ 酒与菜肴的搭配一般需要注意以下要点。
① 菜为主、酒为辅。
② 突出菜肴风味。
③ 注意搭配适宜、对称和谐原则。通常地方菜配地方酒,中式菜肴配中国酒,特色菜肴配特色酒,西式菜肴配葡萄酒。

▲ 酒与酒之间的搭配。在同一场宴饮活动中饮用两种以上的酒水,这种酒与酒之间的搭配可遵循如下规律。
① 低度酒在前,高度酒在后。
② 汽酒在前,无汽酒在后。
③ 新酒在前,陈酒在后。
④ 干性酒在前,甜味酒在后。
⑤ 白葡萄酒在前,红葡萄酒在后。

△ 宴会主题选择

宴会主题选择是宴会设计的关键,主题一般可以划分为六大类。

▲ **地域民族特色类主题**

地域民族特色类主题来源包括独特地域的风土人情、地方文化、地区事务及少数民族风情等。这类主题可以细分为以下几种类型。
① 以地域民风民俗及地方文化为主题。
② 以地域代表性自然景观为主题。
③ 以地域文化及其景观为主题。
④ 以特定民族风情为主题。

这类主题特色鲜明,文化挖掘难度较小,能够比较容易抓住设计的灵魂,可较好地凸显设计者的想法。但是正因为地域文化的广泛覆盖性,其与餐饮文化的契合点存在多样性。因此,以地域民族特色为主题进行宴会设计时,需要进行细致的考究,使地域特色与餐饮文化完美契合。

▲ 历史文化类主题

我国的历史文化资源极其丰富，这为主题宴会设计提供了大量且优质的史料素材。历史文化类主题既可以突出特色，又可以彰显我国优秀的历史文化。这类主题的选取点可以是古今文化景观、著名历史人物、典型文化历史故事、经典文学著作、宫廷礼制等。这类主题可以细分为以下几种类型。

① 以古今历史文化及其景观为主题。
② 以著名历史人物为主题。
③ 以经典文学著作与历史故事为主题。
④ 以宫廷礼制为主题。

对历史文化类主题的巧妙设计可以给人们带来不同寻常的文化享受，能够凸显设计者独特的审美视角和文化功底。但是，这类主题的选取点要合理、科学，并不是所有古代的东西均适合作为宴会的主题，需要进行仔细的甄选和鉴别。体现主题的要素要具有典型性，切忌简单地生搬硬套，导致设计出来的主题沦为一堆模型的堆砌，而无任何新意可言。

▲ 节庆及祝愿类主题

节庆及祝愿类主题来源广泛、特点鲜明，其选取点可以是中西节庆活动，也可以是某种大型的庆典活动，以及对于生活的美好祝愿等，如春节、元宵节、情人节、母亲节、中秋节，以及饭店挂牌庆、周年店庆等。这类主题可以细分为以下几种类型。

① 以中西节日为主题。
② 以大型庆典活动为主题。
③ 以生活的美好祝愿或期望为主题。
④ 以对人的祝福为主题。
⑤ 婚宴类主题。

这类主题在宴会中的使用较为广泛，并且具有一定的周期性，可重复利用，其运作过程较易控制。在设计过程中要认真细致，注意各种节庆和庆典活动中特定的标志物、公认的礼仪规制及操作程序，切忌因对节日庆典活动的特色和规格认识不足而贻笑大方。当然，在把握好主方向的前提下，独特的切入点和创造性的设计是使这类主题大放异彩所不可或缺的重要因素。

▲ 人文情感与审美意境类主题

人文情感与审美意境类主题指借助餐饮形式来表达人的情感意志，它关注的是人际间的情感表达和人的审美情趣，寓情于景，既给人以视觉上的美的享受，又能引起观者的情感共鸣。这类主题设计的选取点有某种审美意象所寄托的事物、人的审美情趣、特殊的人际关系等。这类主题可以细分为以下几种类型。

① 以对具体事物的赞美为主题。
② 以某种抽象的审美情趣为主题。
③ 以表达人际间的某种情感为主题。

食品原料类主题

食品原料的来源极其广泛，对食品原料进行深入挖掘，将其特色进行多样化的呈现，可以给人以耳目一新的感受，如野菜宴、镇江江鲜宴、安吉百笋宴、云南百虫宴、西安饺子宴、海南椰子宴、东莞荔枝宴、漳州柚子宴等。这类主题可以细分为以下几种类型。

① 以季节性食品原料为主题。
② 以地域特色性食品为主题。

食品原料类主题的宴会选取的食品原料要具有地方或季节特色，食品原料的利用价值能够支撑起一桌主题宴会的分量，并且要具有一定的文化内涵。若只是一味盲目跟风，对食品原料的特性和烹制方法研究得不够深入，文化渊源挖掘不彻底，就会导致所设计出来的主题宴空洞无物、单调乏味、缺乏支撑性。

营养养生类主题

营养养生类主题源于不同的养生方法或养生文化与饮食业的融合，如健康美食宴、中华药膳宴、长寿宴等。这类主题可以细分为以下几种类型。

① 以某些养生食品为主题。
② 以特定养生理念为主题。

养生主题的宴会能够吸引客人的眼球，给设计者带来可观的经济收益。但是，在设计过程中对主题的挖掘要建立在科学性的基础上，对于养生的方法和食材要有比较权威和科学的把握。除此之外，宴席的布置要与养生的主题相协调，所用器具的质地、造型与色彩都要与养生的主题相呼应。

服务技能

宴会预订单的设计与使用

宴会预订单的设计与使用如表 19.2 所示。

表19.2　宴会预订单的设计与使用

操作程序	操作标准
设计	1. 收集同一档次其他饭店的宴会预订单，依据案例（集团）饭店规定的统一文本模式，结合案例饭店宴会厅具体信息资料进行设计 2. 宴会预订单的设计要体现适用、合理、方便的原则 3. 案例饭店可由教师指定，可为校企合作饭店
填写	1. 认真聆听客人需求信息，正确填写宴会预订单 2. 宴会预订单填写要字迹端正，无漏项、缺项
发送	将填写好的宴会预订单分送到相关部门
存档	将电子版宴会预订单打印一份存档，每月装订一本

△ 宴会预订单样本

大型饭店宴会预订单（涉外饭店要求有中英文对照单）与小型饭店宴会预订单如表 19.3 和表 19.4 所示。

表19.3　大型饭店宴会预订单（涉外饭店要求有中英文对照单）

No.

宴会名称

预订日期：_____　　　　宴会形式：_____

落实日期：_____　　　　宴会地点：_____

预订人姓名：_____　　　　宴会日期：_____

联系电话：_____　　　　开始时间：_____结束时间：_____

工作单位：_____　　　　保证人数：_____预计人数：_____

宴会费用标准	具体要求
食品价格 每位：_____每席：_____ 酒水价格 每位：_____每席：_____ 其他收费：_____ 房租：_____ 服务费：_____ 总计：_____	宴会菜单：　　酒水单： 场地布置： 场地图□ 主桌型□ 台型□ 音响设备□ 休息室□ 衣帽间□ 鲜花□

确认签字：_____结账方式：_____　　预收订金：_____

经手人：_____

发送部门：前台□ 总机□ 公关部□ 酒吧□ 餐饮部□ 总经办□ 宴会厅□ 保安部□ 厨房□ 财务部□ 采购部□ 工程部□

表19.4　小型饭店宴会预订单

No.

举办日期		人数及桌数	
举办单位		联系人	
宴会标准		联系电话	
客户要求			
付款方式		宴会地点	
预订日期		预订接受人	

宴会主题创意说明书的制作

宴会主题创意说明书的制作如表 19.5 所示。

表19.5　宴会主题创意说明书的制作

制作步骤	制作要点
确定结构	1. 包括宴会主题名称、创意灵感来源、主题创意体现要素（台面艺术造型、餐具、餐巾、台布、椅套等）、主题菜单（成本）设计、服务保障等 2. 要求结构完整合理、层次清楚、逻辑严密
文本表达	1. 字数符合要求，不少于 1000 字 2. 文字精练，内涵深刻，能够准确阐述主题 3. 文本语句便于陈述表达
成品检查	1. 宴会主题创意说明书成品展示样式（颜色、形状、大小、材质等）符合主题 2. 整体设计精美、图文并茂，材质精良、制作考究，便于摆放

宴会台面设计程序

宴会台面设计程序如表 19.6 所示。

表19.6　宴会台面设计程序

设计程序	设计标准
准备	1. 根据客人需求，确定宴会主题台面风格 2. 确定宴会台面美化造型方法 3. 宴会台面设计文案准备 4. 人员准备（宴会服务人员、花卉设计人员、艺术厨房员工等） 5. 相关摆台与布置材料准备

续表

设计程序	设计标准
实施	1. 根据宴会主题、规模规划宴会场地 2. 确定台型（位置、大小、规模、形状等） 3. 按宴会台面设计文案进行布置 4. 征得主办方同意，根据实际情况进行适当调整 5. 宴会台面设计要深化宴会主题、烘托宴会气氛 6. 整体设计要美观实用、方便用餐及服务
存档	将铺设好的台面制作成图片，将资料（图片及文案）按宴会主题、规格的不同分类存档

◢ 宴会菜单设计程序

宴会菜单设计程序如表 19.7 所示。

表19.7 宴会菜单设计程序

设计程序	设计标准
主题明确	确定宴会主题，了解客人喜好及需求
菜肴安排	1. 根据客人需求，确定宴会菜肴风味、标准 2. 根据宴会标准，确定菜点数量比例 3. 根据宴会主题，选择核心菜点 4. 提供本店厨师专长菜肴，突出饭店特色 5. 选用不同烹调方法，注意营养搭配 6. 菜肴命名符合宴会主题
菜单文本	根据宴会主题确定宴会菜单的风格、主色调、规格、形式、字体、字号等
菜单打印	将设计好的菜单按需求数量打印好
存档	将菜单按宴会主题和标准不同分类存档

◢ 宴会 VIP 确认

饭店 VIP 是指莅临饭店的有一定社会知名度和影响力的社会各界人士。根据 VIP 的等级，相对应的服务有所区别。

拓展阅读

◢ **中餐宴会台面设计常用的吉祥图案**

龙："四灵"之一，万灵之长，是中华民族最重要的吉祥物，常与凤合用，誉为

"龙凤呈祥"。龙寓意为"神圣、至高无上",是中华民族的象征。

凤:百鸟之首,象征美好与和平。凤曾是封建王朝最高贵女性的代表,与帝王的象征——龙相配。凤又是传说中能给人民带来和平、幸福的瑞鸟,因此作为吉祥、喜庆的象征。

麒麟:祥瑞之物,是仁慈和吉祥的象征。古代有"麒麟送子"之说,麒麟送来的童子长大后必然是贤良之臣,能辅助治国。

鹿:长寿之仙兽。鹿经常与仙鹤一起保卫灵芝仙草。鹿字又与三吉星"福、禄、寿"中的禄字同音,因此,它在有些图案中常用来表示长寿和繁荣昌盛。

鹤:仙禽,有"鹤寿千年"之说,是鸟类中吉祥长寿的代表。因此,在帝王时代,鹤被作为一品鸟而应用于有相当品级官员的各种装饰中。

蝴蝶:美好、吉祥的象征,常用来比喻爱情和婚姻的美满、和谐。

蝙蝠和鱼:蝠与福、富谐音,鱼与余音同,常用来比喻富余、吉庆和幸运。

鸳鸯贵子:鸳鸯羽色绚丽,雌雄偶居不离,常作为夫妻恩爱、永不分离的美好象征。莲蓬即莲子,是荷花成熟的种子。鸳鸯贵子这一吉祥名词比喻对夫妻和美、生子也贵的赞美。

福寿双全:象征福、寿的蝙蝠和寿桃组成的吉祥图案,即一只蝙蝠、两只寿桃、两枚古钱。"双全"是借两枚古钱谐音而用,这是比喻既幸福又长寿的吉利词。

五福捧寿:5只蝙蝠围住中间一个寿字。蝠与福同音,故历来被视为吉祥物而广泛用于人们的装饰上。

吉庆有余:由一磬(古乐器)、一吉字、两条鱼组成。鱼与余同音,应用谐音和象征手法组成图案吉庆有余,表示喜事好事绵绵不断,绰绰富余。

白头富贵:由白头鸟与牡丹花组成。牡丹花象征富贵,白头鸟象征白头到老。白头富贵是夫妻长寿恩爱、富贵美好的象征。

喜鹊登梅:喜鹊是种报喜的吉祥鸟,梅开百花之先,是报春的花。喜鹊立于梅梢,即将梅花与喜事连在一起,表示喜上眉梢。

典型情境

到手的宴会泡汤了

一天早上刚刚上班,某饭店宴会部的预订员孟小姐接到了某公司总经理秘书赵先生打来的预订电话。对方在详细询问了宴会厅面积、餐位、菜肴风味、设备设施、服务项目等情况后,提出预订两周后200人规模的高档庆典宴会。孟小姐热情地向客人介绍了宴会厅的具体情况后,双方开始约定见面的时间。

赵先生提议道:"孟小姐,请你下午3点到我们公司来签一下宴会合同,并收取订金。"

"真对不起,今天我值班,不能离岗,还是请您抽空到我们饭店来一趟吧,我还可以带您看看场地，您看这样好吗？"孟小姐答道。

赵先生思考了一下，同意当天下午来查看场地并签订合同。

放下电话，孟小姐感到十分高兴，暗自寻思：没想到今天预订的生意这么好，这已经是第10个预订电话了，看来完成这个星期的预订任务是没有问题了。

此后，孟小姐又接了几个预订电话，都是小宴会厅的中低档预订。孟小姐对待他们的态度显然没有那么热情了。这些预订人中有一位山西口音的李先生，要求预订当晚淮扬风味的8人家庭宴会，每人标准100元。孟小姐很不耐烦地告诉他，预订已满，请他到其他饭店预订。

下午，孟小姐一心等赵先生的到来，没想到却只等到一个回复电话。

"对不起，孟小姐。我要取消上午的预订，我们李总不愿意在你们饭店举办宴会了。"赵先生说。

"为什么，是不是需要我亲自到你们公司去一趟？"孟小姐急忙问。

"不必了。我们李总今天在你们饭店打电话预订8人宴会没有成功，他对贵饭店接待200人的大型宴会没有信心。因此他令我把宴会订到其他饭店。"赵先生略带歉意地解释。

"这……"孟小姐顿时感到有些茫然。

请思考：

预订员孟小姐的做法是否妥当？电话预订应注意哪些方面？

成功的"上海1920"

"我们在五星级饭店里看到了一个多世纪前的上海！"几位身穿旧上海流行服饰的老年客人在上海某宾馆大宴会厅里发出感叹。其实，持有相同看法的何止这几位古稀老人。今天，如此众多的中外客人汇聚在这里，都是为了参加闻名遐迩的"上海1920"主题宴会。

宽敞明亮的大宴会厅可同时容纳850人就餐，厅堂内数以百计的各方来客穿着各式各样的服装，男士多半西装革履，但也有穿马褂、长袍的，头上还戴着只有在电影里才能看到的那种瓜皮小帽；女士大多穿着鲜艳夺目的连衣裙或短裙，也有些女士身穿旗袍。大宴会厅的四周遍布着20世纪20年代上海常见的茶馆、小酒店，耳边还悠悠传来上海街头独有的阵阵叫卖声，各种街头把戏不时穿插其间，素有"万国建筑博物馆"之誉的旧上海外滩建筑群的微型雕塑和旧上海的马路连成一片。最令人叫绝的是一长串各式小吃摊，在那里客人可以品尝到富有浓郁上海传统特色的各类风味小吃，如排骨年糕、鲜肉锅贴、烧卖、油豆腐粉丝鸡血汤、豆腐皮包肉、红烧墨鱼鸡蛋等，光那些菜点的名称便足以让怀旧思古的客人垂涎三尺。为烘托气氛，饭店还让一部分员工打扮成20世纪20年代旧上海常见的酒店堂倌、摊贩、厨师和巡捕。如果不是那巨大的横幅点明宴会的主题，人们可能会以为时光倒流了一个多世纪。

请思考：
"上海1920"主题宴会的成功之处在于哪些方面？如何理解宴会设计？

考核指南

▲ 基础知识部分

△ 考核内容
1. 简述宴会预订的方式及内容要点。
2. 简述宴会场景设计的注意要点。
3. 简述宴会台面设计的总体要求。
4. 简述宴会台面美化造型的方法。
5. 简述宴会菜单设计的要点。
6. 简述酒与宴会的搭配要点。
7. 简述酒与菜肴的搭配要点。
8. 简述酒与酒之间的搭配规律。

△ 考核方式
笔试或口试。

△ 即学即测
扫描二维码，完成在线练习。

第十九专题测一测

▲ 服务技能部分

△ 考核内容
任选某一主题，中西餐形式不限，进行宴会台面设计，要求将宴会台面（菜单）设计相关知识体现在设计中，要体现创新及团队合作意识。

△ 考核方式
采用小组团队合作的方式，在实训室进行现场操作，以拍照制作PPT的形式展示作品及进行课堂陈述。

考核评价

评价内容	考核要点	分值	自评 20%	互评 30%	师评 50%	综合评价
主题台面设计	宴会主客对象明确，主题突出，台面设计具有针对性；台面设计创意独特，能营造良好的宴会氛围，富有感染力；用具、物品、色彩等搭配合理，具有协调性；成本适度，布置合理，客人使用方便，具有经济性和实用性；各类用品摆放规范，台面整体布局富有美感和艺术性	60分				
宴会主题展示	台面主题展示样式与主题一致；宴会菜单符合宴会主题；介绍文案要求主题突出、内涵深刻、文字精练、富有影响力	20分				
作品汇报	设计作品汇报要求内容全面，能够体现全员参与，汇报展示流畅、表情自然、语言流畅、音调适中、富有感染力	20分				
评分标准	A：90~100分，准备认真、态度端正、主题突出，PPT制作简洁、内容全面细致，能有效运用数字化技术、实用性强，能体现团队合作，讲授表达好。 B：80~89分，准备认真、态度端正、主题突出，PPT制作尚可、内容较为全面细致，能体现团队合作，讲授表达好。 C：70~79分，准备较为认真、态度较为端正、主题较为突出，PPT制作尚可、内容较为全面细致，基本能体现团队合作，讲授表达较好。 D：60~69分，准备较为认真、态度端正、主题较为突出，PPT制作尚可、内容较为全面细致，基本能体现团队合作，讲授表达一般。 E：59分以下，准备不认真、主题不突出，PPT制作粗糙、内容不全面，未能体现团队合作，读稿完成陈述。					
展示、讨论纪实						
备注						

第二十专题
中餐宴会服务

学习目标

- 了解中餐宴会客史档案的内容及管理方法。
- 掌握中餐宴会服务的"八知""三了解"及注意事项。
- 熟练掌握中餐宴会服务程序与标准。
- 具备独立组织并规范、熟练地为客人提供中餐宴会服务的能力。

基础知识

▲ 中餐宴会服务概述

△ 中餐宴会服务的"八知""三了解"
- "八知":知台数、知人数、知宴会标准、知开餐时间、知菜式品种及出菜顺序、知宴请单位或房号、知收费办法、知邀请对象。
- "三了解":了解客人风俗习惯、了解客人生活忌讳、了解客人特殊需要。如果是外宾,则还应了解国籍、宗教、信仰、禁忌和口味特点。

  对于规格较高的宴会,还应掌握下列事项:宴会的目的和性质,宴会的正式名称,客人的年龄和性别,有无席次表、座位卡、席卡,有无音乐或文艺表演,有无主办者的指示,有无特殊要求,司机接待方式,等等。

△ 中餐宴会服务的注意事项
- 服务操作时,注意轻拿轻放,严防打碎餐具和碰翻酒瓶、酒杯,从而影响场内气氛。
- 当主人、主宾在席间讲话或举行国宴席间演奏国歌时,服务员要停止操作,迅速退至工作台两侧肃立,姿势端正,保持肃静。
- 在宴会进行中,各桌服务员要分工协作、密切配合,服务出现漏洞时,要立即互相弥补。
- 席间如果有事需要告诉客人,则要略欠身、低声细语。如果找主人或主宾,则应通过主办单位的工作人员或翻译转告。
- 席间若有客人突感身体不适,则应立即请医务室协助并向领导汇报,将食物原样留存待化验。
- 宴会结束后,应主动征求主人、主宾和陪同人员对服务员及菜品的意见,礼貌地与客人道别。
- 宴会主管人员要对完成任务的情况进行小结,以利于发扬优点、克服缺点,不断提高服务质量和服务水平。

▲ 中餐宴会客史档案

△ 中餐宴会客史档案的内容
- 宴会预订资料。
- 宴会设计资料。
- 宴会活动资料。
- 宴会效果反馈资料。
- 宴会总结资料。

中餐宴会客史档案的管理方法

- 设置宴会管理岗位，配置符合条件的人员。
- 配备一定的办公场地，购置必要的档案文件柜、计算机等。
- 建立保管和查阅等的管理制度。
- 加强资料汇总，开展资料整理工作。
- 利用现存资料，为宴会设计提供咨询和建议。
- 为 VIP 建立专门档案，全面收集 VIP 客史档案。
- 加强对服务一线重要资料的全面收集。

服务技能

中餐宴会服务要点与规范

视频：中餐宴会服务

中餐宴会准备服务程序与标准

中餐宴会准备服务程序与标准如表 20.1 所示。

表20.1　中餐宴会准备服务程序与标准

服务程序	服务标准
掌握情况	接到宴会通知单后，餐厅管理人员和服务人员应做到"八知""三了解"
明确分工	一般由餐饮部经理或宴会经理在准备阶段向服务人员交任务、讲意义、提要求、宣布人员分工及服务注意事项。重要宴会还要事先演练路线、方位、站位等
宴会布置	根据宴会预订要求，进行宴会场景布置
熟悉菜单	能准确说出每道菜肴的名称，能准确描述每道菜肴的风味特色，能准确讲出每道菜肴的配菜和配食作料，能准确知道每道菜肴的制作方法，能准确服务每道菜肴
物品准备	根据宴会通知单的服务要求，准备好各式服务用具，备好菜肴应跟配的佐料，备好鲜花、水果等物品
铺设餐台	宴会开始前 1h，按宴会通知单的具体要求摆好餐台。在副主位的桌边，面向宴会厅的入口摆正席次卡，在每个餐位的水杯前放立席卡
摆放冷盘	大型宴会开始前 15min 左右摆上冷盘，然后斟预备酒（根据主办方要求）。中小型宴会则视客人情况而定或根据主办方要求安排
全面检查	准备工作全部就绪后，宴会管理人员要做一次全面的检查

中餐宴会迎宾服务程序与标准

中餐宴会迎宾服务程序与标准如表 20.2 所示。

表20.2 中餐宴会迎宾服务程序与标准

服务程序	服务标准
热情迎宾	根据宴会的入场时间，宴会主管人员和迎宾员要提前30min在宴会厅门口迎候客人，值台员站在各自负责的餐桌旁准备为客人服务 客人到达时，要热情迎接、礼貌问候。回答客人问题和引领客人时注意使用敬语，做到态度和蔼、语言亲切
接挂衣帽	规模较大的宴会，则须设衣帽间存放衣帽。规模较小的宴会，一般不设专门的衣帽间，通常在宴会厅里面摆放衣帽车，安排服务员帮助客人接挂衣帽 接挂衣服时，应握衣领，切勿倒提，以防衣袋内的物品倒出。贵重的衣服要用衣架悬挂，以防走样。VIP的衣物可单独挂放，要凭记忆进行准确的服务。贵重物品应请客人自行保管
端茶递巾	待客人脱去衣帽后，将客人引入休息厅，服务员请客人入座，并根据接待要求递上小毛巾、茶水 递巾送茶服务均按先宾后主、先女后男的次序进行 主人表示可入席时，方可引领客人入席

中餐宴会就餐服务程序与标准

中餐宴会就餐服务程序与标准如表20.3所示。

表20.3 中餐宴会就餐服务程序与标准

服务程序	服务标准
入席服务	值台服务员在开宴前5min斟好红葡萄酒，并站在各自服务的餐台旁等候客人入席。当客人来到席前，要面带笑容，引请入座 待客人坐定后，即把台号、席位、花瓶或花盆拿走，菜单放在主人面前，然后给客人服务小毛巾、铺餐巾、撤筷套、上菜，根据客人的要求斟酒或软饮料
斟酒服务	为客人斟酒水时，要事先征求客人意见，根据客人的要求斟其喜欢的酒水饮料，如果客人提出不要，则应将客人位前的空杯撤走 酒水要勤斟，客人杯中酒水剩余1/3时应及时添酒，斟时注意不要弄错酒水种类 客人干杯和互相敬酒时，应迅速拿酒瓶到台前准备添酒。主人和主宾讲话前，要注意观察每位客人杯中的酒水是否已添加 在主人和主宾离席讲话时，主宾席的值台员要立即斟上甜酒或白酒各两杯放在托盘中，托好站在讲台一侧等候，以备举杯祝酒 当主人或主宾到各台敬酒时，值台员要准备酒瓶跟随以备添酒，客人要求斟满酒杯时，应为其斟满酒杯
上菜服务	菜应趁热上，厨房出菜时一定要在菜盘上加盖子，菜上好后取走 多台宴会的上菜要看主台或听指挥，做到行动统一，以免出现早上或迟上、多上或少上的现象 宴会可根据具体情况及客人意愿适时给客人分派汤菜，可采用桌上分让式、旁桌分让式或二人合作式。大型宴会由餐厅统一规定分菜方式，可显示出整个宴会的一致性和服务人员的训练有素。小型宴会则可交替使用分菜方式

续表

服务程序	服务标准
撤换餐具服务	为显示宴会服务的优良和菜肴的名贵，突出菜肴的风味特色，保持桌面卫生雅致，在宴会进行的过程中，需要多次撤换餐具或小汤碗。重要宴会要求每道菜换一次餐盘，一般宴会的换碟次数不得少于3次
结束时服务	客人用餐完毕后，送上热茶和小毛巾，随即收去台上不用的餐具，抹净转盘，服务餐后水果及甜品 待客人用完餐后水果及甜品后，撤走盘具，递上香巾，摆上鲜花，以示宴会结束

中餐宴会结束服务程序与标准

中餐宴会结束服务程序与标准如表20.4所示。

表20.4　中餐宴会结束服务程序与标准

服务程序	服务标准
结账准备	上菜完毕后即可做结账准备。清点所有酒水、加菜等宴会菜单以外的费用并累计总数，送收款处准备账单。如果客人支付现金，则现收；如果是签单或支票，则应将账单交客人或宴会经办人签字后送收款处核实，并及时送财务部入账结算
拉椅送客	主人宣布宴会结束，值台员要提醒客人带齐随身物品。当客人起身离座时，要主动为其拉开座椅，以方便客人离席，并视具体情况目送或陪送客人至餐厅门口。如果宴会后安排休息，则要根据接待要求进行餐后服务
取递衣帽	衣帽间的服务员应根据取衣牌号码，及时、准确地将衣帽取递给客人
收台检查	在客人离席的同时，值台员要检查台面上是否有客人遗留物品。在客人全部离去后立即清理台面。清理台面时，按先餐巾、银器，后酒具、瓷器、刀叉的顺序分类收拾。贵重餐具要当场清点
清理现场	各类开餐用具要按规定复位，重新摆放整齐，重新布置开餐现场使其恢复原样以备下次使用，待管理人员检查验收合格后方可离开
征询意见	次日由宴会销售人员给客人发一份征求意见信，征求客人对本次宴会餐饮质量及服务方面的意见或建议，并做好登记存档工作

中餐VIP宴会服务要点与规范

中餐VIP宴会服务接待程序与普通宴会流程基本一致，须在以下几个方面做好细节服务，保证服务品质。

1. 了解宴请单位VIP职务、全名、到达时间、场景布置要求、席位数、结账方式、结账人等信息。

2. 安排综合素质高、服务经验丰富的人员负责VIP接待服务工作，杜绝由缺乏服务经验的实习生单独承担VIP接待工作。

3. 做好相应准备工作后，先自行检查，后由餐饮部主管进行检查，再由餐饮部经理或副总经理检查，如发现有错漏之处，应及时纠正；在可能的情况下，与宴请单位一起检查准备情况。

4. VIP 到达前，餐饮部经理、其他管理人员带领宴会引领员在厅门口迎接，热情地向客人问候，表示欢迎。

5. 大型 VIP 宴会，出菜速度以主桌为主，全场统一；宴会中注意上菜速度的调节，由宴会主管或领班及时通知厨房，需分菜的应告知厨师，掌握出菜的速度。

大型婚宴服务要点与规范

大型婚宴准备服务程序与标准

大型婚宴准备服务程序与标准如表 20.5 所示。

表20.5　大型婚宴准备服务程序与标准

服务程序	服务标准
根据预订落实工作	宴会负责人应于宴会前一天实地了解各部门准备工作及完成情况，并根据客户要求对重点部位进行详细检查。宴会当天，宴会负责人应根据宴会订单上的工作项目，再次对各部门的准备工作进行检查，确保各项工作均已落实到位；应与客户取得联系，了解宴会有关事宜是否有变更，并了解其是否有专门的宴会负责人（或婚宴主管），并取得其联系电话，以便保证宴会的顺利接待；宴会举行前协调安保部预留车位、做好人员疏导准备，协调部分非机动车的安置停放，以及做好燃放烟花爆竹时的消防安全准备；了解餐饮部服务人员安排情况，若人员不足，则应及时与人力资源部联系，让其协调其他部门予以协助，以保证宴会服务工作顺利进行；宴会负责人与客方宴会负责人（婚宴主管）仔细核对宴会整体流程及细节要求，以保证宴会各环节紧密合作、顺利进行
场地布置	根据标准宴会形式摆台，突出主桌，将椅子对好座位；协助婚庆公司做好舞台背景、花门、灯光等中心区布置。在宴会厅入口处设置签到台、婚宴场地指示牌等；协助客人张贴喜字；协调工程部人员调试音响设备，确保婚宴过程中正常使用
检查工作	检查餐具、杯具有无破损，转盘是否灵活；检查备用餐具、分餐用具、布草是否充足；检查婚礼仪式所需物品（敬酒用酒杯、托盘、托盘垫布）及喜糖、点心（客人提供）等婚宴物品是否备齐
人员分工	开餐前 1h 给员工开例会，布置工作，了解婚宴桌数、标准、地点、出菜顺序、时间及某些客人的特殊要求
准备调料上冷菜	婚宴开餐前 15min 准备上毛巾及倒酱醋；左手托盘，右手用毛巾夹送毛巾，毛巾叠法及朝向要统一；筷子整齐地放在筷架上；倒酱醋时，调味碟要拿到托盘内斟倒，不要太满；婚宴前 30min 摆放好冷菜，注意荤素、颜色、口味的搭配，保证盘距相等、离桌边距离相等、装饰物一律朝外摆放，注意有装饰物的菜肴要小心摆放；取拿不方便的菜肴要跟上调羹，在客人未到前放在底碟上，调羹柄朝外卧放，客人来后放在冷菜盘中

大型婚宴迎宾、入席服务程序与标准

大型婚宴迎宾、入席服务程序与标准如表 20.6 所示。

表20.6 大型婚宴迎宾、入席服务程序与标准

服务程序	服务标准
迎接客人	服务开始前 15min，服务员按规范化淡妆、统一着宴会服装，面带微笑，迎接客人到来；设专职礼宾员，协助新人将客人引领至座席处，并交接于当值服务人员；引领时要热情大方，声音清晰、悦耳
入席服务	要为主桌位客人拉椅让座，拉椅不可过快或过慢；拉椅时要亲切微笑、热情友善、身体微屈；若主宾带有女伴，则从女士开始，协助客人挂好衣物；若有儿童，则要增加儿童椅；客人入场后，由主管与婚宴主管一起清点人数，并确定起菜时间及敬酒时间，以便安排礼仪小姐协助新人敬酒

大型婚宴婚礼仪式服务程序与服务安排

目前，多数婚宴的婚礼仪式部分由专业婚庆公司承办完成，但酒店宴会厅仍需在各环节上给予细节服务的支持，以保证婚宴的顺利进行。

- 婚礼仪式前服务。服务员协助客人摆放（发放）糖果等，并将余下的及时回收还给客人。
- 司门服务。两名服务员在婚礼仪式开始前将婚礼殿堂大门关闭，等候在大门两边，司仪完成开场白后婚礼进行曲响起时，缓缓拉开大门，新人入场。
- 交换信物仪式。新人交换结婚信物时，由一名服务员用垫着红垫巾的托盘将信物呈上。
- 交杯酒仪式。新人喝交杯酒时，由一名服务员用垫着红垫巾的托盘将两杯交杯酒呈上，等候在一边，新人喝完交杯酒后将空酒杯带回。
- 切蛋糕仪式。新人切蛋糕时，由一名服务员点燃蛋糕车上的冷烟火，然后慢慢推出蛋糕车，新人切完蛋糕后将蛋糕车推到舞台一侧。

大型婚宴席间服务程序与标准

大型婚宴席间服务程序与标准如表 20.7 所示。

表20.7 大型婚宴席间服务程序与标准

服务程序	服务标准
撤鲜花	上第一道热菜时先撤鲜花，注意台面若有遗留下来的绿色叶子，则要及时清理
上菜	从陪同人员之间或空隙大的地方上菜，注意必须在固定地点上菜；餐中，主管要根据婚礼进程把握好上菜时间；根据菜单顺序上菜
更换骨碟	遵循右撤右上的原则 出现下列情况时需及时更换骨碟：有 1/2 骨渣时；在每道菜都派的情况下，每道都须换；上汤汁较浓的菜时；上点心时；上水果时
巡台服务	更换毛巾：左撤左上（原则上要求主桌不得少于 3 道毛巾，其他客人若有需求，则应予以更换）；就餐进行到一半时，观察台面，撤去不需要的碗、碟，保持台面整齐

大型婚宴结账、收尾服务程序与标准

大型婚宴结账、收尾服务程序与标准如表20.8所示。

表20.8 大型婚宴结账、收尾服务程序与标准

服务程序	服务标准
结账工作	宴会接近尾声时，宴会负责人应与负责结账的餐厅主管逐一清点所有计价项目（客人自带酒水必须当面点清，婚宴结束后当值服务经理点清剩余酒水，负责帮客人做好搬运工作），然后依单价和实际消费数量，结算出总消费金额；在账单上写清婚宴总消费金额，并请客方宴会负责人（婚宴总管）签字确认；以签订协议时约定的支付方式结清所有账款；若客户对账单有异议，则宴会负责人须向客户耐心解释，必要时请相关部门同事予以协助，以保证顺利结账
送客服务	用餐结束，主动询问客人是否把剩菜打包，若打包，则安排人员协助，若有剩余酒水，则安排人员点清，并协助客人搬到指定位置；当客人起身离座时，应为其拉开座椅，疏通走道；当客人步行经过宴会厅时，视情况目送至宴会厅门口；若宴会后安排休息，则应根据招待要求上茶、上热毛巾或上餐后酒
收尾工作	在客人离席的同时，要检查台面是否有客人遗留的物品；如果发现有遗留的物品，则要及时送还给客人，如果客人已离去，则要及时交给有关人员处理；在客人全部离开后，清理台面上的物品；按照餐巾、小毛巾、玻璃器皿、金属器皿、瓷器的顺序进行分类收拾，注意轻拿轻放，尽量减少破损；清理宴会现场，打扫地面卫生，将各类物品归仓入库，餐椅、餐桌按规定摆放整齐；关掉电源，关好窗户

拓展阅读

中餐宴会进餐形式上的发展

宴会从产生到现在，经历了一个漫长的发展过程。"筵席"出现以后，大家席地而坐，上至天子，下至庶民，一视同仁。然而，坐地或跪地而食，时间长了，需要耗费一定的体力，于是人们开始在"筵席"边设"几"，以便年迈体弱者凭"几"而食。隋唐时，席面开始由地面升高，进餐者由坐地而升坐椅凳，凭桌而食。"筵席"从此失去了本义，具有了新的内容。唐代出现了椅子。据陶谷《清异录》载："胡床施转关以交足，穿便绦以容坐，转缩须臾，重不数斤。相传明皇行幸频多，从臣或待诏野顿，扈驾登山，不能跂立，欲息则无以寄身，遂创意如此，当时称'逍遥座'。"这是说在唐玄宗时就有交椅了。有了交椅，席面开始升高，至五代时，席面已与椅子平齐。当然，那时的席面严格来说还称不上桌面，应该是食案，而且是一人一案。明代以后，八人一席的八仙桌才出现。大约在清朝康熙时期，出现了如同现在的圆桌。清人林兰痴曾特地记载了扬州园中的圆桌："桌取乎方，而此无棱角，曰圆。或有分置两块合成一张者，竹木听方便。方桌俗称八仙，此则团圆围

坐，可容十位。"有诗云："一席团桌月印偏，家园无事漫开筵。客来不速无须虑，列坐相看面面圆。"圆桌可不分主次席位，可以使进餐者平等相会，一直沿用至今。

典型情境

大型宴会上的小波折

　　南方某星级酒店三楼气派豪华的宴会厅内，正在举办规模盛大的宴会。由于此次活动参加人数多、规格高，所以餐饮部不得不临时抽调几名实习生前来帮忙。

　　席间，一切按计划进行。客人的欢声笑语不断。忽然，离主桌最远的一张桌前有位女客发出尖叫声。宴会领班小丁和公关部朱经理闻声同时赶去，发现那位女客的套装湿淋淋的，一名实习生手里托着倾翻的汤碗，脸色灰白，呆立一旁，手足无措。朱经理立即明白了一切，她一面安排几名服务员收拾被女客带落到地上的筷子、酒杯等杂物，一面与小丁用身体挡住女客护送出宴会厅，一路上女客少不了埋怨声。

　　朱经理嘱咐小丁先安排女客到房间里淋浴，她自己到客房部暂借一套干净的酒店制服请女客穿上。小丁又委婉地问清了女客内衣的尺寸。接着，一个电话打到公关部，请秘书小姐以最快的速度到附近的大商场购买高档内衣，朱经理另派人将女客换下的脏衣服送到洗衣房快洗。这些工作分头进行的同时，小丁已陪送梳妆完毕的女客到一楼餐厅单独用餐，小丁代表酒店向她表示深深的歉意，女客很快便恢复了平静。

　　由于处理及时，客人又畅怀痛饮，三楼宴会厅重现热烈的气氛。此时酒店的总经理正好前来敬酒，朱经理把事情经过向他报告后，他旋即同朱经理一起来到一楼餐厅，向女客郑重致歉。女客反而感到不好意思了。她指指身上的酒店制服，幽默地说："我也成了酒店的一员，自己人嘛，还用这么客气？"

　　半小时后，洗衣房已把女客的衣服洗净熨平，公关部秘书早已买来了内衣。女客高高兴兴换上自己的套装，还不时向朱经理和小丁道谢。临出门时，朱经理还为她叫了一辆出租车……

　　请思考：
　　此案例中酒店成功处理危机的方法是什么？如何避免此类意外事件的发生？

致辞时有菜端出

　　在某四星级酒店里，富有浓郁民族特色的贵妃厅热闹非凡，30余张圆桌座无虚席。主桌上方是一条临时张挂的横幅，上书"庆祝××集团公司隆重成立"。今天来此赴宴的都是商界名流，由于人多、品位高，餐厅上至经理下至服务员从早上就开始换地毯、装电器、布置环境，宴会前30min所有服务员均已到位。

宴会开始，一切正常进行。值台员上菜、报菜名、递毛巾、倒饮料、撤盘碟，秩序井然。按预先的安排，上完清汤鲍鱼后，主人要祝酒讲话。只见主人和主宾离开座位，款款走到话筒前，值台员早已接到通知，客人杯中已斟满酒水、饮料。主人、主宾身后站着一位漂亮的服务小姐，手中托着装有两杯酒的托盘。主人和主宾简短而热情的讲话很快便结束了，服务员及时递上酒杯。正当宴会厅内所有来宾站起来准备举杯祝酒时，厨房里走出一列身着白衣的厨师，手中端着刚出炉的烤鸭向各个方向走去。客人们不约而同地将视线朝向这支移动的队伍，热烈欢快的场面就此被破坏，主人不得不再一次提议全体干杯，但气氛已大打折扣，客人的注意力被厨师现场分割烤鸭的场景吸引住了。

请思考：
结合案例谈谈宴会服务流程的设计。

考核指南

▲ 基础知识部分

△ 考核内容
1. 简述中餐宴会服务的"八知""三了解"。
2. 简述中餐宴会服务的注意事项。

△ 考核方式
笔试或口试。

△ 即学即测
扫描二维码，完成在线练习。

第二十专题测一测

▲ 服务技能部分

△ 考核内容
以小组为单位，在实训室模拟进行中餐宴会服务程序训练，掌握中餐宴会服务规范。

考核方式

实训室现场操作。

考核评价

评价内容	考核要点	分值	自评 20%	互评 30%	师评 50%	综合评价
中餐宴会准备服务	宴会基本情况掌握准确；明确宴会具体分工；知晓宴会布置安排并实施宴会场景布置；熟悉宴会菜单，掌握菜单基本信息；宴会服务物品准备充分、无遗漏；按规定铺设餐台、摆放冷盘；做好宴会开餐前的全面检查	20分				
中餐宴会迎宾服务	迎接客人热情礼貌、使用敬语、态度和蔼、语言亲切；接挂衣帽服务规范准确；按先宾后主、先女后男的顺序端茶递巾，适时引领客人入席	30分				
中餐宴会就餐服务	入席服务细致周到；斟酒服务及时、准确；上菜服务行动统一，规范操作，主动巡视，适时撤换餐具	30分				
中餐宴会结束服务	结账准备准确，拉椅送客规范，取递衣帽无误，收台检查细致，清理现场迅速，征询意见认真	20分				
评分标准	A：90~100分，服务环节完整且符合规范、服务语言得体，服务意识及服务表现力显著。 B：80~89分，服务环节较为完整且符合规范、服务语言得体，服务意识及服务表现力较好。 C：60~79分，服务环节较为完整且符合规范、服务语言基本得体，服务意识及服务表现力一般。 D：59分以下，服务环节较为完整，服务意识及服务表现力较差。					
服务展示纪实						
备注						

第二十一专题
西餐宴会服务

学习目标

- 了解西餐的主要菜系及其特点。
- 掌握西式早餐、午晚餐的构成及服务方式。
- 熟练掌握西餐宴会服务程序与标准。
- 具备独立组织并规范、熟练地为客人提供西餐宴会服务的能力。

基础知识

▲ 西餐菜肴知识

△ 西餐的主要特点
- 西餐讲究配料,品种多样。
- 餐具精美、讲究。
- 调味沙司与主料分开单独烹制。
- 小锅操作,工艺复杂。
- 讲究营养,注意卫生。

△ 西餐的主要菜系及其特点
- 英国菜:口味清淡,喜爱酥香,用油少,调味很少用酒,调味品一般放在桌上供客人选用。
- 法国菜:选料广泛,用料新鲜,常用酒调味,讲究不同的菜配不同的酒。
- 美国菜:咸里带甜,生菜、冷菜、淡菜多,常用水果作为菜肴的配料。
- 意大利菜:原汁原味,喜面食,如意大利通心粉、比萨饼等。
- 俄式菜:油大味重,制作较简单,调味喜欢用酸奶油。

△ 西餐的构成
- 西餐早餐。西餐早餐食品大体由果汁类、水果类、谷类、肉类、面包类、鸡蛋类、热饮类等组成。西餐早餐主要有欧陆式早餐、英式早餐和美式早餐。

  ① 欧陆式早餐。欧陆式早餐主要包括果汁或水果、牛角包或丹麦甜饼、各种面包配黄油或果酱、咖啡或茶,无蛋无肉,又称"全咖啡加面包"。

  ② 英式早餐。英式早餐包括果汁或水果、冷或热的谷类食品、各式鸡蛋、吐司配黄油或果酱、咖啡或茶,有蛋无肉。

  ③ 美式早餐。美式早餐包括果汁或水果、冷或热的谷类食品、各式蛋类配以肉类、吐司配黄油或果酱,有时还有炸土豆条、咖啡或茶,有蛋有肉。

- 西餐午晚餐。西餐午晚餐食品大体由头盘、汤类、主菜、甜品、咖啡或茶组成。

  ① 头盘。头盘是西餐开餐的第一道菜,又称开胃菜或开胃品,一般量不大,有冷头盘和热头盘之分。头盘常用中小型盘子或鸡尾酒杯盛装,色彩艳丽、装饰美观,能增进客人食欲。其中,沙拉是最为典型的一种,可起到帮助消化、增进食欲的作用。沙拉一般可分为水果沙拉、素菜沙拉、荤菜沙拉。

  ② 汤类。汤类有冷汤和热汤之分,热汤中有清汤和浓汤,一般热汤较常见,而冷汤则较少使用。

  ③ 主菜。主菜又称主盘,是全套餐的高潮。主菜制作相当考究,既讲究色、香、味、形,又讲究菜肴的营养价值。

  ④ 甜品。甜品是最后一道餐食,包括冰淇淋、布丁、各式蛋糕、水果等。

⑤ 咖啡或茶。

西餐与酒水的搭配原则
- 餐前酒可选用具有开胃功能的酒。
- 头盘配低度、干型的白葡萄酒。
- 汤类一般不配酒。如果需要，则可用深色的雪利酒或白葡萄酒。
- 海鲜配干白葡萄酒、玫瑰红酒。
- 肉、禽、野味配酒精度为 12%～16% vol 的干红葡萄酒。
- 奶酪配较甜的葡萄酒，也可继续使用主菜的配酒。
- 甜品配甜食酒。
- 餐后酒可选蒸馏酒、利乔酒。

西餐服务方式

西餐服务起源于欧洲贵族家庭的宴会服务。由于处于不同的文化背景条件下，西餐服务呈现出不同的风格和特色。目前，世界上最流行的西餐服务方式主要有法式服务、美式服务、俄式服务和英式服务。

法式服务
- 法式服务是西餐服务中最具特色的贵族式服务。法式服务据说起源于路易十四的宫廷宴会，当时整个宴会分成 3 个部分：第一、二部分为汤类、野味及烤肉类菜肴，第三部分是各种甜品。在客人入席前，第一部分的汤菜已摆上桌，用后要离席稍作休息，以便服务员撤换餐具，准备第二部分的菜肴上桌。由于这种服务方式十分烦琐，所以未能流传下来。现在所称的法式服务是由有"饭店之父"之称的里茨先生创造的，因此有时也称法式服务为里茨服务。
- 法式服务由两名服务人员共同完成，即一名服务员带一名助手为一桌客人服务。法式服务要求服务员承担招呼客人入座、倒水、送菜单、帮助选菜点酒、为客人服务酒水、现场为客人进行烹调表演、结账等工作，其助手只做一些辅助性的工作，如联络衔接厨房与服务员、服务员与客人之间的有关服务事宜。
- 法式服务的基本原则。除上面包、黄油盘及撤空盘外，其他所有菜肴均要求服务员以右手从客人的右侧送上餐桌，同样也用右手从客人右侧撤掉用过的餐具和盘碟。法式服务上菜方式如图 21.1 所示。
- 法式服务是豪华服务，使用洗手盅是其一大特点。如果客人点用手拿着吃的菜肴，则须送上洗手盅及一块干净的餐巾。洗手盅通常为玻璃制品或银制品，洗手水不可盛得太满以免溅溢至桌面。一般盛放 2/3 的温水或红茶水，可加入一片柠檬或数朵花瓣以增加香味。在法式服务中，客人用餐后通常要送上洗手盅和干净的餐巾。
- 法式服务十分注重表演性。法式服务的最后烹饪环节是在客人面前进行的，要求服务员有高超的技艺水平，通过其完美的表演，烘托餐厅用餐气氛，如图 21.2 所示。

图21.1　法式服务上菜方式

图21.2　法式服务具有表演性

▲ 法式服务成本较高。使用法式服务的餐厅面积较大，装饰布置豪华，所用餐具讲究，物品设备成本高；需要两名服务人员服务，服务讲究、速度慢、座位周转率低；使用推车服务，座位数相对少。

美式服务

▲ 美式服务是西餐服务中最为流行、快捷的服务方式。美式服务又称"盘子服务"，其菜肴一般在厨房中做好并装置完毕后由服务员送入餐厅，每人一份，是典型的分食制，较适合在西餐厅、咖啡厅使用。

▲ 美式服务的基本原则。所有食品用左手从客人左侧上；所有饮料用右手从客人右侧上；在送上下一道菜之前，必须先撤掉用过的餐具及盘碟。用右手从客人的右侧收拾餐具及盘碟。当客人坐在墙角处或小房间时，上述原则可灵活使用。

俄式服务

▲ 俄式服务是目前高档西餐厅使用较多的服务方式。俄式服务又称"银盘服务"。食物全部在厨房准备好，并整齐地将它们摆在大银盘里，然后由服务员把大银盘端进餐厅，从主人左边开始，沿逆时针方向为客人服务。银盘中的剩余食品退回厨房。

▲ 俄式服务的基本原则。摆空盘子时，服务员从客人右边按顺时针方向沿桌子进行服务；用银盘上菜时，要从左侧按逆时针方向进行；在食品送上之前，把餐盘呈现于用餐者面前，这是一个很有礼貌的举动，给客人传递了一个厨师正在餐盘上安排菜肴的信息。如果食物造型设计精心且色泽美观，则往往能刺激客人的食欲。所有未从大餐盘中分给客人的剩余食品应直接送回厨房。

▲ 俄式服务的优点。俄式服务是一种优雅且档次较高的服务，可给每位客人适当的照顾，只需一名服务员，不必为服务设备准备过多的空间，并能确保每份的分量，浪费少。

▲ 俄式服务的缺点。餐具投资大；用一个大银盘服务，在客人很多的情况下，最后服务的客人看到的只是大盘子里的余下的最后一份菜，而且菜也可能变凉；如果同一团体中客人点菜内容不同（如有的点牛排，有的点烤鱼），服务员就必须分别从厨房端出许多个餐盘。

英式服务

- 英式服务是西餐服务中最放松的服务方式。英式服务又称"家庭式服务"。食品和配菜都是盛在方盘或大碗中送上餐桌的,由男主人把菜分到客人的餐盘里,先递给站在主人左边的服务员,再服务给客人。
- 英式服务的基本原则。英式服务开始时常常是汤,通常第一碗汤递给女主人。盛满食品的餐盘可由服务员递给每位客人挑选,也可由客人拿取后再挑选自己喜爱的菜。甜点由女主人分好,服务员进行装饰后再递给客人。所有饮料都由男主人来调制和服务。英式服务总是从右边开始,而清理盘碗却是从左边开始,这和其他的服务方式不同。

服务技能

西餐宴会服务程序与标准

西餐宴会服务程序与标准如表 21.1 所示。

视频:西餐宴会服务

表21.1 西餐宴会服务程序与标准

服务程序	服务标准
准备工作	1. 开餐前半小时,按宴会预订标准将一切准备工作做好 2. 往水杯中注入 4/5 的冰水,点燃蜡烛 3. 面包要放在面包篮里摆在桌上,黄油要放在黄油碟里 4. 将餐厅门打开,迎宾员站在门口迎接客人 5. 服务员站在桌旁,面向门口
迎接客人	客人进来时迎宾员要向客人问好,为客人拉椅、送椅,客人坐下后从右侧为客人铺上餐巾
斟酒	在为客人斟酒前,要先打开瓶盖把酒倒出少许,让主人品尝,待主人认可后再为客人斟酒,其他服务标准详见第九专题的斟酒操作规范部分
餐间服务	1. 从客人的右侧为客人上菜 2. 先给女宾和主宾上菜 3. 客人全部放下餐具后,询问客人是否可撤盘,得到客人允许后,方可从客人的左侧将餐盘和餐具一同撤下
清台	1. 用托盘将面包盘、面包刀、黄油碟、面包篮、椒盐瓶全部撤下 2. 用服务夹将桌面残留物收走
上甜食	1. 先将甜品叉、勺打开,摆成左叉右勺 2. 从客人的右侧为客人上甜食 3. 待客人全部放下餐具后,询问客人是否可以撤下,得到允许后,将盘和餐具一同撤下

续表

服务程序	服务标准
上咖啡和茶	1. 先将糖罐、奶罐在餐台上摆好 2. 将咖啡杯摆在客人的面前 3. 上新鲜热咖啡和茶
送客	拉开餐椅,然后站在餐桌旁礼貌地目送客人离开

西式 VIP 宴会服务程序与标准

西式 VIP 宴会接待服务程序与普通宴会基本一致,须在以下几个方面做好细节工作,保证服务品质。

- 提前 3 天了解出席人数、桌数,主办单位,标准,菜式品种,客人身份、国籍、生活忌讳、风俗习惯,特殊要求,提前准备好菜品原料。
- 根据 VIP 等级,由相对应级别的管理人员负责检查贵宾使用包厢的设备及摆台、布置,亲自为其提供服务,并派两名优秀服务员进行配合。
- 现场了解用餐信息、客人意见,根据剩菜的情况有效掌握菜品信息,做出相应的菜品调整。
- 根据级别对用餐地点进行个性化布置。

拓展阅读

世界美食王国举例

中国、法国和土耳其都是享誉世界的美食王国。

中国成为烹饪王国的主要原因不是五花八门菜肴的名字,而是"味"。"一菜一格""百菜百味"是中国菜肴的最大特色,也是中国成为烹饪王国的根本原因之一。

法国菜在国际上尤其是在欧洲食坛上曾经占主导地位。16 世纪亨利二世和亨利四世相继与罗马联姻,罗马的食制、食风传入,尤其相随的宫廷烹饪名厨的精湛技艺,使法国在饮食上追求豪华,注重排场,烹调技术等方面迅速精进。法国菜最主要的特征是对复合味调料(如沙司)的制作极其考究,选料十分新鲜,甚至有许多菜是生吃的。常用的烹调方法有烤、炸、汆、煎、烩、焖等,菜肴偏重肥、浓、酥、烂,口味以咸、甜、酒香为主。肉菜中总伴有多种蔬菜,调味上酒的使用严守陈规,烹制什么菜一定要用什么酒。法国最著名的美食是鹅肝酱,它与黑菌(松露菌)、黑鱼子酱被称为食物三宝。

土耳其是一个非常注重美食的国家。传统的主食除了面包,还有羊肉、葡萄酒、点心等,土耳其还是葡萄酒产地和水果王国。当地人喜吃羊肉和小牛肉,尤其喜欢将羊肉串起来以炭火烤熟,用刀削下肉片夹在面包里食用。

典型情境

柳先生的西餐体验

柳先生夫妇来到北京某高级饭店的西餐厅用餐。入座后，服务员小王为他们端上冰水，接着问他们需要什么小吃和鸡尾酒。柳先生说："你好，我们都是教师，从来没有在高级饭店吃过西餐。今天正好是教师节，我们想趁此机会体验一下吃西餐的感受，请帮我们多介绍一些情况，以免我们出丑。"小王听后欣然同意，并微笑着向他们介绍："吃西餐一般要先喝一些清汤或清水，目的是减少之后喝酒对胃的刺激。然后可以按顺序点鸡尾酒和餐前小吃、开胃菜、汤、沙拉、主菜、水果和奶酪、甜点、餐后饮料。不必每个程序都点菜，可根据自己的喜好和口味任意挑选。"柳先生听罢忙用笔记录下来，并请小王告诉他们怎样用餐具，小王如实告知。小王先将一个菜单递给柳夫人，再将一个菜单递给柳先生，简要地介绍了菜单上的内容，然后送上酒单，告诉他们点菜后可以点酒，并耐心地介绍了相应的酒菜搭配知识。柳先生夫妇边听边记，还不时打断她询问问题。"还是请你为我们点菜吧！"柳先生停笔后恳切地要求着。根据客人的要求和意愿，结合餐厅的特色酒、菜，小王为他们按全部程序点了鸡尾酒、冷肉、法式小面包、黄油、汤、海鲜沙拉、虾排、鹿肉、牛排、红葡萄酒、甜食、冰激凌、咖啡等饮食。餐后，柳先生夫妇非常高兴地对小王说："今天我们不但得到了良好的服务，而且体会到了吃西餐的乐趣，以后一定再来这里讨教。"

请思考：
如何为不懂行的客人提供恰到好处的服务？

考核指南

▲ 基础知识部分

△ 考核内容
1. 简述西餐的主要特点。
2. 简述西餐的主要菜系及其特点。
3. 简述西餐早餐的几种形式。
4. 简述西餐午晚餐的组成。
5. 简述西餐与酒水的搭配原则。
6. 简述法式服务的特点。
7. 简述美式服务的基本原则和服务规程。
8. 简述俄式服务的优缺点。
9. 简述英式服务的特点。

考核方式
笔试或口试。

即学即测
扫描二维码,完成在线练习。

第二十一专题测一测

服务技能部分

考核内容
以小组为单位,在实训室模拟进行西餐宴会服务程序训练,掌握西餐宴会服务规范。

考核方式
实训室现场操作。

考核评价

评价内容	考核要点	分值	自评 20%	互评 30%	师评 50%	综合评价
西餐宴会服务	宴会准备工作充分;迎接客人有礼	20分				
	试酒、斟酒程序无误;上菜服务姿势优雅大方	20分				
	餐间服务方式得体适宜	20分				
	清台服务规范;咖啡和茶服务及时	20分				
	送客并真诚地感谢客人	20分				
评分标准	A:90~100分,服务环节完整且符合规范、服务语言得体,服务意识及服务表现力显著。 B:80~89分,服务环节较为完整且符合规范、服务语言得体,服务意识及服务表现力较好。 C:60~79分,服务环节较为完整且符合规范、服务语言基本得体,服务意识及服务表现力一般。 D:59分以下,服务环节较为完整,服务意识及服务表现力较差。					
服务展示纪实						
备注						

第二十二专题
酒会服务

学习目标

- 了解鸡尾酒会、冷餐酒会的基本含义及服务员分工。
- 掌握举行鸡尾酒会的要点及冷餐酒会菜点摆设。
- 熟练掌握鸡尾酒会和冷餐酒会的服务程序与标准。
- 具备独立组织小型酒会及进行人员组织和服务安排的能力。

基础知识

鸡尾酒会服务

鸡尾酒会是一种简单、灵活的宴请形式，通常在下午、晚上举行，以供应各种酒水、饮料为主，略备小吃、点心和热菜。鸡尾酒会一般不拘形式，客人可以迟到早退，席间常由主人、主宾即席致辞。鸡尾酒会一般不摆台、不设座，只在边上为年老者或愿落座者设少量桌椅，桌上摆餐巾纸、花瓶等，在酒会大厅中设一至多个类似自助餐的餐台，台上陈列小吃、菜肴。从酒会的主题来看，多是欢聚、庆祝、纪念、告别、开业典礼等。

鸡尾酒会台型设计

在鸡尾酒会中，通常不摆放桌椅，不设置主宾席，也不设餐台，只摆设酒台及一些小圆桌或茶几，客人在酒会中以站姿进餐。在鸡尾酒会的场地设计中，舞台、酒吧台、小圆桌是重点。

- 舞台。舞台的灯光、各种装饰的色彩、背景墙的风景及凸显宴会主题的图案或书画，是显示鸡尾酒会档次和营造酒会气氛的重要方面。鸡尾酒会不需太亮的灯光照明，而微暗的灯光恰好可营造适宜鸡尾酒会的气氛。
- 酒吧台及餐台。在鸡尾酒会中，酒吧台的位置决定餐台的摆设。鸡尾酒会通常采用活动式的酒吧台，摆设以尽量靠近入口处为原则，并且摆放一些辅助桌以放置酒杯。餐台的布置，不仅应匹配宴会厅的大小，还应摆设在较显眼的地方，一般摆设在距门口不远处，让客人一进会场就可清楚地看到。如果参加鸡尾酒会的人很多，则应尽可能在会场最里面另设一个酒吧台，并引导部分客人进入该吧台区，以缓解入口处人潮拥挤的状况。若要使餐台看起来更有气氛，则可以使用透明的白色围布将餐台围绕，并在台下分别设置各种颜色的灯光，如此一来，便可使鸡尾酒会更添浪漫唯美的气氛。在摆设餐台时，可用银架垫高，使餐点摆设呈现立体效果。
- 小圆桌。鸡尾酒会会场除放置餐台及酒吧台外，还须摆设一些辅助用的小圆桌。小圆桌中间可摆一盆蜡烛花，并将蜡烛点燃以增添酒会的气氛。小圆桌上可放置一些花生、薯片、腰果等食品，供客人取用。同时，小圆桌具有让客人摆放使用过的餐盘、酒杯等功用。

鸡尾酒会的布局图及实景图如图22.1和图22.2所示。

鸡尾酒会服务员分工

- 酒水服务员用托盘端上倒入杯中的各种酒水和饮料巡回向客人敬让，自始至终不应间断，同时要及时收回用过的酒杯，以保持台面的整洁。但注意不要一边让酒，一边收酒杯，因为这样容易使用过而尚有余酒的杯子和干净的杯子混在一起，如果客人错取了用过的酒水，则既不卫生也不礼貌。正确的做法应该是，在普遍让过一遍酒水后，指定专人负责收回用过的酒杯。

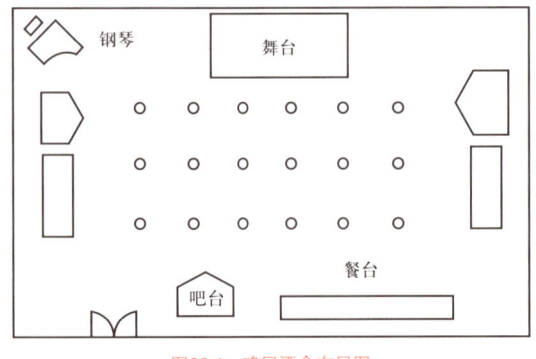
图22.1　鸡尾酒会布局图

图22.2　鸡尾酒会实景图

- 菜点服务员在酒会开始前 15min 在餐台上摆好干果，酒会开始后端上菜点和各种小吃在席间巡回敬让。要保证每道菜点对每位客人都让到，特别注意帮助老年客人取用，一道菜点普遍让过之后，将剩余的菜点置于小圆桌上，接着敬让下一道菜点，并随时撤回桌上的空盘，收拾桌面上用过的牙签、口纸等。
- 吧台服务员在酒会开始前备好各种需要用的酒水、冰块、果汁、水果片和兑酒量具等物品；打好供洗刷的消毒水和清水。酒会开始后负责倒酒、兑酒和洗刷用过的酒杯，保证酒水和酒杯的供应，并随时整理酒台。鸡尾酒会用酒品种多、数量大，既要满足客人的需要，又要注意节约。对于带汽的酒（如香槟酒）要随用随开，以免酒气散发。各种鸡尾酒的兑制要严格按照规定的比例、配料来操作。

举行鸡尾酒会的要点

- 时间：通常为 17~19 点或 18~20 点，时长一般为 0.5~2h。
- 出席对象：通常商业团体较多。
- 人数：50 人以上。
- 宴会厅选用：可在任何宴会厅举行，由于是站立式，并且周转率高，可在一定程度上超容量接待。
- 餐桌布置：不设座位，摆设餐台、吧台及小圆桌。
- 场景布置：讲台、立式麦克风、长椅、横幅等。
- 花卉：根据主办单位的要求和宴会厅的情况选用，预订时作为一项收费项目。
- 菜单：可按确定的鸡尾酒菜单准备，价格主要根据质量确定。高标准的鸡尾酒会可用切割手推车为客人服务牛排、火腿、猪排等，也可选用特定的菜单，如含有某地特色菜的菜单等。
- 酒水饮料：提供各种酒水，如果包价中含酒水，则应根据标准选用酒水品种。
- 音乐：一般选用轻音乐、古典音乐、爵士乐等。高规格的鸡尾酒会多邀请乐队进行现场演奏。
- 其他：冰雕是鸡尾酒会的常见装饰品，应根据主办单位的要求雕刻，起装饰作用；在庆祝型酒会中，香槟塔较为常见。

鸡尾酒会服务如图 22.3 所示。

图22.3　鸡尾酒会服务

冷餐酒会服务

冷餐酒会又称自助餐会，是当今最为流行的一种用餐方式，适用于会议用餐、团队用餐和各种大型活动。

冷餐酒会台型设计

冷餐酒会台型布局如图 22.4 所示。在进行冷餐酒会台型设计时，需注意以下内容。

- 要保证有足够的空间布置菜台，在通常情况下，每 80~120 人设一组菜台，来宾人数达 500 人以上时，可每 150 人设一组菜台。
- 图 22.4 中按照菜肴类别设置了中式菜肴、日本料理、寿司、烧烤台 4 个菜台，放置在宴会厅周围。菜台的摆设要视菜单上菜肴道数的多少来准备，过大或过小的餐台都是不适当的布置，因此必须事先了解厨师所推出的菜肴的分量，以此作为布置的依据，有时也需配合特殊餐具的使用来进行摆设。

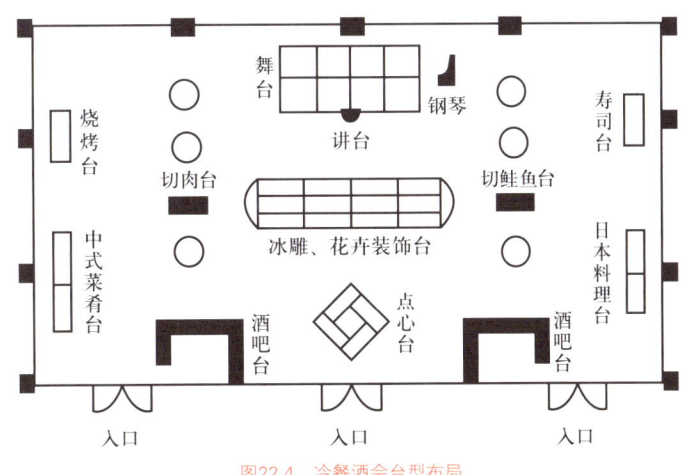

图22.4　冷餐酒会台型布局

- 对于现场操作的菜点，应设置独立的供应摊位。如图 22.4 所示，烧烤台单独设立在宴会厅左边。
- 突出主题，在主要部位布置一张装饰台（点心台）。如图 22.4 所示，点心台安排在宴会厅一进门的位置，可使客人一进门便看到精美的点心。在舞台与点心台之间，是酒会的中心部位，设置一座大型冰雕、花卉装饰台，用冰雕、花卉装饰台面，设计出不同的造型，既可供客人欣赏，又能烘托酒会的气氛。

- 冷餐酒会分为设座和不设座两种方式。图22.4所示的酒会为不设座的冷餐酒会：在两个边门入口左、右侧位设置酒吧台；往舞台方向每侧设置3个小圆台和现场切肉、切鲑鱼的菜台；舞台前设置一张讲台；不设主宾席；在舞台右手边摆放一架钢琴，可提供背景音乐和席间音乐的演奏，以供客人欣赏。
- 设置台型时，要考虑客人取菜路线的流向。如图22.4所示，客人从边门进入，在酒吧取酒，往前走就可拿取左边的鲑鱼、右边的日本料理及寿司，酒喝完后可把酒杯放在小圆台上，穿过讲台时可欣赏大型冰雕花卉，在宴会厅左手边可以取现场烧烤的菜肴和切肉，再往宴会厅左边门走可以拿取中式菜肴，然后拿取酒水并取些小点心。可见，客人的取菜路线非常顺畅。

冷餐酒会服务方式

- 不设座冷餐酒会服务方式。不设座冷餐酒会又称立餐酒会，菜点摆在菜台上，由客人自己选取，酒水由服务员端至席间巡回敬让。
- 设座冷餐酒会服务方式。设座冷餐酒会有如下两种服务方式。

　　一种是用小圆桌，每张桌边置6把椅子。小圆桌上摆酒水杯、牙签盅、小毛巾或口纸，与不设座的冷餐酒会一样，在厅内布置若干张菜台，将菜点和餐具摆在菜台上，酒会开始后，客人到菜台前自取餐具选菜，然后回到小圆桌的座位上用餐。服务员的主要工作是照看菜台和为客人斟酒。

　　另一种是用10人桌，摆10把椅子。将菜点和餐具按照中餐宴会的形式摆在餐桌上，客人按席次就座用餐。服务员的主要工作是斟酒。这种设座形式的冷餐酒会往往设主桌，主桌可根据出席的人数选用12~24人的大圆桌或长条桌，用餐方式和服务程序与中餐宴会相同。

冷餐酒会服务员分工

- 菜台服务员在酒会开始前负责往菜台上端取和摆设菜点、餐具（供客人取菜的盘子、刀、叉、筷子等）；在酒会开始后照顾客人取菜，整理菜台，撤除空盘，调整菜点。如果兼有热菜点，则应负责端取和摆设在菜台上。如果餐具不够用，则要随时补充（餐具的数量一般应为客人数量的2~3倍）。一般由两名服务员管理一张菜台。
- 酒水服务员在酒会开始前负责摆设小圆桌上的用品，如花瓶、牙签盅等；在酒会开始后负责敬让酒水，撤回用完的杯、盘、刀、叉等。
- 酒台服务员负责兑倒酒水、整理酒台。有时客人会直接到酒台上取用酒水，酒台服务员应主动服务并介绍酒的品种。

冷餐酒会菜点摆设

　　冷餐酒会的菜点具有拼摆精美、色彩绚丽、味美鲜香、花色繁多的特点。因此在摆设时要考究，以便充分体现出酒会的特点。冷餐酒会要求把菜点摆设成协调对称的图案,并做到荤素交错、色调和谐、距离对称、取菜方便。菜点摆好后在每种菜点的盘子右侧放一套大的叉、勺,以便客人选取菜点用。供客人用餐时使用的盘子、餐刀、餐叉、筷子等分别放置在菜台的两端。冷餐酒会菜点摆设如图 22.5 所示。

图22.5 冷餐酒会菜点摆设

冷餐酒会进行过程中的服务

在客人取菜时,菜台服务员要主动上前照顾取菜,并随时准备回答客人对菜点提出的询问,对于坐在厅室周围不便取菜的年老体弱者应主动送去酒菜并加以关照。

酒水服务员在酒会开始后,要端上各种酒水不时地向客人敬让,并随时撤回小圆桌上用完的餐具、酒杯等,注意动作要轻,以免发出声响影响到客人。在敬让酒水时,行走要轻捷,防止碰撞到客人。

服务技能

视频:酒会服务

鸡尾酒会服务程序与标准

鸡尾酒会服务程序与标准如表 22.1 所示。

表22.1 鸡尾酒会服务程序与标准

服务程序	服务标准
准备工作	1. 根据酒会预订要求,在酒会开始前 45min 布置好酒会所需的酒吧台、餐台、小圆桌 2. 准备好酒会所需的酒水饮料及配料、辅料 3. 准备好与酒水配套的各式酒具,注意洗净擦干 4. 分配员工的工作 5. 若为非包价鸡尾酒会,则管理人员事先要向服务员讲明收费方式
迎接客人	1. 酒会开始时,迎宾员应站在门口迎接客人,向客人问好,对客人的光临表示欢迎 2. 用计数器统计客人人数 3. 菜点服务员、酒水服务员在规定的位置站好,迎接客人并问好
鸡尾酒会服务	1. 酒会开始后,服务员要随时、主动地为客人服务酒水 2. 服务酒水时,要将酒杯用小口纸垫着递给客人 3. 随时清理桌上客人用过的餐具 4. 随时添加小口纸、牙签 5. 保持餐台的整洁,随时添加盘碟、餐具和食品 6. 要保证客人有充分的饮料和食品

续表

服务程序	服务标准
服务结束工作	1. 酒会结束后，服务员要站好，礼貌地目送客人离开 2. 酒会的结账：包价鸡尾酒会按事先约定的标准及实际人数计价；非包价鸡尾酒会的结账方式有两种，一是先记账，最后由主办单位一次付清，二是每位客人点喝一杯即点即付 3. 撤掉所有物品，清理现场，为下一餐做准备 4. 管理人员填写酒会服务报告，存档备案

冷餐酒会服务程序与标准

冷餐酒会服务程序与标准如表 22.2 所示。

表22.2　冷餐酒会服务程序与标准

服务程序	服务标准
准备工作	1. 根据酒会预订要求，了解酒会参加人数、酒会形式、台型设计、菜肴品种、布置主题等信息 2. 做好员工工作的分配 3. 在酒会开始前 1h 布置好菜台，菜台的布置应方便客人迅速、顺利选取菜肴，要考虑客人的流动方向，科学安排取菜顺序 4. 准备好菜台上的保温餐炉，提前 45min 摆好，并在保温餐炉中加入适量的热水，点燃酒精加热，上齐各种食品 5. 设座冷餐酒会的餐桌摆放要突出主桌，并预留通道 6. 准备好足量的餐盘 7. 布置酒台，准备好酒会所需的酒水饮料及配料、辅料 8. 准备好与酒水配套的各式酒具，注意洗净擦干 9. 落实消防工作
迎接客人	1. 酒会开始时，迎宾员应站在门口迎接客人，向客人问好，对客人的光临表示欢迎 2. 用计数器统计客人人数 3. 菜台服务员、酒水服务员在规定的位置站好，迎接客人并问好 4. 客人自由入座或选择位置站好，服务员先为客人提供冰水服务，同时询问是否需要饮料
冷餐酒会服务	1. 待主办单位致辞、祝酒宣布酒会开始后，服务员要随时、主动地为客人服务食品、酒水 2. 较高档次的酒会要有厨师值台，随时向客人介绍、推荐、夹送菜肴，分切大块烤肉，及时更换和添加菜肴并检查食品温度，回答客人的提问 3. 服务员应随时清理酒会桌上客人用过的餐具，添加小口纸、牙签 4. 菜台服务员要保持菜台的整洁，随时添加餐盘、餐具 5. 要保证客人有充分的饮料和食品 6. 管理人员现场协调督导，处理突发事件，指挥员工圆满完成服务任务

续表

服务程序	服务标准
服务结束工作	1. 酒会结束后，服务员要站好，礼貌地目送客人离开 2. 酒会的结账：酒水服务员要及时清点饮用的酒水饮料，将数量、价格上报，由主管或经理负责结账 3. 厨师负责将剩余食品撤回厨房 4. 服务员撤掉餐台、菜台，清理现场，为下一餐做准备 5. 管理人员填写酒会服务报告，存档备案 6. 次日由酒会销售人员给客人发一份征求意见信，征求客人对此次酒会的意见，并做好登记存档工作

拓展阅读

鸡尾酒的来历

鸡尾酒是一种混合饮品。它是以朗姆酒、琴酒、龙舌兰、伏特加、威士忌等烈酒或葡萄酒作为基酒，配上果汁、蛋清、苦精、牛奶、咖啡、可可、糖等辅助材料，加以搅拌或摇晃而成的一种饮料，最后用柠檬片、水果或薄荷叶作为装饰物。

鸡尾酒的起源有多种说法，在美洲被认可的说法是：1776年，贝特西·弗拉纳根发明了美国式的鸡尾酒。那天，当纽约州埃尔姆斯福一家酒馆各种酒都快卖完的时候，一些军官走进来要买酒喝。一位叫贝特西·弗拉纳根的女侍者便把所有剩酒统统倒在一个大容器里，并随手从一只大公鸡身上拔了一根毛把酒搅匀端出来奉客。军官们看这酒的成色十分新奇，却品不出是什么酒的味道，就问弗拉纳根，她随口答道："这是鸡尾酒。"一位军官听了这个词，高兴地举杯祝酒，还喊了一声："鸡尾酒万岁！"从此便有了"鸡尾酒"之名。

典型情境

拥挤的冷餐酒会

临近年底，各公司、企业的年会成为星级饭店宴会部冷餐酒会的主要内容。12月31日当天，A饭店宴会部临时接到B公司要在宴会厅举办年会的预订，要求在当天18—22点提供冷餐酒会，人数为400人。原本B公司已预订隔壁一家饭店的庭院举办年会，结果当天开始下雪，无法在室外安排冷餐酒会，此家饭店的大型宴会厅又全部被预订，而B公司的请帖已经全部发出，不可能选择距离过远的其他饭店宴会厅。A饭店能够容纳400人的宴会厅已经全部预订出去。但一方面考虑到B公司的难处，另一方面为了创收，A饭店宴会部还是接收了B公司这个中型冷餐酒会的预订，为其安排了一个可以容纳300人的宴会厅。

A饭店迅速组织人力配合B公司的负责人员以最快的速度、在最短的时间内设计并布置好了场地，由于宴会厅的容积相对小些，在保证座位数量的基础上，减少了餐台的占地面积。年会如期举行，A饭店配合B公司将客人从隔壁饭店引导至年会接待处，引领入座。但由于转移地点、进行协调、等候贵宾等原因，原定18点开始的冷餐酒会，实际上19点才开始。B公司负责人致辞、祝酒，宣布冷餐酒会开始。

一时间，几乎所有的客人都走向了餐台，排起了长长的队伍，层层的客人围住了取菜处，菜点盘很快就空了，很多客人等候在那里。菜单中设计了一款现烤嫩牛排，浓郁的香气吸引着人们，可是制作速度比较慢，大量的客人围在那里一边等候美味的现烤牛排一边聊天，而餐桌区域却空着很多座位。

饭店的管理人员不停地催促厨房，尽快上新的菜品到餐台，可是送菜品过来的服务员被隔在了人群外层，一边避让着客人，一边艰难地挤到餐台前。直到半个小时后，餐台的秩序才逐渐恢复。

B公司因此向A饭店提出了投诉，但A饭店认为已经事先向B公司说明了宴会厅的情况，并认为宴会厅容纳过多客人就必然会出现这种情况。

请思考：
你是否同意A饭店的说法？如何避免这种情况的发生？

锁在储藏室里的香槟酒

一家时装公司要举行一个客户招待会，采用化装舞会加鸡尾酒会的形式，共200人左右，预订了K饭店最大的宴会厅，并设计好了酒水单。此次酒水单的设计思路是：酒会正式开始前，以香槟酒调制的鸡尾酒为主，以香槟酒为辅，随后以短饮类鸡尾酒为主，最后提供长饮类鸡尾酒，同时提供丰富的干果和水果拼盘。

当天，酒会的客人逐渐聚齐，享用着酒水并等候酒会的开始。但奇怪的是，大多数客人选择了香槟酒，较少客人选择以香槟酒调制的鸡尾酒，以至于香槟酒的消费大大超过预期。这时，公司的负责人与饭店的管理人员沟通，由于贵宾要迟到半个小时，所以要多准备一些香槟酒，而且贵宾到来后要用香槟酒进行祝酒。可是宴会部没有办法提供更多的香槟酒，因为这个时候冷藏库的保管员已经下班。由于宴会部没有事先进行协调，没有留下备用钥匙。饭店管理人员只好将宴会厅中的香槟酒全部收起，并与其他的餐厅联系，将可用的香槟酒全部都调到了这个酒会。在贵宾到来之后，香槟酒刚好满足了祝酒之用。

请思考：
此案例中的情况对你有怎样的启示？

考核指南

▲ 基础知识部分

△ 考核内容
1. 简述鸡尾酒会与冷餐酒会的区别。
2. 简述举行鸡尾酒会的要点。

△ 考核方式
笔试或口试。

△ 即学即测
扫描二维码,完成在线练习。

第二十二专题测一测

▲ 服务技能部分

△ 考核内容
以小组为单位,在实训室模拟进行酒会服务程序训练,掌握各式酒会服务规范。

△ 考核方式
实训室现场操作。

△ 考核评价

评价内容	考核要点	分值	自评 20%	互评 30%	师评 50%	综合评价
鸡尾酒会服务	根据酒会预订要求,做好酒会准备及员工工作分配;礼貌迎接客人并用计数器统计客人人数;服务员要随时、主动地为客人服务;酒会结束后,服务员要礼貌地目送客人离开;管理人员填写酒会服务报告,存档备案	100分				

续表

评价内容	考核要点	分值	自评 20%	互评 30%	师评 50%	综合评价
冷餐酒会服务	根据酒会预订要求，做好酒会布置；礼貌迎接客人并用计数器统计客人人数；各岗位服务员要随时、主动地为客人服务；推荐酒会食品；酒会结束后，服务员要礼貌地目送客人离开；管理人员填写酒会服务报告，存档备案	100分				
评分标准	A：90~100分，服务环节完整且符合规范、服务语言得体，服务意识及服务表现力显著。 B：80~89分，服务环节较为完整且符合规范、服务语言得体，服务意识及服务表现力较好。 C：60~79分，服务环节较为完整且符合规范、服务语言基本得体，服务意识及服务表现力一般。 D：59分以下，服务环节较为完整，服务意识及服务表现力较差。					
服务展示纪实						
备注	鸡尾酒会、冷餐酒会服务流程训练，根据实际情况选择性考核。					

第二十三专题
外卖服务

学习目标

- 了解外卖服务的范围及形式。
- 掌握外卖服务的注意事项。
- 熟练掌握外卖服务的程序与标准。
- 具备熟练地为客人提供外卖服务的能力。

基础知识

许多饭店为了扩大影响、提高知名度、增加经济效益，经常为客人提供外卖服务。这里所指的外卖服务是指饭店派服务人员或厨师去主办人指定地点提供服务的一种宴会服务。这种服务方式收费相对较高，一般与客房餐饮服务相似，要加收 25％ 左右的服务费。外卖服务的形式主要有自助餐会、冷餐酒会、家庭宴会等。

视频：外卖服务

▲ **外卖服务的范围**

- 各国驻华使馆、外交官公寓，以及各国驻华的新闻、贸易、文化等机构的办公地或其住所。
- 国家机关和各企事业单位的所在地。
- 个人家庭。
- 游览地或体育馆等。

外卖服务场景如图 23.1 所示。

图23.1　外卖服务场景

▲ **外卖服务的形式**

- 全部承包。全部承包指饭店把整个服务活动所需的食品酒水及餐具等所有物品、设备全部承包下来，并由饭店派出厨师和服务人员提供全部服务。

- 部分承包。部分承包指根据客人要求承包所缺的部分食品或餐具,并相应提供厨师或服务人员的服务。
- 服务承包。服务承包指只派厨师或服务人员提供服务。

▲ 外卖服务的注意事项

- 在外卖现场不得翻动主人的任何物品,不得到工作范围以外的场所,更不可到处游逛。
- 凡采用部分承包和服务承包的外卖服务,所使用的主办单位物品一定要事先点清,使用时要细致小心。
- 凡承包重要的外卖任务,都要保证贵宾的安全,所有食品都要留样,并保留 24h。
- 整个外卖工作结束后,服务人员要及时撤离,不得久留。
- 注意落实外卖现场的消防安全工作。

服务技能

▲ 外卖服务程序与标准

外卖服务程序与标准如表 23.1 所示。

表23.1 外卖服务程序与标准

服务程序	服务标准
接受外卖预订	1. 饭店应积极受理外卖服务预订 2. 在接受预订时,应详细了解驻地情况和客人提出的具体细节要求 3. 如果有必要,则应到驻地进行可行性考察,并提出设计方案 4. 得到主办单位认可后,填写外卖预订单和合同书
外卖服务准备工作	1. 根据服务需要和主办单位要求,配备合适的厨师及服务人员 2. 厨房应根据合同要求准备好菜肴及食品,尤其要注意热菜的保温 3. 服务部门要根据宴会通知单准备好餐具、菜单、托盘、台布、台裙等服务用具,并分类装箱以备运输 4. 接受外卖预订后,应提前将宴会通知单送到车队,以便准备足够的车辆运送物品及有关人员到现场,并做到准时、安全
外卖服务	1. 外卖服务是服务人员在饭店以外的地方提供比在饭店内更周到、更细致服务的一种服务方式,服务要求较为严格、规范 2. 执行外卖服务任务的服务人员要提前 1~2h 到达服务现场,如果遇大型或比较复杂的外卖服务,则应提前 4h 进入现场,做好人员分工 3. 要及时将宴会布置的方案向主办单位或主办人介绍清楚,征得其同意后,立即组织服务人员进行布置

续表

服务程序	服务标准
外卖服务	4. 服务人员在客人到来前要熟悉场地环境、服务路线、厨房位置、衣帽间位置、卫生间位置等 5. 在外卖现场布置必要的消防器材 6. 外卖服务的方式应根据宴会合同规定，严格按标准、程序进行，要为客户提供尽善尽美的服务
外卖服务结束工作	1. 主人宣布宴会结束后，要待参加宴会的客人全部离去后方可撤台 2. 撤台前要检查客人是否有遗留物品，我方贵重餐具是否有遗失或损坏的情况，并及时报告负责人 3. 到外国驻华机构进行外卖服务，主人常常拿出自己国家的酒水供宴会使用，服务人员要将剩余酒水清点后交还主人 4. 撤台要按顺序分类进行，以便将有关物品清点后装箱。记录物品丢失、损坏的情况，报告负责人 5. 宴会剩余食品撤下后要放置整齐并分类，与主办人确认后进行妥善处理 6. 清理好现场，把所带物品全部撤出后打扫干净，将现场恢复原样

拓展阅读

▲ 外卖的含义

狭义的外卖就是客人订餐的外送服务，包括客人到店点餐付款并打包带走和店内人员接听电话或接到互联网订单后按客人需求送餐上门等。从广义来说，一切提供出外服务和商品的都可以说是外卖，如送水、送花、送商品、上门烹制菜肴、上门修理东西等。对于星级饭店来说，外卖所销售的不仅仅是餐饮的实物产品（食品和饮料），更多销售的是无形产品，即厨师所提供的烹调服务和餐饮服务人员所提供的全套服务。

典型情境

成功的外卖

广州某星级酒店餐饮服务新招迭出，即使每天去那里用餐的客人，也会发现餐厅的新变化。该星级酒店除举办法国美食节、意大利美食节、日本美食节、中东美食节等几个常规活动外，还有一个其他酒店不多见的招数：把餐厅搬到店外的广阔天地中去，开展外卖销售，把服务送到客人眼前。

广东顺德某电器工业集团冷气机首期工程剪彩，要求该星级酒店提供1800多位现场自助餐酒会服务。上门服务对于该星级酒店并非头一遭，这次规模虽大，但也算不上惊人，不过酒店领导却十分重视。在酒店总经理、副总经理、行政经理、财务总监等高级行政人员的带领下，宴会部、酒水部、中西餐厅、中西厨房、管事部、运输部、保安部、公关部及花店等部门通力合作，一支由小轿车、大巴车、中巴车、雪柜车、货柜车等 30 多部车辆组成的车队，浩浩荡荡地向近郊开去。

车队一到目的地，酒店员工便各就各位，各司其职，准备工作紧张热烈，训练有素的员工井然有序。在篮球场、网球场上搭起自助餐桌和酒吧台，法式贵宾厅虽由员工餐厅改装而成，但不失高雅豪华的气派。简朴冷清的乡镇完全变了样，喜气洋洋，五彩缤纷，还充满了异国情调，为剪彩典礼倍增隆重、欢乐的气氛。该星级酒店不仅仅在排场上花足了工夫，更在菜肴的花色品种和质量上做足了准备。不仅有德国风味肠仔、匈牙利烩牛肉、迷你八爪鱼、萝卜拼蟹柳、意大利牛排，还有四川、广东、江苏等各地风味菜式。执行任务的服务员穿着制服穿梭于客人之间，彬彬有礼地送饮料、上菜、撤盘，殷勤周到的服务不亚于在酒店餐厅内。1800 多位客人都赞叹不已。

请思考：
你对这次成功的外卖有怎样的评价？如何看待酒店的外卖服务？

糊涂的酒水账单

北京某五星级饭店是世界某著名饭店集团旗下一家品牌饭店，每年都要承接大量的宴会外卖服务。该饭店所提供的完善服务和高效率的工作方式，得到了各大客户的一致认可。

临近年末的一天，世界某知名品牌的运营商 M 公司向饭店提出需安排一个有众多影视明星参加的新品发布酒会，地点选在北京郊区的一个私人院落。饭店接受预订后，首先查阅了与该公司的合作记录，包括参会的人数、人均消费标准、酒水消费情况、特殊要求、该公司对以往酒会的评价等。在该公司以往的预订外卖服务和消费信息的基础上，双方开始洽谈今年的酒会服务。该公司提出了一个要求，该公司今年自己备有一定数量的酒水，但是不确定是否够用，因此，要求在消耗完自备酒水后，再消费酒店提供的类似酒水，并要求酒店提供自备酒水的输送。饭店认为 M 公司提出的要求是合理的而且是可以满足的，在收取了一定的运输费用后，同意了该公司的要求。

酒会按照预期顺利举办并圆满结束，饭店提供的服务仍像往常一样得到了赞许，但是在酒水对账的时候发生了问题。M 公司要求饭店提供自备酒水确已消耗完的证据，即出示所有已经消耗的自备红酒瓶塞、烈酒瓶盖，这样方能确认自备酒水确实已经全部消耗完。但是，由于吧台人员在酒水调配和服务的过程中，已经将这些物品作为垃圾处理掉，并且此次酒会人数达 2000 人之多，产生的大量垃圾早已经全部运走，根本没有可能达到主办方的要求，一时间双方出现了僵持。最后，在双方高层的沟通下，饭店以此次服务全额费用打 8 折作为代价，结束了这次酒会外卖服务。

请思考：
此次酒会外卖服务出现问题的原因是什么？应如何避免这类问题出现？

考核指南

▲ 基础知识部分

△ 考核内容
1. 简述外卖服务的范围及形式。
2. 简述外卖服务的注意事项。
3. 总结分析外卖服务与一般宴会服务的不同之处。

△ 考核方式
笔试或口试。

△ 即学即测
扫描二维码，完成在线练习。

第二十三专题测一测

▲ 服务技能部分

△ 考核内容
以小组为单位，在实训室模拟进行外卖服务程序训练，掌握外卖服务规范。

△ 考核方式
实训室现场操作。

△ 考核评价

评价内容	考核要点	分值	自评 20%	互评 30%	师评 50%	综合评价
外卖预订	积极受理外卖服务预订，详细了解外卖信息，提出设计方案，填写外卖预订单和合同书	30分				
外卖准备	根据服务需要和主办单位要求做好服务准备，提前将所需物品及有关人员送到外卖现场，按要求布置外卖现场	30分				

续表

评价内容	考核要点	分值	自评 20%	互评 30%	师评 50%	综合评价
外卖服务	根据宴会合同规定，按规范提供外卖服务；熟悉外卖场地环境等情况	20分				
外卖收尾	待参加宴会的客人全部离去后方可撤台；检查遗留物品；分类收拾设备设施及餐具物品；清理好现场，恢复原样	20分				
评分标准	A：90~100分，服务环节完整且符合规范、服务语言得体，服务意识及服务表现力显著。 B：80~89分，服务环节较为完整且符合规范、服务语言得体，服务意识及服务表现力较好。 C：60~79分，服务环节较为完整且符合规范、服务语言基本得体，服务意识及服务表现力一般。 D：59分以下，服务环节较为完整，服务意识及服务表现力较差。					
服务展示纪实						
备注						

第二十四专题
会议服务

学习目标

- 了解会议的种类及会议服务的特点。
- 掌握会议台型布置的种类及会议座次安排。
- 掌握一般会议、贵宾厅、签字仪式服务的程序与标准。
- 具备规范、准确地服务各式会议的能力。

基础知识

会议的种类

- 按会议规模划分，有小型会议（人数一般在 10 人以内）、中型会议（人数在 10~100 人左右）、大型会议（人数在 100 人以上）。
- 按会议目的划分，有决策性会议、沟通性会议、协调性会议、研讨性会议。
- 按会议内容划分，有商务会议（如商务谈判会、招商会）、学术会议（如学术报告会、学科研讨会）、政务会议（如政府工作会议、政务发布会）、培训会议（如员工技能培训、新员工入职培训）等。

会场布置

- 主席台的布置。设有主席台的会场布置要遵循以下原则：一是对称原则，主席台的座位布局不要一边多、另一边少；二是简化原则，主席台不要放置过多的花卉和旗帜，以免使人眼花缭乱，加重视觉负担；三是礼仪原则，要严格按照国际惯例及礼仪要求安排座次，可以根据职务或姓氏的顺序安排并设立座签；四是尊重原则，可将主席台稍微垫高，离代表席近一些，这样既能营造融洽的气氛，又能纵览全场。
- 会标、桌签、座签、会徽的布置。会标是显示会议名称的标志，位于和主席台处于同一方位的适当位置。制作会标时，应注意每个字的规格，要根据主席台的台口宽度和会议名称的字数确定，具体规格可按下列公式进行计算。

  会标中每个字的规格 =（台口宽度 - 间隔）÷（字数 +2）

  桌签是在会议活动中标明桌号和就座人身份的标签，多用于座谈会等会议形式。桌签有两种：一种用于标明桌号，即将桌号在桌签上用阿拉伯数字标出；另一种是在桌签上标明在此桌就座人员的身份，如"记者席""演员席"等。

  座签是在会议的各席位上标明就座人姓名的标签，一般是在一些有较高级别的领导人员参加的会议及各种宴会、招待会上，标明座次及引导与会人员入座时使用的。

  对于一些需要悬挂会徽的会议，在布置主席台时，要将会徽挂设在台幕上。由政府机关主办的会议，一般把会徽悬挂在正中黄金分割线处；由公司和群众团体、一般单位等召开的会议，会徽的悬挂可灵活安排。

- 会议台型的布置。会议台型布置主要有以下几种式样。

  ① 剧院式（0.6~0.8m^2/人）。剧院式一般用于大型会议，设主席台或讲台。在会议厅内面向主席台摆放座椅，中间留有通道。这种台型布置的优点是空间利用率高、容纳人数多；缺点是不摆放桌子，与会人员没有地方放资料，记录不方便。

  ② 教室式（1.2~1.8m^2/人）。教室式亦可称课桌式，一般用于大型会议，设主席台或讲台。按教室式布置会议室，桌椅正方形端正摆放或呈 V 形摆放，每个座位的空间根据桌子的大小而有所不同。这种台型布置的优点是摆放桌子，便于与会人

员记录；缺点是相对剧院式，容纳人数较少。

③ 方形中空式（回字形）。方形中空式一般用于学术研讨会、小型会议。会议室里的桌子摆成方形中空，前后不留缺口，椅子摆在桌子外围，通常桌上会围台裙，中间可放置较小的绿色植物，投影仪用一个专用的小桌子放置在最前端。这种台型布置的特点是，不设主席台，在前方设置主持人的位置并摆放麦克风，以便与会人员发言，但此种台型容纳人数较少，对会议室空间有一定的要求。

④ U形式。U形式指将桌子连接摆放成长方形，在长方形前端留出口，椅子摆在桌子外围，通常出口处会摆放放置投影仪的桌子，中间通常会放置绿色植物以做装饰，不设会议主持人的位置以营造比较轻松的氛围，摆设多个麦克风以便自由发言，椅子上有椅套，显示出较高的档次。

⑤ 沙发式。沙发式一般用于会谈。会议室座椅使用沙发，设主位（面门，置有观赏花），根据会议人数，按由里向外、宾主座位相对的原则依次摆放沙发，可在主位后面设翻译席位。这种台型布置容纳人数较少，对会议室空间有一定的要求。

⑥ 酒会式。酒会式是一种只摆设供应酒水、饮料及餐点的桌子，不摆设椅子，以自由交流为主的一种会议台型布置，自由的活动空间可以让与会人员自由交流，构筑轻松自由的氛围。

座次安排

- 主席台的座次安排。当主席台人数为奇数时，1号领导居中，2号领导在1号领导的左手位置，3号领导在1号领导的右手位置，如图24.1所示；当主席台人数为偶数时，1、2号领导同时居中，2号领导依然在1号领导的左手位置，3号领导依然在1号领导的右手位置，如图24.2所示。

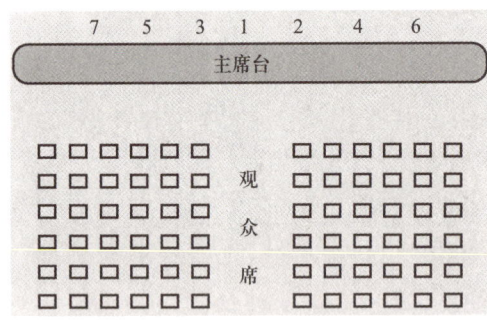

图24.1　主席台人数为奇数时的座次安排　　　　图24.2　主席台人数为偶数时的座次安排

- 签字仪式的座次安排。签字仪式一般安排主方在左边，客方在主方的右边。双方其余人数一般对等，按主客左右排列。
- 会议合影的座次安排。会议合影的座次安排与主席台的座次安排相同。
- 会谈的座次安排。会谈通常采用沙发式布局，会谈客方安排在主方的右手边，双方其他人员人数对等，依次排列。如果会谈对象是外宾，则须安排翻译席位，一般安排在第一主人和第一主宾的后侧，如图 24.3 所示；如果会谈对象为上级领导，则通常将上级领导安排在主方领导的左手边，如图 24.4 所示。

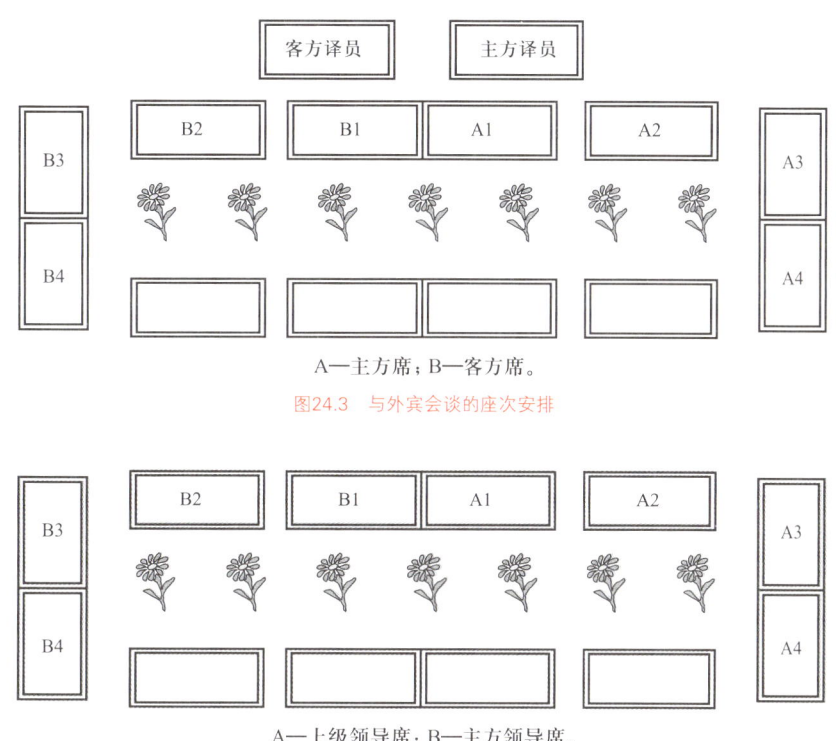

A—主方席；B—客方席。
图24.3　与外宾会谈的座次安排

A—上级领导席；B—主方领导席。
图24.4　与上级领导会谈的座次安排

- 会议桌的座次安排。小型会议一般采用独立的会议桌，通常将主方安排在一进门的左手边，客方在右手边，双方其余人数对等，分别排列主客方左右，如图 24.5 所示。涉外会议或有上级领导参加的检查指导会议，可将客方主位面门，其他人员依次排列左右，如图 24.6 所示。

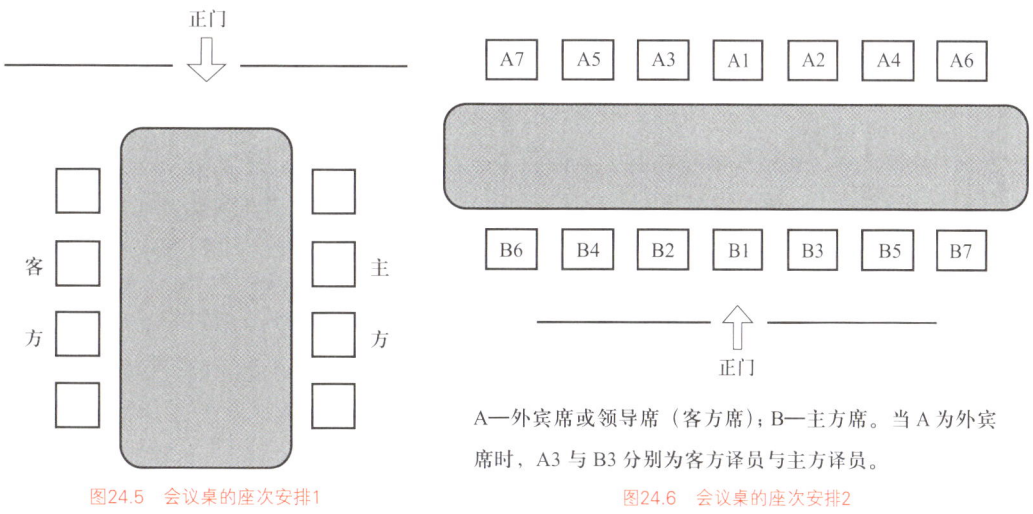

图24.5　会议桌的座次安排1

A—外宾席或领导席（客方席）；B—主方席。当 A 为外宾席时，A3 与 B3 分别为客方译员与主方译员。
图24.6　会议桌的座次安排2

▲ 会议服务的特点

- ▲ 会议服务的规模大小不一。
- ▲ 会议服务的内容和形式不一。
- ▲ 参加会议的人员构成相对复杂。
- ▲ 会议服务的保密性强。
- ▲ 会议服务需用较多现代化设备。
- ▲ 会议服务需要工程部门的配合。

▲ 会议茶歇的设计

茶歇的英文为 tea break 或者 coffee break，是指会议和活动的中场休息时间。茶歇的目的在于休息，更在于交流，让与会人员能够更轻松、更愉快，气氛更活跃。茶歇的最大好处是让与会人员可以在议题之外进行个人沟通，因此，本质上茶歇不是以茶为主，而是以交际为主。

△ 茶歇的种类

茶歇食品主要包括饮品类、水果类、点心（甜品）类。根据食物类别和制作方式等，茶歇大致可分为中式与西式。

中式茶歇饮品包括矿泉水、开水、绿茶、红茶、黑茶、乌龙茶、黄茶、白茶、花茶、人参茶、果茶、罐装饮料、微量酒精饮料等，点心一般是各类糕点、饼干、袋装食品、时令水果、花式果盘等。

西式茶歇饮品一般包括各式咖啡、矿泉水、低度酒精饮料、罐装饮料、红茶、果茶、牛奶、果汁等，点心有披萨、三明治、蛋糕、各类甜品、水果、花式果盘等。

目前，在酒店的实际运用中，中西合璧样式的茶歇更为常见。

△ 茶歇台设计的原则

茶歇，不仅仅能缓解与会人员的疲惫和压力，更能营造轻松的氛围，促进与会人员之间的沟通与交流。因此，茶歇台在设计与布置时，应遵循便捷性和创新性原则。

- ▲ 便捷性。① 茶歇台取餐路线应有回路设计。② 能根据与会人数规模进行合理的分流设计。③ 茶歇区域有足够的交流空间。④ 茶歇区配有垃圾回收处。
- ▲ 创新性。① 茶歇食品能围绕主题或体现当地饮食文化。食材、烹饪方式、造型等具有明显的文化特色或地域特色。例如，成都三岔湖长岛天堂洲际酒店的老四川主题茶歇，现场磨豆浆、打糍粑、做豆花等，体现了浓浓的老四川农家主题氛围，如图 24.7 所示。② 茶歇台的质地、形状、展现形式等应围绕茶歇主题，尽量采用当地特色的手工艺品或原料材质，搭配特色食品，体现茶歇的与众不同。例如，浙江安吉阿丽度假酒店创作的熊猫主题茶歇，就地取材地将熊猫元素融入茶歇的每个角落，非常丰富有趣，如图 24.8 所示。

图24.7　茶歇中做糍粑

图24.8　熊猫主题茶歇

服务技能

会议服务程序与标准

会议服务程序与标准如表24.1所示。

视频：会议服务

表24.1　会议服务程序与标准

服务程序	服务标准
会议准备	1. 根据会议的预订要求，先将所需的各种用具和设备准备好 2. 根据已确定好的会议台型图布置会场 3. 布置好贵宾休息厅 4. 进行会议摆台（摆放纸、笔、水杯、鲜花） 5. 布置好会议用的水吧，备齐会议用水或会议用酒 6. 调试各种设备 7. 会议开始前30min，将会议指示牌放在指定的位置上 8. 服务员在规定位置站好，准备迎接客人
会议服务	1. 会议开始后，服务员站在会议室的后面、侧面或根据客人需要站在会议室门外 2. 保持会议室四周安静，服务员不能大声说话，动作要轻 3. 通常每半小时左右为客人添加热（冰）水等，但尽量不要打扰客人开会，遇特殊情况时可按客人要求服务 4. 会议中间休息时，要尽快整理、补充和更换各种用品
会后服务	1. 会议结束后，要礼貌地送客，并提醒客人带好会议文件资料及随身物品 2. 仔细检查会场，查看是否有客人遗留物品 3. 协助经理为会议客人结账 4. 收拾会议桌，清扫会场 5. 清洗会议用杯，分类复位 6. 协助工程部门撤掉会议所有设备，注意轻拿轻放，防止损坏

会议场景布置如图 24.9 所示。

会议场景布置 1

会议场景布置 2

图24.9　会议场景布置

会议茶水服务要点

- 会议服务员为客人倒水时，左手拿壶，用右手中指及无名指夹住杯盖，食指与大拇指拿起茶杯，后退站至距座椅两步处，避免烫伤客人及自己。
- 在给客人加水时，左手拿扎壶，右脚向前迈一步，从客人右侧，用右手小指和无名指将杯盖夹起，手心朝上，做个控杯的姿势，以防水珠落到桌上或打湿文件，然后收腿。该过程应是一个弧形线路以防客人碰到茶杯。
- 倒水时要七分满，茶水八分满。为客人倒水时，端放杯子的动作要规范，不要从客人肩部和头上越过。
- 倒水要按照顺序，从领导开始，以右为尊，动作要轻、自然、快速。
- 水倒好后，应按原路放回，轻拿轻放，将杯盖盖好，调整杯柄角度，然后做个"请"的手势，再进行下一位。
- 在会议进行中，间隔 10~15min 加一次水。

贵宾厅服务程序与标准

贵宾厅服务程序与标准如表 24.2 所示。

表24.2　贵宾厅服务程序与标准

服务程序	服务标准
准备	1. 根据订单所标明的人数和房间地点，将矿泉水（纯净水）、茶杯、茶叶、热水壶、茶壶、鲜花等准备好 2. 根据订单人数，将沙发和茶几摆放好 3. 在茶几中央摆放鲜花等 4. 检查摆台效果及房间状况，以房间整洁、美观、舒适为准

续表

服务程序	服务标准
迎接客人	1. 迎宾员要站在门外一侧（与客人到来方向相对），迎候客人 2. 客人抵达，应主动上前向客人问好 3. 为客人提供衣帽服务 4. 用手示意客人并说"请您这边走"，引领客人入座
服务	1. 为客人服务茶水 2. 按客人要求服务其他饮料 3. 在客人谈话中断间隙，为客人添加茶或饮料 4. 等候服务时，服务人员要保持正确站姿

签字仪式服务程序与标准

签字仪式服务程序与标准如表 24.3 所示。

表24.3　签字仪式服务程序与标准

服务程序	服务标准
摆台	1. 根据订单的要求和人数，确定签字台的大小和位置，签字台后侧留出空间：排两列时，留 2m 宽；排一列时，留 1.5m 宽 2. 签字台为长方台，要加台呢、围上台裙，台前摆放花草，台面摆放鲜花 3. 签字台后摆放略长于签字台的屏风 4. 将其他设备摆放好，如麦克风、横幅、国旗等
准备	1. 根据订单的要求和人数，将酒水、酒杯、服务托盘、小口纸等准备好 2. 知晓会议进程，检查所有设备完好情况，保证签字仪式顺利进行
酒水服务	1. 客人签字完毕后，服务员要立刻用托盘将酒水送到所有客人面前 2. 主要客人要有专人服务酒水 3. 待客人干杯后，要立刻用托盘将空酒杯撤走

茶歇服务程序与标准

茶歇服务程序与标准如表 24.4 所示。

表24.4　茶歇服务程序与标准

服务程序	服务标准
准备工作	1. 了解预订单（event order，EO）上的信息，包括会场名称、人数、茶点时间、次数及茶点品种 2. 根据相关要求准备好茶点物品，即茶点碟、点心盘和水果盘、咖啡勺、奶盅（咖啡伴侣）、糖盅、咖啡杯、咖啡杯底碟、甜品（水果）叉、食物夹和相关装饰物、足够的矿泉水、咖啡机、茶点台、垃圾桶、下栏盆、脏餐具台，同时检查相关物品的卫生是否合格及是否有破损，确保用具卫生和食品安全 3. 应该提前（半天）布置好茶歇台，用口布将相关用具盖好

续表

服务程序	服务标准
出品装盘	1. 根据预订单上的出品时间、出品要求及出品份数（核对有无增减），将出品信息提前1h通知西厨饼房（负责出糕点）和冷餐间（负责出水果） 2. 为了确保茶歇及时出品，应该提前30min推餐车去拿茶歇食品，核对茶歇品名和数量 3. 装盘时，茶点应摆放在茶歇台上的专用盘中，要求卫生、美观、简洁，注意色调搭配合理，营造出良好的视觉效果 4. 放茶歇台卡
茶歇服务	1. 咖啡服务。在茶歇开始前20min将咖啡机插电启动，在茶歇开始前3~5min，可以先磨出几杯咖啡，以防排队等候 2. 茶歇产品一般是以客人自助为主，服务人员做好台面清洁工作（不要对客人取用造成不便），有客人要求帮忙拿茶点时，应该主动热情 3. 及时清理垃圾桶和收好脏的茶歇用具 4. 不要让其他会议室的客人或闲杂等人来拿茶点，如果有发现，则要及时阻止并上报，以免造成客人投诉
清理收尾	1. 茶歇结束后，将茶歇餐具分类（茶歇专用餐具和其他分开），选择洗碗低峰期送洗 2. 清理垃圾桶和茶歇台面，将各种物品放回原位，重要物品要放在安全区域

拓展阅读

▲ 现代化会议设备

现代化的会议离不开各种辅助器材，在召开会议之前，就应该把各种辅助器材准备妥当。会议设备是指会议室里召开会议所使用的一系列电子设备，包括影音系统设备、会议发言扩声设备、办公设备、翻译设备、记录设备、灯光设备、门禁系统、特殊设备等。

1. 影音系统设备

影音系统设备包括投影设备、LED设备、等离子设备、计算机、视频播放器、视频转换器、视频中央控制设备等。

2. 会议发言扩声设备

会议发言扩声设备包括音响设备、会议系统设备、无线麦克、音效设备等。

3. 办公设备

办公设备包括办公文具、复印机、打印机、扫描仪、网络设备等。

4. 翻译设备

翻译设备主要指同声传译设备。同声传译简称同传，是指口译员利用专门的同声传译设备，坐在隔音的同传室（俗称"箱子"）里，一面通过耳机收听发言人连续不断的讲话，一面几乎同步地对着话筒把讲话人所表达的全部信息内容准确、完整地翻译成目的语，其译语输出通过话筒输送。需要传译服务的与会人员，可以通过接收装置，调到自己所需的语言频道，从耳机中收听相应的译语输出。

5. 记录设备

记录设备包括摄影摄像设备、速录设备、录音设备等。

6. 灯光设备

灯光设备包括计算机灯、PAR 灯、追光灯、地排灯、激光灯等各种灯光设备，以及灯效控制设备。

7. 门禁系统

门禁系统包括条形码、扫描器、统计软件等。

8. 特殊设备

特殊设备包括舞台效果设备、会议环节特制设备、投票设备等。

典型情境

开幕式上的铺台演出

上海东方滨江大酒店的上海厅曾是亚太经济合作组织（Asia-Pacific Economic Cooperation，APEC）年会开幕式的会场。当时现场搭就的长 18m、宽 8m 的敞开式舞台，既要满足文艺演出的需要，也要满足国家领导人致辞和亚洲开发银行全体会议的需要。同一个舞台上要安排 3 种不同的议程，还要在大家的注视之下争分夺秒地完成摆台，对饭店员工来说，既是一种考验，也是一场特殊的演出。为了做到衔接有序，在 1min 内实现魔术般的变化，饭店精选了 19 名服务员，从搬运讲台到铺设主席台，举手投足、定点定位，历经无数次演练，精确到秒。开幕式当天，在文艺演出谢幕的刹那，两名服务员分执中国国旗和亚行会旗，另两名服务员抬着主会场演讲台，迈着仪仗队式的步伐迅速就位，仅用了 20s；随后，国家领导人发表了热情洋溢的讲话，中国领导人的致辞激起了全场雷鸣般的掌声。余音未落，8 名小伙抬着 5m 长的主席台整齐地走上舞台，5 名姑娘设席卡、摆茶具、放纸笔、布话筒，迅速地完成了摆台工作，时间刚刚过了 1min，服务员们在代表们的掌声中完成了这次特殊的演出。

请思考：

从上海东方滨江大酒店服务员成功的表演中你得到了哪些启示？

为"北京服务"点赞

时隔多年，APEC 领导人非正式会议再次来到中国。国家会议中心作为这次会议的主要接待场所，负责上百场会议、餐饮等相关接待服务工作，圆满地完成了接待任务。

APEC 期间打造"北京服务"品牌，优质、高效地完成接待任务，是所有接待单位的共同使命。为了保障接待的顺利进行及高水平的优质服务，国家会议中心提前一年就开始了对服务人员的选拔和培训工作，培训内容涉及礼仪、语言、仪容仪表、APEC 基础知识、西餐服务等方方面面。除此之外，在服务保障工作方面也做了充分准备，不忽视每个细节，甚至连送餐时间也提前测算，以保障温度、品相和口感。会议期间的最长送餐距离为从会议区 B1 的厨房到最北段展区，直线距离为 300m。经过秒表计时反复演练，最终确定 5 点 45 分到达指定送餐地点为最佳。同时，为了呈现最佳的服务状态，对直接面客的重要岗位重新设计了具有中国元素的服装 16 款、1250 套。宴会旗袍是典雅大气的中国红；午宴服装是红黑搭配，胸部剪裁采用流线设计，凸显女性线条美，领口还有一抹蓝；贵宾服务员则穿着香槟色的连衣裙搭配黑色西服，扣子处以回形纹为主要元素，寓意中西文化贯通。全方位地体现"北京服务"的精髓。

请思考：
你认为代表国家形象的大型国际会议服务应包含哪些内容？

考核指南

基础知识部分

考核内容
1. 简述会议的常见种类。
2. 简述会议服务的特点。
3. 简述常见的会议台型布置。
4. 简述安排会议座次的方法。
5. 简述茶歇台设计的原则。

考核方式
笔试或口试。

即学即测
扫描二维码，完成在线练习。

第二十四专题测一测

服务技能部分

考核内容
以小组为单位,在实训室模拟进行会议服务流程训练,掌握会议服务规范。

考核方式
实训室现场操作。

考核评价

评价内容	考核要点	分值	自评 20%	互评 30%	师评 50%	综合评价
会议服务	根据会议预订的要求做好会议准备,按照已确定好的会议台型图布置会场,并进行会议摆台	20分				
	热情有礼地迎接客人,在客人需要的位置站好	20分				
	服务动作要轻,按客人需要提供服务	20分				
	礼貌地送客,提醒客人带好物品,协助经理为会议客人结账	20分				
茶歇服务	按会议要求布置好茶歇台,做好相关物品准备;主动提供服务,做好清洁整理工作	20分				
评分标准	A: 90~100分,服务环节完整且符合规范、服务语言得体,服务意识及服务表现力显著。 B: 80~89分,服务环节较为完整且符合规范、服务语言得体,服务意识及服务表现力较好。 C: 60~79分,服务环节较为完整且符合规范、服务语言基本得体,服务意识及服务表现力一般。 D: 59分以下,服务环节较为完整,服务意识及服务表现力较差。					
服务展示纪实						
备注						

第五模块
其他服务规范与技术

餐饮服务人员在熟练掌握必要的零点餐厅服务规范、宴会服务规范的基础上，还应该对客房餐饮服务、菜单分析与设计、餐饮推广与销售、餐厅突发事件处理、餐厅设备使用与保养、餐饮数字化技术与应用等一系列相关知识和技术有所了解及掌握。

通过学习本模块，学生应培养动手能力及吃苦耐劳的精神；养成敬业爱岗、诚实守信的职业品德，具备良好的职业思维习惯，善于思考、善于总结；培养细致入微的酒店工匠精神和助人为乐精神，养成良好的团队合作意识和工作责任意识。

第二十五专题
客房餐饮服务

学习目标

- 了解客房餐饮服务的主要内容及客房餐饮菜单类型。
- 掌握客房餐饮订餐方式。
- 熟练掌握客房送餐服务的程序和标准。
- 具备规范、熟练地提供客房送餐服务的能力。

基础知识

客房餐饮服务亦称送餐服务，是星级饭店为方便客人所提供的一项服务，也是饭店的创收渠道之一。送餐部通常为餐饮部下属的一个独立部门，由于服务周到、涉及环节多、人工费用高，所以产品和服务的价格一般比餐厅售价高 20%~30%。

客房餐饮服务的主要内容

- 早餐。早晨是客房餐饮服务人员最繁忙的时间，主要供应欧陆式早餐、美式零点早餐。
- 午餐、晚餐、夜宵。午餐、晚餐、夜宵主要提供容易烹调、速度快、不易变味的菜品。
- 点心。点心包括三明治、面类、饭、甜点、水果等。
- 饮料。只要是饭店有的饮料都可向客人提供。
- 特别服务。特别服务主要包括总经理赠送给 VIP 的花篮、水果篮、欢迎卡、生日礼物，节日送给全部或部分客人的节日礼物。

客房餐饮菜单类型

- 门把手菜单。门把手菜单是为方便客人而挂在门把手上的一种纸质的一次性菜单，一般适用于早餐，上面列有各种菜肴、酒水饮料、各式套餐的名称、供餐时间、价格。客人订餐时，只要简单地在所选菜肴名称前的小方框内打"√"，然后挂在门外把手上即可，由送餐员收取。
- 床头柜菜单。床头柜菜单通常摆放在客房的床头柜上，菜单中一般列出饭店各餐厅较容易烹制和制作速度快的菜肴，适用于午餐、晚餐及夜宵。

客房餐饮订餐方式

- 门把手菜单预订。客人订餐时只需将选择好的菜单挂在门外把手上即可，一般适用于早餐预订。
- 电话预订。服务员要在电话铃响 3 声之内接听电话，首先要向客人问好，问清用餐人数、姓名、房号、用餐时间、菜肴名称及特殊需要，可提供建议性说明。复述上述内容，请客人确认以防出错，然后按客人需要开出订单，立刻通知厨房及送餐员做好准备并开出账单，以便结账。

服务技能

客房送餐服务程序与标准

客房送餐服务程序与标准如表 25.1 所示。

视频：客房送餐

表25.1 客房送餐服务程序与标准

服务程序	服务标准
了解当天食品供应情况	1. 电话订餐员应于每天上午 10 点半、下午 2 点半了解当天食品供应情况 2. 准确记录菜单上食品的实际供应及变动情况 3. 详细记录特荐食品的原料、配料、味道及制作方法 4. 将食品信息通知到客房餐饮部的每位工作人员
接受客人预订	1. 电话铃响 3 声之内接听电话 2. 聆听客人预订要求，掌握客人订餐种类、数量、人数及特殊要求，解答客人提问 3. 主动向客人介绍说明客房餐饮服务项目，以及当天的推荐食品，描述食品的数量、原料、味道、辅助配料及制作方法 4. 复述客人预订内容及要求，得到客人确认后，告诉客人需要等候的时间，并向客人致谢 5. 待客人将电话挂断后，方可放下听筒
填写订单并记录	1. 订单一式四联，分送收款台、各供菜厨房 / 酒吧、送餐员、电话订餐员 2. 电话订餐员按菜品制作时间长短将客人所订食品依次填写在订单上，如果所点食品中西餐菜肴均有，则西餐在前，中餐在后 3. 若客人需要特殊食品或有特殊要求，则须附文字说明连同订单一同送往厨房，必要时，应向厨师长说明 4. 在客餐服务记录本上记录客人订餐情况，包括订餐客人的房间号码、订餐内容、订餐时间、服务员姓名、账单号码 5. 通知送餐员
备餐摆台	1. 送餐员根据订单准备送餐用具（送餐车、托盘）和餐具 2. 取回客人所订食品和饮料 3. 依据客人订餐种类和数量，按规范摆台 4. 热菜要加保温盖或放入保温箱内 5. 送餐前检查核对所有物品、信息是否准确无误
送餐	1. 送餐员在送餐途中应保持送餐用具平稳，避免食品或饮品溢出 2. 食品、饮品餐具应加盖或上覆洁净盖布，确保卫生 3. 核实客人房号，敲门 3 下，报称"客房服务"或"room service"
客房内的服务	1. 待客人开门后，问候客人好，并询问是否可以进入房间，得到客人允许后进入房间，并致谢 2. 询问客人用餐位置 3. 如果服务早餐，则应询问客人是否需要帮助打开窗帘 4. 按照客人要求放置，依据订餐类型和相应规范进行服务
结账	1. 双手持账单夹上端，将账单递给客人 2. 将笔备好，手持下端，将笔递给客人 3. 客人签完后向客人致谢 4. 询问客人是否还有其他要求，若客人提出要求，则要尽量满足
道别	送餐员请客人用餐并祝客人用餐愉快后退出房间

续表

服务程序	服务标准
收餐	1. 检查订餐记录，确认房间号码 2. 早餐为 30min 后打电话收餐，午餐、晚餐为 60min 后打电话收餐 3. 问候客人并介绍自己，注意应称呼客人名字以示尊敬，询问客人是否用餐完毕 4. 送餐员收餐完毕即刻通知订餐员，订餐员要详细记录 5. 送餐员推餐车离开客房后，把台布下垂的四角向上将餐车盖好，防止脏的餐盘在途中被其他客人碰到或中途掉落 6. 当客人不在房间时，请楼层服务员开门及时将餐车、餐盘等用具取出 7. 若客人在房间，则收餐完毕后须询问客人是否还有其他要求并向客人道别

拓展阅读

关于客房送餐服务的有关行业规范

客房送餐服务是高星级酒店必备的服务项目，在国家颁布的一系列行业规范中有具体描述。摘录如下。

最新颁布的《旅游饭店星级的划分与评定》（GB/T 14308-2023）对四星级酒店的要求："应 16h 提供送餐服务。有送餐菜单和饮料单，送餐菜式品种至少 8 种，饮料品种至少 4 种，有可挂置门外的送餐牌（含其他形式）。"五星级酒店应 24h 提供送餐服务，送餐车应有保温设备。

《中国饭店行业服务礼仪规范》规定如下。

送餐车应干净整洁，符合卫生要求。车轮转动灵活，推动方便，无噪声。餐具应与食物匹配，干净、整齐、完好。

送餐员应站在离餐车一定距离处介绍菜品。送餐完毕，祝客人用餐愉快。

送餐时，如遇客人着装不整，送餐员应在门外等候，等客人穿好衣服后再进房送餐。

典型情境

断电后的客房送餐

南方某大饭店的客房餐饮办公室接到 2414 房间的来电，客人要求送 4 份红肠炒饭到房间。订餐员放下电话即与厨房联系。

送餐员小张正准备出发，不料此时饭店电路出了故障。小张在昏暗的烛光照耀下，找了一个方托盘盛放 4 碗炒饭，正欲举步，念头一转，饭店断电后电梯不能运转，用两条腿走 24 层楼梯十分艰难，何况是在黑暗中摸索上楼。小张犹豫一阵后猛然想到，此时正值寒冬，空调不能使用，客人在漆黑的房间里一定饥寒交加，他们正渴望吃上一顿香喷喷的热饭。现在是客人最需要服务的时候，酒店员工没有任何理由让客人失望。想到此，他端起托盘便从消防通道绕去，一口气来到24楼。他用手叩门时，两条腿好似灌了铅一般沉重。操着广东口音的客人连声道谢，小张感到浑身舒坦。小张正想请客人签单，不料又节外生枝。

不知何因，这几位客人只肯支付现金，不愿签单。那就是说，他必须先步行到一楼收银台替客人结账，再返回24楼交账单。但小张仍利落地接过现金，转身向楼梯口走去。当他第二次出现在2414房时，差点瘫倒在地。一位客人把他扶到椅子前，看到他满脸通红、气喘吁吁的模样，很不好意思。

"不，应该道歉的是我们，由于酒店断电给你们带来了不便，我上下走两次只能稍稍弥补酒店给你们带来的麻烦。感谢你们给了我提供服务的机会。"小张的话字字发自肺腑。

请思考：
结合案例谈谈服务中的"宾客至上"。

客人投诉的送餐

在一家四星级饭店，餐饮部下属的客房送餐部负责为下榻的客人提供送餐服务。每天送餐部的服务人员都在繁忙地为下榻的客人送餐，因为许多客人喜欢在客房内用餐。

这天中午，订餐员小朱接到1788房间的电话，客人要求以最快的速度送些食品到房间，由于客人不习惯吃西餐，要求提供中餐菜点。小朱告诉客人订中餐等候时间稍长，便推荐了两道快菜和一份炒饭，客人表示同意。小朱马上先打电话通知厨房配餐，再开出账单，催促送餐员马上去厨房取菜。大约过了半个小时，小朱接到为1788房间送餐的送餐员打来的电话，他告诉小朱，1788号房的客人由于等候时间过长，显得很不高兴，已离店而去，经过大堂时，将一封投诉信交给了大堂经理。后经查，是由于厨师在配餐过程中，将配菜单的顺序搞错了，所以送餐员没能及时将1788房间客人订的菜和炒饭送到，耽误了客人的时间，引起客人的不满，出现了投诉。

请思考：
此案例中引起客人投诉的原因是什么？饭店应该从中吸取哪些教训？

考核指南

基础知识部分

考核内容
1. 简述客房餐饮订餐方式。
2. 简述客房餐饮服务中的特别服务的内容。

考核方式
笔试或口试。

即学即测
扫描二维码,完成在线练习。

第二十五专题测一测

服务技能部分

考核内容
以小组为单位,在实训室模拟进行客房送餐服务流程训练,掌握客房送餐服务规范。

考核方式
实训室现场操作。

考核评价

评价内容	考核要点	分值	自评 20%	互评 30%	师评 50%	综合评价
客房送餐服务	了解当天食品供应情况;按规范接受客人预订	20分				
	准确填写订单并做好记录;及时通知相关部门和人员;按订单备餐摆台	20分				
	核实房号及时准确送餐;按照客人需要,提供客房内的餐饮服务	20分				
	为客人提供结账服务	20分				
	道别并祝客人用餐愉快;适时收餐	20分				
评分标准	A:90~100分,服务环节完整且符合规范、服务语言得体,服务意识及服务表现力显著。 B:80~89分,服务环节较为完整且符合规范、服务语言得体,服务意识及服务表现力较好。 C:60~79分,服务环节较为完整且符合规范、服务语言基本得体,服务意识及服务表现力一般。 D:59分以下,服务环节较为完整,服务意识及服务表现力较差。					
备注						

第二十六专题
菜单分析与设计

学习目标

- 了解 ABC 分析法、ME 分析法的基本内容和步骤。
- 了解菜单设计的基本要求。
- 掌握菜单内容与设计。
- 具备利用科学的方法进行菜单分析及菜单设计的能力。

基础知识

菜单分析

视频：菜品分析

ABC 分析法

- ABC 分析法的基本内容。ABC 分析法（activity based classification）又称帕累托分析法或巴雷托分析法。使用 ABC 分析法能够对菜单品目、销售额进行分析。它根据每种菜肴销售额的多少，将其划分为 A、B、C 三组。

  A 组：现在的主力菜肴，也称重点菜肴。

  B 组：可能是过去，也可能是未来的重点菜肴，也称调节菜肴。

  C 组：销售额低的菜肴，一般包括滞销的菜肴、新开发但尚未打开销路的菜肴，或某些低价促销的招牌菜肴，又称裁减菜肴或灰姑娘菜肴。

  根据国际饭店界惯例，A 组菜肴销售额占 70%，B 组占 20%，C 组占 10%。A 组菜肴品目越少，主力菜肴越突出，就越能强化餐厅的个性，同时可以对 A 组菜肴进行集中管理。

- ABC 分析法的步骤。

  ① 统计每月每种菜肴销售份数，乘以单价，计算出每种菜肴的总销售额。计算公式为：

  $$每种菜肴总销售额 = 每种菜肴销售份数 \times 单价$$

  ② 计算每种菜肴的销售额在餐厅菜肴总销售额中所占的百分比。计算公式为：

  $$每种菜肴销售额构成比 = 该菜肴的总销售额 \div 本次统计所有菜肴的总销售额 \times 100\%$$

  ③ 按百分比大小，由高到低排列序号。

  ④ 按序列求出累计百分比。

  ⑤ 按上面的比例将菜肴划分为 A、B、C 三组。

- 通过对菜单进行 ABC 分析，可以达到以下目的。

  ① 确定今后销售中应当加强推销的菜肴及应当裁减的菜肴。

  ② 通过对菜单的整理分析，调整厨房烹调作业，使之更加合理化。

  ③ 研究如何开发新菜肴。

ME 分析法

- ME（menu engineering，菜单工程）分析法的基本内容。同类菜肴之间是相互竞争的，往往一种菜的畅销会夺走其他菜的销售额。因此对同类菜肴进行菜单分析是十分必要的。ME 分析法就是适合同类菜肴分析的一种方法，即主要通过客人对菜肴的喜好程度、菜肴给饭店带来的盈利程度两个方面进行分析，将菜肴划分为畅销高利润、畅销低利润、不畅销高利润、不畅销低利润 4 类菜肴的一种方法。

▲ ME 分析法的步骤。

① 选择菜单分析的原始数据。数据可来自点菜单，汇总点菜单上某类菜肴的销售份数和价格。

② 计算某一菜肴的销售额。统计该菜肴销售份数，乘以单价，计算出该菜肴的销售额。计算公式为：

$$某一菜肴的销售额 = 该菜肴销售份数 \times 单价$$

③ 计算某一菜肴销售额构成比。某一菜肴销售额构成比即该菜肴的销售额在所有被分析菜肴总销售额中所占的百分比。计算公式为：

$$某一菜肴销售额构成比 = 该菜肴的销售额 \div 所有被分析菜肴总销售额 \times 100\%$$

④ 计算饭店盈利程度。饭店盈利程度通常用销售额指数表示，即某一菜肴的销售额在总销售额中的份额。销售额指数的计算公式为：

$$销售额指数 = 某一菜肴销售额构成比 \div 每份菜肴应售额百分比$$

$$每份菜肴应售额百分比 = 1 \div 本次分析的菜肴数量 \times 100\%$$

⑤ 计算某一菜肴销售数构成比。某一菜肴销售数构成比即该菜肴的销售数量在所有被分析菜肴总销售数量中所占的百分比。计算公式为：

$$某一菜肴销售数构成比 = 该菜肴的销售数量 \div 所有被分析菜肴总销售数量 \times 100\%$$

⑥ 计算客人喜好程度。客人对某一菜肴的喜欢程度通常用客人欢迎指数表示，依据客人对各种菜肴的购买数量计算。客人欢迎指数的计算公式为：

$$客人欢迎指数 = 某一菜肴销售数构成比 \div 每份菜肴应售份数百分比$$

$$每份菜肴应售份数百分比 = 1 \div 本次分析的菜肴数量 \times 100\%$$

⑦ 根据计算数据对菜肴进行分类。不管被分析的菜品项目有多少，菜肴的平均客人欢迎指数和销售额指数均为 1。若超过 1，就说明是客人喜欢的菜，超过的越多说明越受欢迎，畅销菜即为客人欢迎指数高的菜肴，而价格高、销售额指数高的菜肴则为高利润菜肴。

▲ 菜肴分析及产品策略。菜肴分析图如图 26.1 所示，根据客人欢迎指数和销售额指数可将菜肴划分为以下 4 类。

① 畅销、高利润菜肴。这种菜肴既受客人欢迎又可带来高盈利，是餐厅的盈利产品，在计划菜品时应保留。

② 畅销、低利润菜肴。这种菜肴一般可用于薄利多销的中低档餐厅中，如果价格和利润不太低而客人又比较欢迎，则可以保留，以起到吸引客人的作用，客人进餐厅后还可选用其他菜肴。但这类菜肴也可能会转移客人的注意力，挤掉那些高盈

利菜品的生意。如果这些菜肴明显影响高盈利菜品的销售，就应果断地将其取消。

③ 不畅销、高利润菜肴。这种菜肴可用来迎合一些愿意支付高价的客人。高价菜毛利额大，如果不是太畅销，则可以考虑保留。但是如果销售量太小，则会使菜单失去吸引力，因此在较长时间内销售量一直很少的菜应该取消。

④ 不畅销、低利润菜肴。这种菜肴一般应取消，但如果有些菜肴的客人欢迎指数和销售额指数都不太低（接近0.8），又可起到营养平衡、原料平衡和价格平衡的作用，则仍可保留。

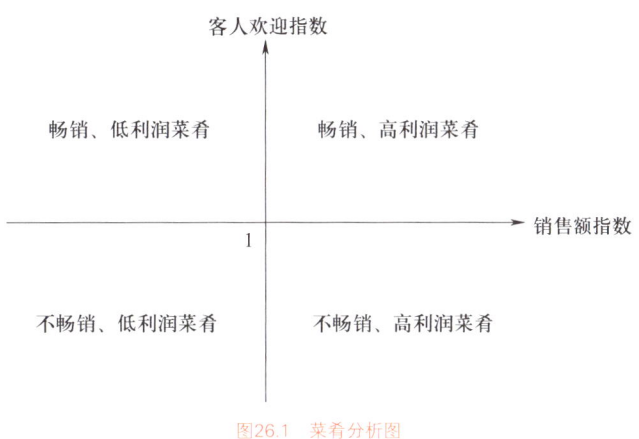

图26.1 菜肴分析图

菜单内容与设计

菜单内容

- 菜品的名称和价格。一般来说，名称和价格要具有真实性，这种真实性主要体现在如下几个方面。

① 菜品名称真实。菜品名称既应该好听，又必须真实，不能太离奇。故弄玄虚而离奇的名字、客人不熟悉或不符合实际的名字都不容易被客人接受。一般可采用双重命名法，前面为菜品的描述性名字，后面为其真正名称或解释。

② 菜品质量真实。菜品质量真实指原料的质量和规格要与菜单的介绍相一致。

③ 菜品价格真实。菜单上的价格应该与实际收取的费用一致。如果餐厅加收服务费，则必须在菜单上注明，若有价格变动，则必须注明。

④ 外文名字准确。常出现的拼写错误会使客人产生失望感及不信任感，翻译的不准确则会使客人看不懂菜式，感到莫名其妙。

⑤ 菜单上列出的菜品应保证供应。

- 菜品的介绍。详见第二十七专题"菜肴描述技巧"部分内容。
- 告示性信息。告示性信息即餐厅推销宣传性信息。每张菜单除有菜品名称、价格及菜品介绍外，还应提供一些餐厅告示性的信息，以便于餐厅推销。这些信息如下。

视频：菜品选择

① 餐厅的名字：通常安排在封面。

② 餐厅的风味特色：如 ×× 餐厅，潮州风味。有时餐厅名称本身也可体现风味特色，如小四川餐厅。
③ 餐厅的地址、电话和徽标：一般列在菜单的封底下方，有的菜单还会列出餐厅在城市中的位置。
④ 餐厅经营时间：列在封面或封底。
⑤ 餐厅加收的费用：一般设在里页下方。
- 机构性信息。菜单上可以介绍餐厅的食品质量、历史背景、特点、特色等，而且菜单是介绍此类信息的最佳途径。通常安排在封面反面。
- 特色菜的推销。许多餐厅需要推出一些具有特色的菜品；一般来说，那些价格高、毛利大、容易烹调的菜可作为特色菜推出。这些特色菜可以分为以下 4 大类。
① 特殊菜品：一些畅销或高利润的菜。
② 特殊套餐：能提高销售额、增强推销效果的套餐。
③ 每日时菜：饭店在菜单上留出空间，以卡片形式每日列上可以增加菜单新鲜感的特色菜和时令菜。
④ 特色烹调菜：以独特的烹调方法烹制的特殊菜。
- 特色菜的菜单推销具体方法如下。
① 用粗字体、大号字体或特殊字体列出菜名。
② 对特色菜进行较为详细的推销性介绍。
③ 采用边框、线条或其他强调手法使特色菜显得更为引人注目。
④ 把特色菜放在菜单引人注目的位置。
⑤ 附上特色菜漂亮的彩色照片。

菜单内容的安排与设计
- 菜单内容一般按就餐顺序排列，因为客人通常按就餐顺序点菜，菜单内容按就餐顺序编排能方便客人很快找到菜品的类别，不致漏点。
- 中餐菜单的排列顺序一般是冷菜、热菜、汤菜、主食、酒水饮料。
- 西餐菜单的排列顺序一般是开胃品、沙拉、汤、主菜、三明治、甜点、饮品。
- 主菜应该尽量列在醒目的位置，单页菜单应列在单页的中间，双页菜单应列在右页，三页菜单应列在中页，四页菜单应列在第二页和第三页上。
- 菜单的编排要注意目光集中点的推销效应，要将重点推销的菜列在醒目之处。
- 菜品在菜单上的位置对于菜单的推销有很大的影响。要使推销效果显著，就必须遵循最早和最晚原则，即列在第一项和最后一项的菜品最能吸引客人的注意。
- 菜单上有些重点推销的菜、名牌菜、高价菜、特色菜或套菜可以单独进行推销。这些菜不要列在各类菜点通常的位置，而应该放在菜单显眼的位置。
- 如果是临时推销，则可用小卡片的形式附在菜单上引起客人的注意。

菜单设计的基本要求
- 菜单设计要注意艺术性，可以选择与餐厅的主题相对应。
- 选择材料要合适。

- 菜单的尺寸应合适（菜单的理想尺寸为 23cm×30cm）。
- 字体选择要合适。
- 运用颜色和照片。
  ① 在菜单上使用颜色和照片是当代餐厅的一种潮流。
  ② 颜色能起到推销菜品的作用。
  ③ 菜单色彩越多，印刷成本越高。
  ④ 彩色照片能对食品饮料起推销作用。
  ⑤ 彩色照片能为菜单增加色彩，提升美观度。
  ⑥ 彩色照片使客人加快订菜的速度，可提高座位周转率。
  ⑦ 印上彩色照片的菜肴应该是餐厅最愿意销售的、希望客人注意并决定购买的菜品。

除上述几点外，菜单设计中菜单式样的选择还可以根据餐厅的特色、菜品数量的多少及目标客人的审美特点而定。

电子菜单

随着信息技术的不断进步，智能手机、平板电脑等电子设备的普及程度越来越高。消费者越来越习惯于数字化的生活方式，他们在就餐、购物、娱乐等方面都倾向于使用电子设备获取信息和进行交互。这种消费习惯的转变促使酒店餐厅迎合客人的需求，采用电子菜单以提供更便捷、个性化的服务。

电子菜单的种类
- 平板电脑展示。餐厅可以为每桌配备一台平板电脑，客人通过平板电脑翻阅菜品图片、介绍、价格等信息。可以设置分类展示，如热菜、凉菜、汤羹、主食、甜品等，还可以加入菜品的食材来源、烹饪方式、营养成分等详细说明。
- 壁挂式电子显示屏。在餐厅的墙壁上安装较大尺寸的电子显示屏，滚动或分页展示菜品。可以将显示屏安装在点菜区或者餐厅显眼的位置，让客人在排队等待或就座后能够方便地查看。
- 手机扫码点餐系统。在餐桌上放置带有二维码的桌牌，客人通过扫描二维码进入电子菜单页面进行点餐。这种方式的电子菜单可以结合图片、文字、视频等多种元素展示菜品，并且可以实现菜品推荐、套餐搭配、优惠活动提示等功能。
- 互动触摸屏。在餐厅入口处或者点菜区设置互动触摸屏，客人可以通过触摸操作查看菜品信息、进行点餐。触摸屏还可以设置菜品搜索、筛选、排序等功能，方便客人快速找到自己心仪的菜品。

电子菜单的优点
- 提升客人点餐效率。电子菜单的分类和搜索功能使客人能更精准地找到自己想要的菜品。客人能够快速浏览菜品，无须翻页查找，节省点餐时间。

- 增强菜品展示效果。电子菜单可以通过高清图片、视频甚至 3D 展示等方式，生动呈现菜品的特色和细节；还可以添加菜品的详细介绍，包括食材来源、烹饪方法、营养成分等，让客人更好地了解菜品。
- 实时更新菜品信息。餐厅使用电子菜单，可以根据食材的供应情况、季节变化等，实时更新调整菜品的供应和价格。若某道菜暂时缺货，则能及时在电子菜单上显示，避免客人点餐后的失望。
- 提高服务质量。使用电子菜单可以减少服务员等待客人点菜的时间，使其能更专注于提供优质的服务，如解答客人的疑问、及时响应客人的需求；也避免因服务员对菜品不熟悉而产生的介绍错误。
- 提升餐厅形象和竞争力。使用电子菜单可以给客人带来现代化、科技化的用餐体验，提升餐厅的品牌形象，在同类型餐厅中脱颖而出，吸引更多追求新鲜和便捷的客人。
- 降低成本，环保节能。电子菜单可节省印刷和更换纸质菜单的费用，也可减少因菜单变动而进行临时更改时可能出现的错误和误解。同时，减少纸质菜单及纸质点菜单的使用，降低对纸张的消耗，有利于环境保护。
- 便于数据分析和管理。电子菜单系统可以记录客人的点餐数据，帮助餐厅了解热门菜品、冷门菜品及客人的消费习惯，从而优化菜品组合和营销策略，为餐厅的采购和库存管理提供依据，降低成本、减少浪费。

电子菜单的功能

- 服务功能。

    ① 分类与搜索。按照菜品类别（如荤菜、素菜、汤羹等）进行分类，方便客人查找；客人可以通过输入关键词快速找到想要的菜品。

    ② 菜品展示。利用高清图片展示菜品的外观，吸引客人的注意力；详细的菜品描述，包括食材、口味、分量等信息。

    ③ 菜品与套餐推荐。根据客人的点餐历史和偏好，为其推荐相关菜品；设计套餐，如商务套餐、家庭套餐等，方便客人选择。

    ④ 点餐功能。客人可以直接在电子菜单上勾选菜品，添加特殊要求（如少辣、去葱等）。

    ⑤ 促销与优惠活动展示。展示当前的折扣信息、满减活动、赠品等。

    ⑥ 购物车与结算。客人所选菜品自动添加到购物车，方便查看和修改；显示菜品总价和明细，支持多种支付方式。

- 管理功能。

    ① 实时更新。菜品价格的即时调整，菜品的供应状态实时显示（如售罄、限量等）。

    ② 客人评价与反馈。客人用餐后可以对菜品进行评价和打分，为餐厅提供收集客人意见和建议的渠道。

    ③ 数据分析与报表。统计菜品的点单频率、销售额等数据。生成营业报表，帮助餐厅管理者了解经营状况。

    ④ 库存管理。与餐厅的库存系统连接，实时监控食材库存，便于及时补货。

⑤ 员工权限管理。为不同级别的员工（如服务员、经理等）设置不同的操作权限。

现今，虽然餐厅已经有了电子菜单，但大多数星级酒店餐厅或高端社会餐厅仍保留纸质菜单。它们将精心设计的纸质菜单作为餐厅的一种装饰元素，与餐厅的整体氛围相融合，增添特色和文化内涵，以此增强客人的沉浸式体验。同时，针对部分老年客人或对电子设备不熟悉的客人，使用纸质菜单可让其更自在地点餐，有助于提升餐厅服务品质和客人的满意度。

服务技能

ABC 分析法的运用

实例介绍

天都酒店中餐厅根据统计资料（为计算方便，菜品单价为模拟价格）对菜单进行 ABC 分析，如表 26.1 所示。

表26.1　ABC分析法实例

编号	品名	单价/元	销售份数/份	总销售额/元	销售额构成比/%	序列号	累计百分比/%	分类
a	天都小炒	13.00	200	2600	4.07	8	95.37	C
b	滑炒肉丝	12.50	1100	13 750	21.51	1	21.51	A
c	软炸里脊	13.50	910	12 285	19.22	2	40.73	A
d	盐水笨鸭	16.00	50	800	1.24	10	99.02	C
e	叫花子鸡	22.00	70	1540	2.41	9	97.78	C
f	麻婆豆腐	12.00	400	4800	7.51	5	77.96	B
g	野味素烧	12.50	800	10 000	15.64	3	56.37	A
h	葱烧海螺	12.00	360	4320	6.77	6	84.73	B
i	干煎黄鱼	18.00	500	9000	14.08	4	70.45	B
j	绣球全鱼	21.00	30	630	0.98	11	100.00	C
k	清炒虾仁	20.00	210	4200	6.57	7	91.30	C
小计	—	—	—	63 925	—	—	—	—

实例分析

从表 26.1 中的数据计算中得出：b、c、g 属于主力菜肴，为 A 组；f、h、i 属于调节菜肴，为 B 组；a、d、e、j、k 属于裁减菜肴，为 C 组。

根据表 26.1 并参考以前的分析资料得出，餐厅应密切注意 B 组调节菜肴的发展趋势，对处于上升趋势的菜肴应加强推销，为替补 A 组菜肴做好准备。在 C 组菜肴中，除招牌菜肴外，那些由于季节、味道、颜色、价格及营养搭配等因素销路不畅的菜肴都应给予果断淘汰，并对客人的需求状况进行充分的研究，开发新的菜肴品种，对于尚处在 C 组中的待开发菜肴则应加强宣传推销，加速客人对其的认识和接受。

ME 分析法的运用

实例介绍

某西餐厅菜单上的汤类有 5 种，菜品（为计算方便，菜品单价为模拟价格）的销售份数、客人欢迎指数和销售额指数如表 26.2 所示。

表26.2 ME分析法实例

品名	销售份数/份	销售数百分比/%	客人欢迎指数	单价/元	销售额/元	销售额百分比/%	销售额指数
法式洋葱汤	60	26	1.3	5.00	300	16.1	0.8
新鲜蔬菜汤	30	13	0.65	4.00	120	6.5	0.3
牛尾清汤	20	9	0.45	8.00	160	8.6	0.4
奶油鸡汤	80	35	1.75	10.00	800	43.0	2.2
酸辣牛肉汤	40	17	0.85	12.00	480	25.8	1.3
总计/平均值	230	20	1		1860	20	1

实例分析

通过计算可以得出如下结论。

- 法式洋葱汤为畅销、低利润菜肴，考虑到其销售额指数为 0.8，可起到薄利多销的作用，故保留。
- 新鲜蔬菜汤为不畅销、低利润菜肴，故取消该菜品，或设计开发新菜品。
- 牛尾清汤为不畅销、低利润菜肴，故取消该菜品，或设计开发新菜品。
- 奶油鸡汤为畅销、高利润菜肴，故保留该菜品，并加强宣传促销。
- 酸辣牛肉汤为不畅销、高利润菜肴，可保留该菜品，但须加强宣传促销。

拓展阅读

ABC 分析法

ABC 分析法是根据事物在技术或经济方面的主要特征，进行分类排队，分清重点和一般，从而有区别地确定管理方式的一种分析方法。由于它把被分析的对象分成 A、B、C 三类，所以被称为 ABC 分析法。ABC 分析法是在 1879 年，由意大利数理经济学家、社会学家维尔雷多·巴雷托提出的。巴雷托在研究个人的分布状态时，发现少数人的收入占全部人口收入的大部分，而多数人的收入却只占一小部分，他将这一关系用图表示出来，就是著名的巴雷托图。该方法的核心思想是在决定一个事物的众多因素中分清主次。识别出少数的但对事物起决定作用的关键因素和多数的但对事物影响较少的次要因素。后来该方法被不断应用于管理的各个方面。1951年，管理学家戴克将其应用于库存管理。1951—1956年，朱兰将该方法引入质量管理，用于质量问题的分析，生成排列图。1963年，德鲁克将该方法推广到全部社会现象，使 ABC 分析法成为企业提高效益的普遍应用的管理方法。

典型情境

印在丝绸上的 G20 峰会菜单

G20 峰会（20 国集团）是一个国际经济合作论坛。2015 年 2 月，中国杭州获得 G20 第十一届峰会举办权后，就开始筹备设计相关接待事宜。G20 杭州峰会欢迎宴会以"西湖盛宴"为主题，围绕"中国青山美丽，世界绿色未来"的设计理念，以"西湖元素""杭州特色"为载体，通过西湖梦的主题场景布置、西湖韵的餐具器皿展现、西湖情的礼宾用品展示、西湖味的杭州菜肴烹饪、西湖秀的服务展示，向来宾淋漓尽致地演绎了中国传统文化。

2016 年 9 月 4 日，习近平主席和夫人在杭州西子宾馆漪园设宴欢迎各国领导人，万众瞩目的 G20 峰会晚宴菜单正式揭晓。晚宴菜单共 14 道菜，以杭帮菜为主，菜名的设计体现了峰会的主题——构建创新、活力、联动、包容的世界经济，可谓用心良苦。

这 14 道菜分别是八方迎客（富贵八小碟）、大展宏图（鲜莲子炖老鸭）、紧密合作（杏仁大明虾）、共谋发展（黑椒澳大利亚牛柳）、千秋盛世（孜然烤羊排）、众志成城（杭州笋干卷）、四海欢庆（西湖菊花鱼）、名扬天下（新派叫花鸡）、包罗万象（鲜鲍菇扒时蔬）、风景如画（京扒扇形蔬）、携手共赢（生炒牛松饭）、共建和平（美点映双辉）、潮涌钱塘（黑米露汤圆）、承载梦想（环球鲜果盆）。

菜单的造型别具特色，质地是丝绸的，式样设计为团扇式屏风摆件，与元首丝绸卷轴邀请函、丝绸嘉宾邀请函、丝绸节目单、座位牌等遥相呼应，尽显丝绸魅力、中国魅力。

宴会餐具呼应"西湖盛宴"的主题，餐具的设计创作灵感来源于西子湖畔的水和自然景观。晚宴餐具以绿色为主色调，传递绿色发展的理念，图案为西湖十景，具有浓厚的中国传统文化底蕴，整套餐具体现出"西湖元素、杭州特色、江南韵味、中国气派、世界大国"的 G20 国宴布置基调。

请思考：

G20 杭州峰会晚宴菜单设计中中国元素体现在哪些方面？谈谈你对主题菜单设计的理解。

考核指南

基础知识部分

考核内容
1. 简述菜单内容与设计。
2. 简述特色菜的种类。
3. 简述特色菜的菜单推销方法。
4. 简述菜单内容的安排与设计要点。
5. 简述菜单设计的基本要求。
6. 简述菜单设计运用颜色和照片的好处。
7. 简述常见的餐厅电子菜单的类型。
8. 简述餐厅使用电子菜单的好处。
9. 结合网络调查,说出电子菜单具有哪些功能。

考核方式
笔试或口试。

即学即测
扫描二维码,完成在线练习。

第二十六专题测一测

服务技能部分

考核内容
试用 ABC 分析法对表 26.3 中的菜肴(菜品价格为模拟价格)进行分析。

表26.3 某餐厅的菜点销售情况

编号	品名	单价/元	销售份数/份	总销售额/元	销售额构成比/%	序列号	累计百分比/%	分类
a	酱牛肉	30.00	200					
b	朝鲜泡菜	18.00	1100					
c	老醋萝卜皮	12.00	910					
d	山楂蜜饯	16.00	50					

续表

编号	品名	单价/元	销售份数/份	总销售额/元	销售额构成比/%	序列号	累计百分比/%	分类
e	五彩凉皮	22.00	70					
f	清凉三丝	12.00	400					
g	花生脆果	12.00	800					
h	腌青虾	32.00	360					
i	杂果拼盘	18.00	500					
j	白菜大拌	22.00	30					
k	拌蚕蛹	30.00	210					
小计								

请做出评析：_____

▲ 试用 ME 分析法对表 26.4 中的菜肴（菜品价格为模拟价格）进行分析。

表26.4　某餐厅的杭帮菜一个月的销售情况

品名	销售份数/份	单价/元	销售额/元	销售数百分比/%	销售额百分比/%	客人欢迎指数	销售额指数
西湖醋鱼	107	148.00					
葱烧海参	83	258.00					
油爆大虾	64	166.00					
松仁鲜贝	39	138.00					
五色鱼丝	66	146.00					
总计/平均值							

请做出评析：_____

△ **考核方式**

现场实例计算。

第二十七专题
餐饮推广与销售

学习目标

- 掌握增加餐饮销售收入的方法。
- 掌握餐饮数字化营销的方式及渠道。
- 熟练掌握餐饮推销手段。
- 具备利用各种促销活动进行有效推销的能力。

基础知识

餐饮销售收入

餐饮销售收入是指餐饮经营场所全部用餐时段、线上和线下、直接和间接销售收入的总和。餐饮销售收入是衡量餐厅经营状况和盈利能力的关键指标。它直接反映了餐厅在市场中的受欢迎程度和竞争力。

餐饮销售收入构成
- 堂食收入：各用餐时段在餐厅就餐所获取的直接销售收入，是餐厅的主要收入来源。
- 外送收入：通过电话、微信等企业官方平台订餐，客人到店自取或外送到家的餐饮收入。
- 团购收入：通过企业官方平台或美团、饿了么等第三方平台销售的团购收入。
- 其他产品收入：在相关时间节点推出的礼盒产品、伴手礼或相关文创产品的销售收入，如年货礼盒、粽子礼盒、月饼礼盒等。

餐饮销售收入与餐厅定位

餐饮销售收入与餐厅定位密切相关。餐厅经营者需要根据市场需求和自身资源，准确地进行定位，并通过不断优化菜品、服务和营销策略，来实现销售收入的增长和餐厅的可持续发展。

- 目标客户群体。明确的定位能够精准地吸引特定的客户群体。如果定位为高端商务餐厅，则主要吸引商务人士和高消费群体，其目标客户对环境和服务要求较高，愿意支付较高的价格，因此可以通过提供优质的食材、精致的菜品和一流的服务来获取较高的销售收入。如果定位为快餐餐厅，则主要服务于上班族和追求快捷就餐的人群，通过快速出餐、价格实惠来吸引大量的客人，以量取胜，实现销售收入的增长。
- 菜品定价。餐厅定位直接影响菜品的定价策略。高端餐厅可以制定较高的价格，以体现其品质和独特性。大众餐厅则需要考虑消费者的价格敏感度，制定适中的价格，通过提供量大实惠的菜品来吸引消费者，从而增加销售收入。
- 服务水平。不同定位的餐厅对服务的要求不同。高端餐厅注重个性化、专业化的服务，可通过为每位客人配备专属的服务员、提供细致入微的服务提升客人的消费体验和满意度，促进销售收入的增加。大众餐厅则更注重服务的效率和亲切度，通过快速响应客人需求、保持餐厅的整洁和舒适、拥有良好的性价比吸引客人，提高销售收入。
- 餐厅整体风格。餐厅整体风格包括装修、氛围、品牌形象等方面。高端餐厅通常装修豪华、氛围优雅。大众餐厅可能更注重营造轻松、活泼的氛围。例如，一家以动漫为主题的休闲餐厅，通过充满动漫元素的装修和布置，吸引年轻的动漫爱好者，以独特的风格吸引客人，增加销售收入。

增加餐饮销售收入的方法

增加就餐人数

- 提供优质服务。
- 提高产品质量。
- 改善就餐环境。
- 加大宣传力度。
- 保障食品安全。
- 开发有吸引力的菜品。
- 拓宽销售渠道（如美团等第三方销售）。
- 增加特色卖点。
- 开展促销活动。
- 硬件升级（客房计算机小酒吧、餐厅计算机点菜系统、Wi-Fi 覆盖、App 平台等）。
- 建立酒店俱乐部会员制。

视频：餐饮推销活动

提高消费水平

从餐饮组织角度，提高客人消费水平可从以下几个方面着手。

- 建立销售角。
- 确立目标菜品。
- 开展销售比赛。
- 完善各项制度。
- 建立培训机制。
- 及时激励奖励。

从服务员个人角度，提高客人消费水平可从以下几个方面着手。

- 改进服务态度。
- 加强语言表达能力的训练。
- 提高处理问题的能力。
- 开展菜单描述。
- 掌握产品知识。
- 提升推销技巧。

餐饮数字化营销

餐饮数字化营销是指餐饮企业利用数字技术和互联网平台来推广品牌、吸引客户、促进销售、提升客户体验的一系列营销策略及手段。数字化营销将尽可能地利用先进的计算机网络技术，以最有效、最经济的方式谋求新市场的开拓和新消费者的挖掘。与此同时，数字化营销运用数字化手段，通过整合多种渠道，包括线上和线下的各种途径，为消费者提供无缝、一致且个性化的购物体验。数字化营销能实现营销的精准化，并将营销效果可量化、数据化，是一种高层次营销活动。

餐饮数字化营销的意义
- 精准定位目标客户。通过大数据分析，了解消费者的喜好、消费习惯和地理位置等信息，从而精准推送营销内容，优化营销效果。
- 提升品牌知名度。利用社交媒体、在线评论等渠道，扩大品牌的曝光度和影响力。
- 增加客户互动。例如，通过线上活动、互动游戏等方式，增强与客户的沟通和联系，提高客户忠诚度。

餐饮数字化营销的常见方式
- 社交媒体营销。在微信、微博、抖音等平台上发布吸引人的美食图片、视频和文字，吸引潜在客户的关注。例如，一些网红餐厅通过在抖音上发布特色菜品的制作过程，吸引了大量用户前往打卡。
- 在线点餐与预订系统营销。在线点餐与预订系统方便客户提前下单和预订座位，提高餐厅的运营效率。例如，海底捞就提供了完善的在线点餐和预订服务。
- 搜索引擎优化（SEO）和搜索引擎营销（SEM）。通过优化餐厅网站，使其在搜索引擎结果中获得更高的排名，或者投放关键词广告，增加网站的流量。
- 会员管理系统营销。通过积分、折扣等方式，鼓励客户注册成为会员，积累客户数据，进行精准营销。通过企业微信及微信福利群，向会员发送优惠信息、新品推荐等，促进客户的再次消费。

餐饮数字化营销的渠道
- 企业官方平台：企业自建平台，如企业官网、微信公众号、微信小程序，通常以企业线上商城形式体现。
- 第三方外卖平台：独立于交易双方，为双方提供服务和支持的中间平台，企业可入驻开店，达成交易，如美团、饿了么等，连接餐厅和消费者，提供外卖配送服务。
- 短视频和直播平台：利用短视频打造品牌 IP，与直播配合，共同销售餐券或礼盒等，如抖音、微信视频号等。
- OTA 平台：消费者通过网上支付或线下付费的方式完成住宿、美食等产品交易，如携程、大众点评、飞猪、去哪儿网等。
- 电商平台：为商家和消费者提供交易场所及相关服务，主要销售餐饮企业周边产品、礼盒产品等，如淘宝、京东等。
- 社交媒体平台：以生活方式分享和购物推荐为主的平台，如小红书，通过与博主合作或创建官方账号，提升品牌知名度和形象，并针对特定产品进行推广，引发用户的兴趣和购买冲动。

餐厅客人网评

餐厅客人网评内容
- 菜品评价：包括对菜品口味、菜品质量、菜品分量等方面的评价。

- 服务评价：包括对服务员的态度、上菜速度及其他服务细节的评价。
- 环境评价：包括对餐厅的卫生情况、装修、氛围和座位的舒适度的评价。
- 价格评价：包括整体价格水平、对某道菜品价格的看法。
- 综合评价：包括总体的满意度及提出的改进建议。

餐厅客人网评管理要点

餐厅客人网评管理是一项非常重要的工作，它对于餐厅声誉、品牌发展及客人满意度都有着至关重要的影响。

- 真诚礼貌。无论是正面评价还是负面评价，均要真诚向客人表示感谢；回复提及客人评论中的具体内容，让回复更有针对性；注意避免冗长复杂的回复，确保语言简洁易懂。
- 及时回复。设定回复的时间目标（24h内回复），并及时回复；对于正面评价要表达感谢，强化与客人的积极联系；对于负面评价，要诚恳道歉并提出解决方案。
- 分类处理。由专人负责对网评进行分类；针对每类问题，制定相应的改进措施。
- 定期分析。定期分析网评数据，了解客人的关注点及需求变化。
- 全员重视网评。可将网评与员工的绩效挂钩，激励员工提供更好的服务和菜品。
- 利用网评进行营销。选取一些精彩的正面网评，在餐厅的官方网站、社交媒体等平台上展示，吸引更多的潜在客人。

有效的餐厅客人网评管理能够帮助餐厅不断提升服务质量和客人满意度，从而在激烈的市场竞争中脱颖而出。

餐饮推销手段

店面广告推销

- 店面广告推销的形式。餐厅店面广告除店面门头广告、店堂内灯箱广告及商品包装广告外，为扩大影响、增加销售，还通常包括如下方式：印一些广告宣传品立在桌上或放在柜台上；餐厅外部悬挂推销产品的彩旗；门厅口竖立招贴广告；橱窗上张贴产品宣传画。

视频：餐饮推销形式

- 店面广告推销的要求。为餐厅树立形象；宣传餐厅提供的产品；宣传新产品；宣传产品价格和优惠措施；适合饭店和餐厅的特点。

员工推销（全员推销）

- 员工的形象推销。餐厅的每个员工都是推销员，他们的外表、服务和工作态度，都是对餐饮产品的无形推销。餐厅员工在服务时需要注意以下几点：着装应清洁整齐，强化餐厅整体形象，使之具有推销功能；仪表仪容、行为举止要统一、规范，具有一致性。

- 员工的服务推销技巧。主动打招呼；熟悉产品，适时介绍菜品；主动服务，抓住销售机会。

节日促销

餐饮部门要抓住各种机会甚至创造机会，吸引客人购买，以增加销量。各种节日是难得的促销机会。餐饮部门每年都要做促销计划，尤其是节日促销计划，使节日的促销活动生动活泼、有创意，取得较好的效果。中国节日有春节、元宵节、中秋节、端午节、国庆节等；西方节日有圣诞节、情人节、复活节、感恩节、万圣节等。除节日外，还可利用企业店庆、周年庆等开展促销活动，也可利用中国二十四节气进行时令菜推广。

赠品促销

- 赠品的类别。
  ① 商业赠品。为鼓励大客户经常光顾，餐厅通常向其赠送具有与饭店档次一致、带有饭店宣传字样的礼品。
  ② 个人礼品。为鼓励客人光顾餐厅，在就餐时可向客人赠送礼品或纪念卡。
  ③ 广告性赠品。这种赠品主要起到宣传餐厅、提高餐厅知名度的作用。对过路的行人和惠顾餐厅的客人均可赠送。
  ④ 奖励性赠品。这种赠品旨在刺激客人在餐厅中多消费和再次光临。例如，消费一定额度或次数，赠送礼物或现场抽奖赠送礼品。
- 赠品的要求。
  ① 要符合不同年龄接受者的心理需要。
  ② 礼品的质量要符合餐厅的形象。
  ③ 赠送礼品要附上卡片，最好有总经理的亲笔签名、贺词、致谢词。
  ④ 礼品包装要精致。
  ⑤ 赠送气氛要热烈。

食品展示促销

- 原料展示促销。
- 成品陈列促销。
- 手推车服务促销。
- 现场烹调展示促销。
- 试吃促销。
- 餐具和菜品摆布推销。
  ① 餐具是衬托菜品外形和色彩的重要因素，餐具的质地、图案、颜色、形状和大小都会影响菜品的外观，餐具的摆布还要与餐厅整体档次、特色相一致。
  ② 菜品不同的摆布方式会给客人不同的感受。常见的摆布方式有标准摆布法、缩小摆布法、扩大摆布法、艺术性摆布法。
  ③ 装饰菜肴常采用具有点缀性的、颜色鲜艳的蔬菜、水果。装饰菜肴具有以下作用：增加色彩、改善菜品的外形、增加餐桌和餐厅的气氛、增加餐饮产品的价值。

餐饮促销方案及活动

餐饮促销活动方案的内容

- 活动主题：明确且吸引人的主题，如"520 美食狂欢节""开店周年大促"等。
- 活动目的：阐述举办此次促销活动的目标，如增加销售额、提高知名度、吸引新客人、回馈老客人等。
- 活动时间：具体的活动开始和结束日期，包括每天的营业时间。
- 活动地点：餐厅的具体地址和适用的分店范围。
- 目标受众：确定活动针对的主要客人群体，如上班族、家庭、学生等。
- 促销内容：折扣优惠（全单折扣、特定菜品折扣）；套餐优惠；赠品活动（消费满一定金额赠送小吃、饮品或特色菜品）；赠送优惠券或礼品卡（供下次消费使用）；会员专属优惠（为会员提供额外的折扣或积分加倍，推出会员专享菜品）；新用户优惠（首次到店消费的客人享受特别折扣或赠品）。
- 宣传推广：社交媒体宣传、电子邮件营销、线下宣传。
- 活动执行人员：确保服务人员充足，熟悉活动内容和优惠规则；安排专人负责活动的协调和监督。
- 物料准备：准备足够的宣传资料、优惠券、赠品等；确保餐厅的装饰和布置符合活动主题。
- 预算安排：明确总预算，列出各项费用的预算，包括宣传费用、赠品成本、人力成本等，并进行成本效益分析。
- 效果评估设定：确定评估指标，如销售额、客流量、客人满意度等；活动结束后进行数据分析和客人反馈收集，评估活动效果；总结经验教训，为今后的促销活动提供参考。
- 注意事项：明确活动规则和限制条件，避免产生纠纷；确保活动期间的食品质量和服务水平不下降；对可能出现的突发情况（如客流量过大）制定应对预案。

餐饮促销宣传文案的内容

- 引人入胜的标题：突出特色菜品、优惠活动或独特卖点，如"××餐厅限时特惠，美味不等待！"
- 品牌介绍：包括餐厅 logo、中英文店名，简要提及餐厅的历史、理念和定位，让客人了解品牌背景，如"××（餐厅名称），传承多年的美食匠心，只为给您带来最纯正的味觉享受。"
- 菜品推荐：描述招牌菜的食材、口味和制作工艺，激发客人的食欲，如"我们的招牌红烧肉，精选上等五花肉，经过多道工序精心烹制，入口即化，肥而不腻"。
- 推广活动信息：包括打折、满减、赠品、套餐等，如"即日起至××时间，消费满 200 元立减 50 元，还有精美小吃相送"。
- 独特卖点：强调餐厅的独特之处，包括独特的烹饪方法、新鲜的食材来源、优雅的环境等，如"本店所有食材均来自当地有机农场，保证新鲜与健康，让您吃得放心"。
- 引导行动的呼吁语：鼓励客人预订、到店品尝或关注社交媒体，如"赶快拨打（扫码）预订（抢位）电话（二维码），与家人朋友一同享受美食盛宴"。

- 联系方式与地址：提供清晰的电话、二维码、网址、社交媒体账号及餐厅的具体位置。
- 情感共鸣：触动客人的情感，营造家庭团聚、朋友聚会的欢乐场景，如"在××餐厅，让美食成为您美好回忆的一部分"。
- 客人见证或好评：引用客人的满意评价，增加可信度和吸引力，如"这是我吃过最好吃的披萨"。

△ 餐饮促销活动的执行

- 促销活动宣导及培训。根据促销活动方案，设计撰写促销宣传文案；在促销活动开始前，餐厅经理要做好全员培训，确保所有员工都了解促销活动的细节，包括优惠内容、活动时间、规则等，同时根据促销活动流程适时做好演练，培养员工的应急处理能力，以应对可能出现的问题。
- 促销活动前准备与检查。餐厅开展促销活动，由餐厅经理负责组织员工做好餐厅布置工作和营销活动内容的展示工作。做好人员、物料、菜品、设备、安全等方面的准备工作；准备促销活动需要的特殊食材物料，了解其是否到货、数量是否合理、提前预处理的进展等；促销活动将用到的相关设备是否能正常使用，活动前一天调试完毕。
- 促销活动中执行与修正。在促销活动实施过程中，通常由餐厅经理或管理成员协同进行督导，对服务员在推销菜肴等服务过程中的呈现进行观察，存在偏差的及时进行辅导纠偏；对促销活动实施效果通常通过阶段性数据的汇总进行分析，及时修正、调整解决方案。
- 促销活动后总结与反馈。在促销活动后，应及时总结，包括活动达成状况、存在哪些问题和可提升的机会点、活动影响力、表彰业绩突出的员工等；将活动相关材料存档，留存资料。

服务技能

▲ 员工推销技巧的提升

△ 员工不良推销效果分析

员工推销效果不良一般有以下 4 种原因，如表 27.1 所示。

视频：员工推销技巧提升

表27.1 员工不良推销效果分析

不知如何推销（how）	不想推销（do not want）
无推销技巧 语言障碍 表达能力差	无动力 无责任感 不是分内的工作（态度） 怕客人说不或拒绝

续表

不知推销什么（what）	不能推销（can not sell）
产品知识匮乏 不能描述菜肴	太忙了 无货了 用具不够

菜肴描述技巧

菜肴（餐饮产品）描述通常用于目标菜品的推销，通过服务员形象的语言描述，客人头脑中可清晰形成所点菜肴的大体形态，有一定的初步认知，便于其选择菜肴。以下举例进行说明。

例1：意大利肉酱面是一道美味可口的来自意大利的美食，它是由来自罗马的厨师用意大利通心粉及上等牛肉末，经过精心煮、炒而成的，外形美观，再配上奶酪，口感细腻。

例2：果汁宾治是本月餐厅特别推出的一种不含酒精的鸡尾酒，味道清凉酸甜，色彩亮丽，适合女士与儿童在夏季饮用。它的原料主要有橙汁、菠萝汁、柠檬汁、红石榴糖浆等，还配有柠檬片与红樱桃做装饰。相信它一定会给您的夏季带来*丝丝清凉*。

菜肴描述的基本内容。
① 菜肴的类型或种类。
② 菜肴的出处（历史、典故、名人）。
③ 菜肴的味道、用料及产地。
④ 准备程序。
⑤ 成品描述。
⑥ 配菜及汁料描述。
⑦ 形象的语言，多用形容词。

菜肴描述的实施步骤。
① 经理为每种类型的菜肴做出一个描述范例。
② 向服务员讲解描述性说明要点。
③ 注重员工参与，服务员每人分派几个菜肴，按规定要求写出菜肴描述。
④ 指定时间上交。
⑤ 经理指派专人负责整理汇总。
⑥ 要求员工记住要点（如口味、特点、原料）。
⑦ 加强培训、检查。
⑧ 适用于目标菜品推销。

推销菜肴服务程序与标准

推销菜肴服务程序与标准如表27.2所示。

表27.2　推销菜肴服务程序与标准

服务程序	服务标准
迎接客人	1. 向客人推销菜肴前先向客人表示欢迎 2. 观察了解客人 3. 为客人提供针对性服务
建议	征询客人的意见，给客人一些适当的建议
描述产品	对所要推荐的菜肴进行详细的描述
观察 客人反应	1. 客人感兴趣的要为其点单 2. 客人犹豫时，要鼓励客人、解答客人的疑惑，以达成一致 3. 客人无兴趣时，要再为客人提供其他选择，重复以上程序，最终让客人满意
了解客人 满意度	1. 客人满意时，要向客人表示感谢 2. 客人有意见时，要及时解决 3. 客人有疑问时，要为客人答疑 4. 与客人预计或想象不一致时，要做进一步的补充说明
销售产品	与客人达成一致，为客人点单
服务产品	为客人上齐所点菜肴，并提供相应的服务

拓展阅读

饭店营销的 6P 要素组合

最常见的组合策略理论被概括为 4P，即产品（product）策略、价格（price）策略、营销渠道（place）策略和促销（promotion）策略。1980 年，美国著名饭店营销学家考夫曼在《饭店销售学》一书中，将营销因素组合概括为 6 个 P，具体内容如下。

人（people）：客人或市场。饭店的任务是通过市场调研确定目标市场、目标客源，然后详尽地了解他们的需求和愿望，即了解服务的对象。

产品（product）：饭店建筑、设备、产品和服务。饭店应根据客人的需要，向他们提供所需的产品和服务。

价格（price）：一方面要适应客人的需要，另一方面要满足饭店对利润的要求。

促销（promotion）：旨在使客人深信本饭店的产品就是他们的需要，并促使他们来消费。

运作（performance）：产品的传递。这是使客人重复购买和大量购买饭店产品的方法，并使客人在离店后为本饭店进行宣传。

包装（package）：饭店的包装与商品的包装不同。饭店的包装指把产品和服务结合起来，在客人心目中形成本饭店的独特形象。饭店的包装包括外观、外景、内部装修布置、维修保养、清洁卫生、服务人员的态度和仪表，广告和促销印刷品的设计，以及分销渠道，等等。

典型情境

高压促销带来的困惑

王女士任职某五星级饭店潮州餐厅经理,餐厅经营业绩非凡,回头客不断。但近几年来餐厅不断受到挑战:首先,饭店客人消费口味发生转变,一些客人流失到饭店的川菜餐厅;其次,客源市场由以境外客人为主转变为以内地客人为主,而且受国内外市场环境的影响,客人越来越少,再加上新换了潮州厨师长,使得餐厅营业额每况愈下,王女士承受着巨大的压力。

压力之下,王女士在新厨师长的配合下带领员工开展了各种促销活动,如龙虾特荐、海鲜食品节等。王女士及其助手还在每天的班前例会上,不厌其烦地向员工讲述昨天的营业状况,分析与预算收入及利润的差额。要求员工接受推销技能的各种培训,提高客人的平均消费。一时间,餐厅的员工们被笼罩在浓重的经营氛围之中。不尽如人意的是,尽管王女士开展了全员促销,但营业收入仍无法完成预算要求。王女士考虑再三,终于出台了一套销售奖励政策,其主要内容如下:员工销售出高档食品,如龙虾、鱼翅、鲍鱼等可以得到菜肴售价3%的奖励提成;员工销售出高档酒水,如白兰地、香槟、茅台等也可取得相同比例的提成。这个政策经餐饮部讨论和饭店领导层认可后,开始在餐厅实行。可以说,这个政策的实施极大地调动了员工的推销积极性,员工们满怀热情地将以往向客人提建议的征询口气调整为竭力推销的口气。几天以后,客人平均消费指数有了明显的提高,总收入也开始变得颇为可观。

但好景不长,两个月后,餐厅开始门庭冷落,许多过去常来光顾餐厅的老客人也不见踪影了,餐饮部总监看着平均消费不断提高、就餐人数不断下降的经营报告,终于意识到了问题的严重性。

几天以后,王女士被调离潮州餐厅。

请思考:

该餐厅存在的问题是什么?应如何改进?

令雷先生满意的午餐

星期日中午,雷先生一家三口来到北京某饭店的中餐厅吃午饭。点菜时,服务员微笑着询问雷先生想吃什么。雷先生考虑了一下,告诉服务员,想要一些口味清淡、不太辣的菜。于是服务员向他们推荐了几样中高档的广东菜,并介绍了广东菜的特点。

"广东菜由广州菜、潮州菜和东江菜组成,讲究原料加工方法,口味清淡鲜美,突出菜的质量和原味。比较有名的菜有'红烧大裙翅''片皮乳猪''蛇羹''清汤鱼肚''一品天香''冬瓜燕窝''油爆虾仁'等。我们餐厅有从广州白天鹅宾馆请来的特级厨师，加工的菜都保持了广东菜的正宗风味。如果您感兴趣，那么可以在我给您推荐的菜中挑选几样尝尝。"

听了服务员的介绍，客人很放心，并按服务员的推荐点了菜。每上一道菜，服务员都热心地为他们介绍，使他们的进餐过程充满了情趣。经过品尝，客人确实感到这家饭店的菜品鲜美，味道不同寻常。

用餐快结束时，雷先生又告诉服务员，希望能打包一份味道鲜美、质量上乘、适合老人享用的菜，带回家给行动不便的母亲品尝。服务员热情地为他推荐了"福寿全家煲"，并告诉他此菜营养丰富、质量上乘，属于粤菜中的精品，非常适合老年人食用。在征得雷先生的同意后，服务员忙替他们安排加工。加工好后将此菜连同餐桌上剩余的食品，都进行了精心的包装。雷先生临走时感激地对服务员说："这顿饭我虽然花了不少钱，但非常高兴，对你的服务非常满意，有机会还要来这里吃广东菜。希望下次能为我们推荐一些味道更好的菜。"

请思考：
此案例中服务员成功推销的关键在于何处？

考核指南

基础知识部分

考核内容
1. 简述增加餐厅营业收入的方式。
2. 简述餐厅赠品的类别，以及对赠品的要求。
3. 简述餐厅客人网评内容及管理要点。
4. 简述餐饮促销宣传文案的内容。
5. 尝试进行员工不良推销效果分析（用图表表示）。
6. 以某道菜为例进行菜肴描述，并说明开展菜肴描述的步骤及其内容。

考核方式
笔试或口试。

即学即测
扫描二维码，完成在线练习。

第二十七专题测一测

服务技能部分

考核内容
以小组为单位,在实训室模拟进行宣传文案撰写及菜肴推销服务程序训练,掌握餐厅宣传文案设计要点、菜肴推销及菜品描述的要领及技巧。

考核方式
采用小组团队合作的方式,用多媒体形式(海报、PPT、短视频等)展示作品并进行课堂陈述。

考核评价

餐厅菜肴描述及推销

评价内容	考核要点	分值	自评 20%	互评 30%	师评 50%	综合评价
菜肴描述及推销	菜肴推销要求能够对客人主动问候,做到观察细致,征询客人意见并提供针对性服务	30 分				
	推销时适当建议,为客人解答疑问,推荐菜肴符合客人需求	30 分				
	菜肴描述要符合规范,描述准确,表达信息正确、合理,有推销功能	40 分				
评分标准	A:90~100 分,服务环节完整且符合规范、服务语言得体,服务意识及服务表现力显著。 B:80~89 分,服务环节较为完整且符合规范、服务语言得体,服务意识及服务表现力较好。 C:60~79 分,服务环节较为完整且符合规范、服务语言基本得体,服务意识及服务表现力一般。 D:59 分以下,服务环节较为完整,服务意识及服务表现力较差。					
备注						

餐厅促销文案设计与展示

评价内容	考核要点	分值	自评 20%	互评 30%	师评 50%	综合评价
内容安排	主题突出、实用性强;具有吸引力;能够体现餐厅特色;能触动客人引起共鸣	30 分				
	内容全面完整;布局清晰合理;图文并茂,简洁明了;有效运用数字化技术	30 分				

续表

评价内容	考核要点	分值	自评 20%	互评 30%	师评 50%	综合评价
综合展示	多媒体制作规范；渠道选择合适；能体现互动性	20分				
	汇报展示陈述自然；体现专业性及职业感	20分				
评分标准	A：90~100分，准备认真、态度端正，文案制作精美、内容全面细致，团队分工明确，能有效运用数字化技术、实用性强，陈述表达好。 B：80~89分，准备认真、态度端正，文案制作简洁、内容较为全面细致，能体现团队合作，陈述表达好。 C：70~79分，准备较为认真、态度较为端正，文案制作尚可、内容较为全面细致，基本能体现团队合作，陈述表达较好。 D：60~69分，准备较为认真、态度较为端正，文案制作尚可、内容较为全面细致，基本能体现团队合作，陈述表达一般。 E：59分以下，准备不认真，文案制作粗糙、内容不全面，未能体现团队合作，读稿完成陈述。					
小组成员						
陈述纪实						
备注						

第二十八专题
餐厅突发事件处理

学习目标

- 了解员工违纪的原因、类型、处罚原则等内容。
- 掌握投诉的种类及来源。
- 熟练掌握处理投诉应遵循的原则,并能够处理投诉。
- 具备妥善解决餐厅突发事件的能力和技巧。

基础知识

在餐饮服务中，有时会出现一些超出服务规范的突发事件和非常规事件。面对这些事件，服务员应具有良好的心理素质和应对问题、处理问题的能力。这类突发事件和非常规事件包括餐厅出现的安全问题、设备设施的故障问题、客人自身问题、员工违反服务规范和规章制度问题及其他一些意想不到的问题，这些事件有些是由餐厅自身或员工失误造成的，有些则是由客人造成的。

对于突发事件和非常规事件，服务员应以客人的利益为重，以尽量满足客人的需要为前提来平息事件的风波。对于不能单独处理的问题，则应及时向主管和餐厅经理汇报，积极配合餐厅尽快解决问题。尤其是面对客人的不理智行为，服务员应保持平和的心理，始终以文明礼貌的方法加以对待，在任何情况下都不能与客人发生争执和打斗，否则会给饭店带来严重的后果。

员工违纪

员工违纪的原因分析

员工可能有旷工、迟到、早退、偷盗、闹矛盾、不服从命令、不按规程工作等违纪现象。造成违纪的原因可能有能力不强、缺乏知识及相关技能、令人烦恼的工作环境、团体毫无生气等。管理人员要想减少违纪行为或现象，就必须成为一名好的沟通者，能够有效倾听员工反映的意见，透过表面现象找出问题的实质，分清楚员工的不正确行为属于哪一类，是偷窃、故意破坏设备、说谎等主观故意行为，还是由缺乏培训、监督不力等造成的非员工自己所能控制的行为。

若员工的不正确行为属于员工自己可以控制的行为，就要采取有力的纪律措施予以处理。若员工的不正确行为属于员工自己不能控制的行为，就属于管理人员应注意的问题了。这说明管理人员没有尽力帮助下属员工达到所从事工作的具体要求和企业的要求。遇到这种情况，管理人员要尽快寻找解决问题的具体办法，尽可能避免发生同样的事情。

员工违纪的原因分析方法

餐厅管理人员一般可采用管理学中的因果分析法，利用因果分析图对员工违纪的原因进行分析，由于因果分析图形似鱼刺，所以又被称为鱼刺分析法，如图28.1所示。

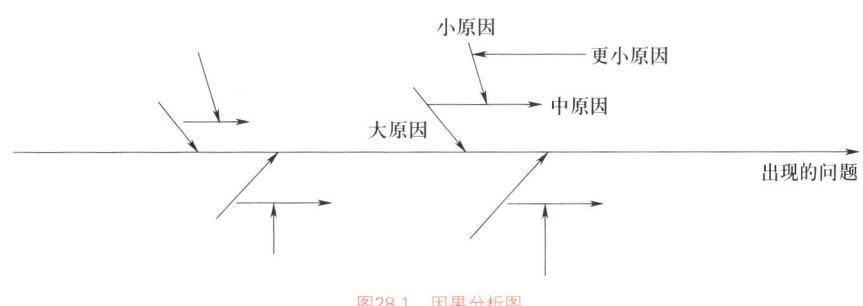

图28.1 因果分析图

⚠ 员工违纪的类型

▲ 一般过失,主要行为如下。

① 仪容不整或不符合饭店规定标准。

② 上岗时不穿整洁的工作制服,不按规定佩戴员工证。

③ 搭乘客用梯,不使用指定的员工通道。

④ 迟到或早退。

⑤ 上下班不打卡。

⑥ 工作时间擅离工作岗位或在饭店内闲逛。

⑦ 工作时间使用饭店电话办理私人事务。

⑧ 工作时间吃东西,不按部门规定的时间用餐。

⑨ 工作时间玩手机,看电视、听音乐等。

⑩ 穿着工作制服上街或回家。

⑪ 工作时哼歌、高声喧哗或做出有失职业风度的动作。

⑫ 随地吐痰、乱扔纸屑与杂物及做出各种不卫生的行为。

⑬ 服务时未用敬语、礼貌用语或用禁语。

⑭ 工作散漫,粗心大意。

⑮ 服务效率差,引起客人明显不悦。

⑯ 未经部门领导批准,擅自动用餐厅内的物品、设备。

⑰ 违反饭店有关规章制度和工作程序与标准。

▲ 较重过失,主要行为如下。

① 工作时间睡觉。

② 对客人及同事无礼、不庄重。

③ 蓄意破坏、损耗公物或客人的物品。

④ 偷盗餐厅或客人的财物。

⑤ 在餐厅内鼓动及参与赌博,或变相开展赌博活动。

⑥ 涂改、伪造单据、收据。

⑦ 不服从上级领导的正确指令。

⑧ 违反操作规程,造成餐厅损失。

⑨ 不立即上交拾到的物品。

⑩ 擅自给亲友或熟人以特殊照顾或优惠。

⑪ 累计旷工达 7 天以上。

⑫ 工作时醉酒或有不轨行为。

▲ 严重过失,主要行为如下。

① 有贪污、盗窃、受贿、行贿等行为。

② 侮辱、谩骂客人,与客人吵架。

③ 向客人索取小费或物品。

④ 非法兑换外币。

⑤ 参与色情活动、使用毒品等。

⑥ 玩忽职守，违反操作规程、造成严重后果。
⑦ 经常违反饭店规定，屡教不改。
⑧ 从事任何严重影响饭店声誉的行为。

员工违纪处罚方式

对员工实施纪律处罚的目的之一是使员工遵守合理的规章制度，维持高效的工作程序。为此，管理人员应对那些经常受到破坏的制度进行分析，看其是否合理。如果证明这些制度是合理的，管理人员就应对员工进行解释，改善员工对这些制度的态度，减少破坏纪律的现象。

另外，各种规章制度一旦制定出来，就要始终如一地坚决执行。合理的规章制度是餐饮企业的基本管理内容和纪律措施的重要组成部分。

纪律处分应根据过失情节轻重渐进惩处。处罚方式的等级依次如下。

- 口头警告、批评或罚款——适用于初次犯轻度过失者。
- 书面警告——适用于初次犯严重过失或再次犯轻度过失者。
- 最后警告（辞退警告）——适用于初次犯重大过失或再次犯严重过失者。
- 停薪留职、留店察看——适用于犯重大过失且情节严重者。
- 开除、除名——适用于犯重大过失且情节恶劣者。

行之有效的纪律处罚具有提高服务水平和服务质量的作用。处罚不力或不及时往往会造成人际关系紧张、工作水平降低等严重问题。

员工违纪处罚原则

- 各种处罚政策及程序的制定必须适用于本餐饮企业全体员工。
- 全员参与处罚制度制定并以书面形式固定。
- 要保持各种规章制度执行的一贯性及公正性。
- 处罚时要注意各种因素。
- 一般做法是渐进处罚。
- 必须制定申诉程序并列入处罚规定。
- 处罚前要有充分准备。
- 实施处罚要及时、有效。
- 处罚应客观进行，必须消除个人或其他的倾向性。
- 处罚以后要进行跟踪观察，了解问题是否真正得到解决。
- 管理人员应对所有处罚做好记录。

处罚谈话的步骤

对员工的过失给予处罚时，管理人员应该按照规定进行。一般的问题可以在对员工工作表现进行评估时处理。因为评估工作的一个重要步骤和根本目的就是帮助员工找出问题并一起讨论如何解决这些问题。一般来说，口头警告应先于书面警告，管理人员在同员工进行处罚谈话之前，若有可能，则首先需要获取关于事故的所有证明材料。谈话应该私下进行，要着眼于维护餐饮企业与员工自身的利益，要允许员工对发生的事情发表自己的看法，然后管理人员和员工讨论得出双方都同意的结论。谈话结束后，管理人员应对发生的问题做总结，并对纠正措施进行审定。

▲ 投诉

视频：客人投诉处理

△ 投诉的种类

- ▲ 控告性投诉。控告性投诉的特点是：投诉人已被激怒，情绪激动，要求饭店做出某种承诺。
- ▲ 批评性投诉。批评性投诉的特点是：投诉人心有不满，但情绪相对平静，只是把这种不满告诉对方，不一定要饭店做出什么承诺。
- ▲ 建设性投诉。建设性投诉的特点是：投诉人一般不是在心情不佳的情况下投诉的，恰恰相反，这种投诉很可能是随着对饭店的赞誉而发生的。

△ 投诉的来源

- ▲ 来自客人。饭店客源构成饭店的市场，客人的喜怒哀乐会直接影响饭店的声誉和效益。一般来说，客人的投诉总会事出有因，但可能因感情或情绪的影响而有所夸张。作为饭店的一员，服务员首先要做的是检讨自己为什么会造成客人投诉，而不是与客人在一些细节上纠缠。无论如何，客人的任何投诉都应成为饭店改进工作的重要依据。
- ▲ 来自社会。来自社会的投诉即来自舆论界的批评。尽管它对饭店经济效益产生的副作用是间接的，但所形成的社会负效应及给饭店声誉所造成的损失却是巨大的。往往树立良好形象并非一日之功，而良好形象的破坏则可能是一夜之间的事。
- ▲ 来自上级。来自上级的投诉有些可能是转达客人的意见，有些则可能是上级领导自己发现的问题，与前两类相比较，这类投诉更富有理性和针对性，因此，也就更具有现实指导意义。
- ▲ 来自平级部门（相关部门）。来自平级部门的投诉往往容易被忽视，因为它所造成的压力远不及前三类，即使处理不好后果一般也不会特别严重。然而，饭店是一个有机的整体，应特别强调团队精神，如果不能有效地处理好横向之间的投诉，则会造成内部各个岗位的严重不协调和人际关系的极度紧张，最终导致企业利益受损。

△ 处理投诉应遵循的原则

- ▲ 以弄清情况、平息事态为目的，防止跟着客人的情绪走。接待投诉的客人的第一项任务是弄清客人为何投诉。此时不论客人如何激动，都必须保持冷静，不能被客人的冲动所左右。在与客人接触之前，要注意以下几个要点。

    ① 与正在投诉的客人见面之前，应对他所投诉的内容有所了解，做到心中有数。

    ② 及时承认饭店或服务员的错误，以尽量平息客人的怒气。

③ 对客人的每次批评，都要做出恰当的反应。

④ 适时地向客人提出各种合理的建议，并听取客人的意见。此举可起到一箭双雕的作用，既让客人感到饭店的诚意，又可逐步争取到谈话的主动权。引导坏事向好的方向转化。

- 语言得体、解释得当、表达准确，防止火上浇油。接待投诉客人时所讲的每句话都应仔细斟酌，切不可信口开河，随意乱说。一些饭店从业人员在处理投诉时常用自认为有理的"道理"去试图说服客人，似乎一经解释（实为狡辩），客人便能恍然大悟，于是所有问题都大事化小、小事化了。实际的结果却是加深了客人的反感。
- 适时做出必要的承诺。主要内容如下。

① 经济上的承诺。当饭店的过失确实给投诉的客人造成了某些经济损失时，应该向客人做出必要的承诺，以表示饭店的诚意。但承诺一般不应偏离以下前提条件：已将事实调查核实清楚；确实是店方的责任；按行为惯例确应做出经济赔偿；确信赔偿额度与投诉人损失基本相符；所做决定属于职权范围之内或已经向上级请示且被授权。在上述情况不尽清楚时，任何情况下都不应该仓促向客人做出承诺。否则饭店的处境将是被动的、困难的。

② 人事上的承诺。投诉的客人往往对饭店如何处理投诉事件的当事人颇为关心，如要求开除、撤职等。客人的态度和要求固然是饭店在事后处理当事人的参考依据，但这种依据既不是唯一的，也不是最终的。另外，轻率的承诺未必能使客人增加好感和信任。在一般情况下，可以讲："我们会高度重视，严肃处理当事人，并尽快将结果通报给您。"客人是可以接纳这种做法的。事后饭店要根据具体情况，对相关的服务员按店规店纪做出处理。

③ 管理上的承诺。管理上的承诺包括答应增加某些服务项目、改变某些服务程序或增加某些服务设备等。在处理投诉时，除表现出关心和歉意外，所做出的承诺要防止两种倾向：一种是不及时承诺，使客人感到对方缺乏解决问题的诚意；二是草率承诺而无力兑现，使客人感到受到愚弄。

- 按规定程序及时汇报，切忌存在侥幸心理。被投诉毕竟不光彩，因此很多员工包括不少管理人员会把投诉压下来，尽量不使自己管辖范围内的阴暗面暴露在上司面前，其实这是一种掩耳盗铃的行为。

在饭店的日常管理中，管理人员应该不断给员工灌输一种意识，即客人的每个投诉都应该尽可能快速地反映给自己的上级，而不论是否圆满处理，因为很多复杂的投诉都是由延误了处理时机造成的。

服务技能

处理投诉的程序与标准

处理投诉的程序与标准如表 28.1 所示。

表28.1 处理投诉的程序与标准

服务程序	服务标准
接受投诉	1. 遇到客人投诉时须有礼貌，耐心接待 2. 表示对客人投诉的关心，使客人平静下来 3. 倾听客人的投诉 4. 真诚地向客人致歉，正面回答客人的问题 5. 不可与客人发生争执 6. 不得推卸责任或进行不得当的解释
处理投诉	1. 了解客人最初的需要和问题所在 2. 找有关人员进行查询，了解实际情况 3. 积极寻求解决办法，尽量满足客人的要求 4. 与客人共同协商解决办法，不得强迫客人接受 5. 协商后，按双方认可的办法解决客人问题 6. 向客人致歉
善后处理	1. 以总经理名义写信给客人，以表示歉意及诚意 2. 问题解决后，再次向客人致歉 3. 将投诉的原因和解决办法做详细记录，上报经理后归档留存

典型投诉事件的处理分析

"您好，先生"使客人皱起了眉头

一天中午，一位住在某饭店的外籍客人到饭店餐厅吃午饭，走出电梯时，站在梯口的应接服务员小吴很有礼貌地向客人点头，并且用英语说："您好，先生！"客人微笑地回道："你好，小姐。"当客人走近餐厅时，餐厅引位员以同样的话问候："您好，先生。"那位客人微笑地点了一下头，没有开口。客人吃好中饭，顺便到饭店的庭园中散步，当走出大门时，门童小王又是同样的一句："您好，先生。"这时客人只是下意识地点了一下头了事。等到客人重新走进大门时，小王的"您好，先生"再次传入客人的耳中。此时，这位客人已感到不耐烦了，默默无语地径直去乘电梯准备回客房休息。恰巧在电梯口又碰见小吴，自然又是一成不变的套路："您好，先生。"客人实在不高兴了，装作没有听见，皱起了眉头。

这位客人在离店时，给饭店总经理留下一封投诉信，信中写道："……我真不明白你们饭店是怎样培训员工的，在短短的午饭时间内，我遇见的几位服务员竟千篇一律地简单重复着一句话：'您好，先生。'他们难道不会使用其他的问候语句吗……"

事件分析：

这是典型的建设性投诉。在饭店的礼貌礼节培训教材中，肯定有"您早，先生（夫人、小姐）""您好，先生……"之类的敬语，并规定服务人员在遇到客人时必须使用敬语问候。但是，在实际工作中，敬语应该是生动而丰富多彩的。在短短时间内多次和一位客人照面时，服务人员应灵活地使用不同的敬语来问候客人，使其产生亲切感和新鲜感。同样，服务人员在规定许可的范围内，交替使用不同的敬语可减轻工作带来的单调感。

尽管每位服务人员的问候本身并没有错，但同样的问候敬语在短时间内多次使用会使客人产生厌恶感。另外，客人多次进出饭店，服务人员仍然不认识，会使客人感到服务人员对他的不尊重。因此，服务人员不能拘泥于规范，而应灵活地使用敬语。在本案例中，当小王和小吴第二次遇到客人时，简单的微笑并点头致意或许更合适。

是鱼太大还是推销提成的吸引力大

王先生带着客户到某星级酒店的中餐厅去吃烤鸭，这里的北京烤鸭很有名气，客人坐满了餐厅。由于没有预订，引位员先将王先生一行引到休息室等了一会儿，再安排他们到一张客人预订未到的餐桌前。大家入座后，王先生点了很多菜，除烤鸭外还有十几道菜，其中有一道是"清蒸鲟鱼"。由于餐厅近日推出了推销海鲜获得提成的激励方法，服务员小张高兴得没问客人要多大的鱼，就通知厨师加工了。

不一会儿，一道道菜陆续上桌了。客人们喝着酒水，品尝着鲜美的菜肴和烤鸭，颇为惬意。吃到最后，桌上仍有不少菜，大家却已酒足饭饱。突然，同桌的小谢想起还有一道"清蒸鲟鱼"没有上桌，就赶忙催服务员快点上。鱼端上来了，大家都愣住了！"好大的一条鱼啊！足足有3斤多重，这怎么吃得下呢？""小姐，谁让你做这么大一条鱼啊！我们根本吃不下。"王先生用手推了推眼镜，说道。"可您也没说要多大的鱼呀？"服务员小张反问道。"你们在点菜时应该问清客人要多大的鱼，加工前还应该让我们看一看呀。这条鱼太大，我们不要了，请退掉！"王先生毫不退让。"先生，实在对不起，如果这条鱼您不要的话，餐厅就要扣我的钱了，请您务必包涵一下吧！"小张的口气软下来。"这个菜的钱我们不能付，不行的话就请找你们经理来。"双方僵持不下。

事件分析：

这是典型的批评性投诉事件。首先，在点菜时服务人员就应该注意客人点的菜是否够吃了，如果菜够吃，则要提醒客人，或再点些精致的饭后甜点、果盘等。

其次，如果客人要点海鲜，则必须说明价格，问过客人要点的斤两和做法，有需要的话要带客人到海鲜池选择，绝不允许服务人员擅自替客人决定时价海鲜的斤两和做法，更不应该为了个人利益强迫客人消费。本案例中的服务员小张在给客人点菜时工作存在疏忽，但当客人提出异议时并没有检讨、反省自己的不足，以至客人坚持要把鱼退掉。

最后，在任何情况下服务人员都要对客人保持礼貌和尊重，不应该对客人说出质疑或强迫的话语。

就是你们的东西有问题

夏季，浙江30多℃的气温属于常态，下午3点多，3位满身酒气的年轻人拿着用餐小票到某餐厅投诉说："中午在店内用餐后到门店楼上的KTV唱歌，2点以后就开始拉肚子，肯定是你们店里的菜有问题！你们要赔偿我们！"这3位年轻人来势汹汹，接待的服务员不知如何是好，马上叫餐厅马经理过来处理此事。马经理赶过来见此情形，立刻让服务员为3位年轻人泡上醒酒茶，并拿出他们的午餐菜单，在得知3位年轻人在餐厅点的菜品都为普通菜品，并没有过敏或忌口问题之后，马经理询问了客人现在的身体状况并表示道歉："非常抱歉！让3位先生有了一次不愉快的经历，为了保证大家健康，我们愿意陪你们去医院检查，如果是我们的菜品出了问题，那么我们愿意承担责任，你们看可以吗？"之后的医院检查结果显示，3位客人是因为喝了冰镇啤酒和吹太冷的空调导致肠胃受凉引起的腹泻反应，并非食品中毒。之后，3位年轻人自行付费离开了医院。

事件分析：

这是典型的控告性投诉事件。面对这种情形，首先，要关心客人身体状况，安慰客人，本案例中的马经理第一时间让服务员为客人泡上醒酒茶来缓和身体中的焦躁就是很好的做法；其次，要第一时间了解事情经过，在听客人解释之前，要搜集与事件相关的信息，了解客人的用餐时间、用餐内容，这样才能理性地应对客人的陈述，避免被恶性投诉所左右；最后，餐厅要本着对客人身体负责的态度，第一时间带客人去医院检查身体，并明确责任。切不可慌乱，随意承担责任，做出不合理的赔偿，同时，也不可随意推卸责任，如果发现餐厅出现失误，则必须第一时间道歉并勇于承担责任，给出赔偿。

拓展阅读

一站式投诉处理法

一站式投诉处理法依据首问责任制，遵循"投诉到我为止"的理念，从受理客人投诉、了解具体情况、提出解决方案到圆满处理客人投诉并使客人满意的全过程的跟踪服务均由投诉受理人一人完成。

采用一站式投诉处理法需要饭店给予员工充分的授权，让其有能力、有条件为客人解决问题。此法具有如下特点：一是快速，受理人全程直接与客人沟通，可快速了解事情的前因后果；二是简捷，省去复杂的中间环节，解决问题效率提高，提出的解决方案易于接受；三是无差错，可避免多部门、多人员沟通可能产生的差错。

典型情境

一封辞职信

北京某饭店的风味餐厅经理收到了一名已辞职员工的来信，内容如下。

W 经理：

您好！

我们实在没法在他手底下混这碗饭了。那天我在餐厅领位，前后来了两个外国团用餐，由于陪同当时都不在，客人自己报团号，我的英语不好，也没有经过这方面的培训，结果把两个团安排颠倒了（注：据了解，两个团的用餐标准不同，一个是 300 元／人，另一个是 160 元／人，显然，让 300 元／人的团用 160 元／人餐标肯定会有麻烦）。事后，我做了检讨，并主动交了 100 元罚款，但头儿说，他为此也被罚了 100 元，而我罚 100 元太少了，他一定要我交 300 元。当时，我本想说，我没带那么多钱，但一急便说成了"我没钱"。头儿听后说我顶撞上级，就又加了 100 元，我当时不太冷静，转身就走了。走后不久，我就后悔了，于是马上回来说我愿意接受处罚。可头儿这时又说，他先要治治我的脾气，要杀鸡给猴看，拿我当典型，进行整顿。接下来，不管我怎么求情说好话，他都不再理我了；第二天一早，我便交了 400 元的罚款。头儿说我还得在全餐厅做检查，下午我做了，但他说不深刻，让我再做。另外，第二天我在检查中说，希望餐厅能加强外语培训，头儿又说我为自己的错误开脱，还说我既想挣钱，又想念书，真是想得美，有本事上大学去，没本事，当服务员就得服管。这以后我就没再上班。当时真想叫人揍他一顿，事后一想算了，他人不算太坏，就是不是当头儿的料，没头脑，也没方法。他这样做，把人都得罪了，餐厅很多人都想辞职，只是还没找到合适的时机。其实，我挺舍不得离开饭店的，借这个机会谢谢那些曾经帮助、教育过我的人。

服务员：×××

读罢这封来信，经理明白了为什么有那么多的人揣着辞职报告上班。他找到了那位被服务员称为"头儿"的管理人员，给他看了服务员来信。这位管理人员说差不多就是这么回事，他刚到这里当领导，看不惯以前那种松散的样子，决心要严格管理，从一点一滴的小事抓起，树立好的风气。

请思考：

这位管理人员的严格管理错了吗？

考核指南

基础知识部分

考核内容

1. 简述员工违纪的类型。
2. 简述员工违纪处罚原则。
3. 简述投诉的种类。
4. 简述投诉的来源。
5. 简述处理投诉应遵循的原则。

▲ 考核方式

笔试或口试。

▲ 即学即测

扫描二维码，完成在线练习。

第二十八专题测一测

▲ **服务技能部分**

▲ 考核内容

以小组为单位，在实训室模拟进行客户投诉处理服务程序训练，掌握客户投诉处理的要领及技巧。

▲ 考核方式

实训室现场操作。

▲ 考核评价

评价内容	考核要点	分值	自评 20%	互评 30%	师评 50%	综合评价
处理投诉	礼貌并耐心地接受投诉，认真倾听，真诚致歉	20分				
	了解客人的需要及问题所在，查询了解实际情况	30分				
	协商解决办法，再次致歉	30分				
	做好详细记录，上报归档留存	20分				
评分标准	A：90~100分，服务环节完整且符合规范、服务语言得体，服务意识及服务表现力显著。 B：80~89分，服务环节较为完整且符合规范、服务语言得体，服务意识及服务表现力较好。 C：60~79分，服务环节较为完整且符合规范、服务语言基本得体，服务意识及服务表现力一般。 D：59分以下，服务环节较为完整，服务意识及服务表现力较差。					
备注						

第二十九专题
餐厅设备使用与保养

学习目标

- 了解餐厅主要设备设施的基本情况。
- 掌握餐厅家具、餐具、布件及电器的使用与保养要求。

基础知识

餐厅家具

餐厅家具主要指餐桌、餐椅、工作台等。餐厅家具必须根据餐厅的经营特点和装潢格调进行选择。餐厅家具的种类主要如下。

- 餐桌。餐厅所使用的餐桌一般以木质结构为主,其基本形状主要有正方形、长方形和圆形。采用什么样的餐桌,由每个餐厅视自己的情况而定。但无论如何,餐桌的大小要合理,以给予每位就餐者不少于 75cm 的边长为宜。许多餐厅现在专门设计或购置多功能组合餐桌,可分可合。所有餐桌的高度应该为 72~76cm,不能过高或过低。
- 餐椅。餐椅的选择取决于室内装饰及经营方式的需要,要与餐桌风格相一致。可以采用多种类型的椅子,也可以采用带弹簧的窗口凳,还可以将长条高靠椅与小型的长方形餐桌相配套,组合一些如同火车座位相对分离的"单元"。
- 工作台。工作台是服务员在用餐期间为客人服务的基本设施,用来存放服务所需用具,是餐厅家具中最重要的组成部分。工作台的设计应尽可能小型、灵便,有些工作台的四角下方装有脚轮,以便在餐厅内移动。若工作台体积太大,则会占去接待宾客的场地。台面应该使用防热材料,易于清洗。储放刀叉的抽屉按一定的顺序排列,为方便取用和提高服务效率,刀叉餐具的摆放顺序要固定。
- 各式服务车。餐厅服务车种类较多,主要有:用于在客前分菜(包括切割、燃焰等)的活动服务车;用于在客前切割整个或整块食品的切割车;用于陈列各种冷开胃菜的开胃品车;奶酪车、蛋糕与甜品车;咖啡和茶水车;烈酒车;送餐车;等等。
- 迎宾台、签到台、指示牌、致辞台。迎宾台通常设在餐厅门口的一侧,其高度以迎宾员肘部到地面的距离为准,台面光滑、水平或略倾斜,台上摆放餐厅工作日记和客情资料、电话、插花等,迎宾台下部还可设有摆放用品的抽屉。签到台一般设在餐厅的入口处,多用长方形桌并铺设台布,围上桌裙,上面摆放插花、签到簿、笔等文具用品和有关活动的图文宣传资料,主办单位专门派人在此接待出席活动的客人。指示牌是饭店承办某些大型活动的告示和指南,通常用于大中型的宴请活动、大型会议等,上面的内容一般是宴会的名称、宴会厅的平面示意图、台型桌号、宾主的座次安排及入席路线等。致辞台与迎宾台相似,其朝外的一面镶有饭店的店徽标志,上面配备有插花、麦克风,放置于主席台或主宾席的一侧,用于宾主双方相互致辞。
- 宴会酒吧台。宴会酒吧(或称酒水服务桌)是根据大中型宴会酒水服务的需要临时搭放的酒吧台。台上整齐排列为宴会所备的酒水饮料、各式酒杯、开瓶器、冰桶、冰夹、水果装饰物和调制鸡尾酒的用具等。宴会酒吧台必须配置冰车,并准备充足的冰块。它通常设于宴会厅的角落,不占用宴会厅的有效使用面积。
- 屏风、衣帽架、雨伞架、礼品间。餐厅通常使用屏风分隔空间,屏风有全木制、木框制、金属制和玻璃制等。服务齐全的大宴会厅和多功能厅常在入口处设有衣帽架、雨伞架、礼品间,并有专人当值;为了不使客人拿错衣物、包袋等物品,当值人员应对存放物品的客人发放号码牌,客人凭号码牌领取衣帽等物品。

除上述家具外,花架、古玩架也是餐厅必不可少的家具。

瓷器

餐厅里使用的各种器皿（尤其是客人就餐时使用的器皿）中，瓷器占大多数。
- 西餐中常见的瓷器。西餐中常见的瓷器主要有主菜盘、汤盘、汤盅、开胃品盘、面包盘、黄油碟、咖啡杯及咖啡碟、咖啡壶、茶壶、奶盅、糖缸、蛋盅、洗手盅、花瓶等。
- 中餐中常见的瓷器。中餐中常见的瓷器主要有骨碟、平盘、汤盘、腰盘（鱼盘）、长方盘、高脚盘、汤碗、饭碗、小汤勺、长柄汤勺、调味碟、酱壶、醋壶、筷架、茶壶等。

玻璃（水晶）器皿

在餐厅里，常用的玻璃（水晶）器皿以各种形状、不同用途的酒杯为最多。常见的酒杯种类有：葡萄酒杯、香槟杯、烈酒杯、威士忌杯、啤酒杯、鸡尾酒杯、白兰地杯。按形状可分高脚杯、平底杯。好的酒杯应该平滑、透明，这样酒水鲜明色彩便能显而易见。下列餐具和用品也可根据菜单要求及服务程序选用玻璃（水晶）器皿：色拉盆、菜盘、汤盘、甜品盘、烛台、玻璃罩式烛灯、装饰瓶、花瓶、椒盐瓶、调味瓶、糖盅等。

金属餐具

金属餐具使用较多的有银器和不锈钢餐具。
- 银器。银器一般可用于高档的中西餐厅。西式餐具中的刀、叉、匙、衬碟、茶壶、咖啡壶、沙司盅、盐和胡椒瓶、自助餐盘、保温炉、冰桶、酒篮、花瓶、烛台等银器最为常见；中式餐具中的筷架、骨碟垫盘、叉、匙、翅碗座、菜盘座、菜盘盖、温酒壶等银器也较为常见。银器分纯银和镀银两种，以镀银餐具为主。一般以强度大、光泽高、含铬镍的不锈钢镀银，镀银厚度为 12~15μm。对餐具用量庞大的餐厅来说，镀银餐具的支出费用较高，而且银器在潮湿的空气中会与二氧化硫和水蒸气产生化学反应，即使放置不用也会变黄甚至发黑，因此对于银器必须定期抛光，并妥善保管储存。
- 不锈钢餐具。大部分银制的餐具可以用不锈钢餐具代替。为了满足消费者愈来愈高的要求，制造商将普通不锈钢改良成玻璃面不锈钢，后者光洁明亮而平滑，乍一看跟银器相似，然而售价却不到前者的 2/5。对于这两种器皿，最简单的分辨方法是把手指纹印在器皿上面，如果指纹清晰可见，那便是银器（因此操作时通常戴白手套操作）；如果不留任何指纹，那么其便是不锈钢器皿。值得一提的是，不锈钢餐具比其他金属餐具更防划、防磨，更卫生，既不易失去光泽，也不会生锈。

布件

布件的质地有亚麻纤维质、棉质、丝绸质、绒质和纱质等。亚麻纤维质布件手感光滑、挺括，棉质布件牢固耐用、用途广泛，两者经过双面提花制成的提花台布被视为餐桌上的优质上等布件。丝绸质布件具有绚丽明亮的色彩、轻柔顺滑的质感，适宜作为自助餐台、展示台（柜）装饰物等的垫布，起衬托作用，因此又被称为装饰布。绒质布件质地柔软、下垂感强，色彩明快而庄重典雅，台裙就是由绒质布件缝制而成的。纱质布件轻盈、洁白、素雅，在餐桌设计和布置过程中起覆盖台布与台裙的作用。餐厅内的布件根据具体用途可分为若干类。

- 台布。台布有各种颜色和图案，但传统、正规的台布是白色的。台布的颜色除纯白色外，常见的还有乳黄色、粉红色、淡橙色等。对于主题性餐饮活动，台布的颜色和风格的选择可以多样化，不必拘泥于固定的格式。
- 装饰布。装饰布是指斜着铺盖在正常台布上的附加布巾，其规格与台面相适应，铺设角度与台布相错或四边平均下垂贴于台裙前。装饰布的颜色宜与台布的颜色形成鲜明的对比，装饰布除可装饰美化台面、烘托餐厅气氛外，还能保持台布的清洁。
- 餐巾和围嘴。餐巾和围嘴都是餐桌上的保洁布件用品。餐巾的大小规格不尽相同，边长为 45~65cm 见方的餐巾最为适宜，规格小于此的餐巾则被称为鸡尾酒巾。餐巾的颜色可根据餐厅和台布整体装饰的主色调选用，力求和谐统一。围嘴是指在西餐服务过程中，客人进食龙虾、意式面条、烧烤、铁板烧等菜肴时，由服务员协助客人系在胸前的保洁布巾，以防酱汁、油水等污染衣物。
- 台布垫。台布垫又称台呢，一般用法兰绒制作，铺设在台布下面，可使桌面显得柔软，放置杯盘不会发出声音；另外，还可延长台布的使用寿命，减轻银器等贵重器皿直接与台面的碰撞和摩擦。
- 台裙。高档豪华宴会的餐桌、宴会酒吧、服务桌、展示台等必须围设台裙。台裙款式风格各异，裙褶主要有 3 种类型，即波浪型、手风琴褶型和盒型，较为华贵的台裙还附加不同类型的装饰布件（如印花边或短帷幔，这两种装饰布件又可按不同国家和民族特色细分为不同的类型）。台裙及其附加的装饰布件属于高档布件，由于台裙较长，为了避免折皱和霉变，在不使用时，应取下大头针或夹扣，并沿台裙的边缘整齐地以一定的宽度折拢，然后用专用的台裙架挂在通风处。现在一些宴会厅通常使用大圆形挂饰布做台裙使用，铺设在台布下方。
- 椅套。椅套与台饰布件对应，<u>互相映衬</u>。椅套也广泛使用在各类高档典雅的中西宴会餐椅的布置和装饰中，颜色以乳黄色、红色等为主。

此外，以大幅棉质、丝绸质、纱质等布件缝制成帷幔装饰墙壁、镜框、窗帘、空间等已成为餐饮场景装饰的时尚和趋势。

餐厅电器设备

随着现代化科学技术的发展，越来越多的电器设备走进了餐厅并不断更新，呈现高科技化发展的趋势。电器设备不但体现了餐厅的档次，而且大大降低了劳动力成本、提高了服务效率，并使餐饮服务和操作的诸多环节规范化、程序化、标准化。餐厅常见的电器设备如下。

- 电冰箱（冰柜）。电冰箱用来储存各类需要冷藏的酒水饮料（如白葡萄酒、香槟酒、各种软饮料等）和新鲜水果等。
- 蛋糕柜。蛋糕柜用来陈设各类蛋糕及甜品，柜内配置灯光和制冷恒温系统。圆柱形蛋糕柜中的陈列架还具有缓慢转动的功能。
- 制冰机。制冰机是自动制取冰块的电器设备。制取的冰块形状通常有方形、菱形、圆形3种。冰块规格以冰块融化后水容量1盎司[①] 为标准。
- 空调系统。餐厅大多采用中央空调系统，不同的季节应通过空调的温度调节开关调节餐厅温度，冬季温度保持在18~20℃，夏季温度保持在22~24℃。
- 电开水器。电开水器通过电加热将水烧开，使用非常方便。水的温度不但稳定，而且洁净卫生。
- 洗碗机。洗碗机是洗碗间的主要设备，餐厅应根据业务量的大小选择不同规格型号的洗碗机。目前常用的洗碗机主要有多槽分部式洗碗机、多槽循环式洗碗机、立式洗碗机等。洗碗机系统中大多包括垃圾处理设备。
- 咖啡机。过滤式电咖啡机配有特别细的过滤网，或配有咖啡豆碾碎机。使用时，将咖啡粉置于配备滤网的水箱中，添加冷水后盖上盖子，通电后咖啡机即会自动冲泡过滤，并注入底下的咖啡壶或杯中。计算机程序控制全自动咖啡机是新一代高科技产品，融咖啡豆的磨碎、过滤、冲泡为一体，并对制作咖啡的过程进行计算机程序控制，操作简便，制作量大，服务快捷。
- 电热盘。电热盘一般为长桶状，桶部底下有弹簧，通电后可自动加热，非常方便。自助餐厅多采用此设备。

此外，餐厅常见的电器设备还有微波炉、电热毛巾炉、消毒柜等。

餐厅智慧设备设施

前端点餐设备

- 移动点餐应用程序（App或小程序）。客人可以通过手机上的App或微信小程序提前预约、点餐、支付，还可以查看餐厅的菜品推荐、优惠活动等信息。例如，星巴克的App不仅可以在线点单，还可以积累星星、兑换礼品等。移动点餐应用程序具有方便快捷、个性化定制、便于客人管理自己的订单和消费记录的特点，是目前各类型、各档次餐厅普及率最高、应用最为广泛的前端点餐设备。
- 自助点餐机。客人可以通过触摸屏自主选择菜品、下单、支付，减少排队等待时间。例如，麦当劳等快餐连锁餐厅的自助点餐机，客人可以在机器上定制自己的汉堡套餐、选择饮料规格等。自助点餐机具有操作简单、界面友好、支持多种支付方式（现金、银行卡、移动支付等）的特点。
- 电子菜单。电子菜单指以平板电脑或电子显示屏的形式展示菜品信息、图片、价格和营养成分等，支持客人在线点餐。一些高档餐厅会配备平板电脑，客人可以通过平板电脑浏览菜品并下单。使用电子菜单具有节省纸质菜单的制作和更新成本，菜品信息展示更加生动全面，易于更新菜品和调整价格的优点。

---

① 这里指英制液盎司。1英制液盎司=28.4mL。

▲ 智能餐桌。智能餐桌是集成了点餐、支付、游戏、娱乐等功能的餐桌，客人可以在餐桌上直接点餐、呼叫服务员、查看菜品信息等。例如，海底捞智慧餐厅的智能餐桌，客人可以通过桌面的触摸屏点餐、玩游戏等，具有提升客人用餐体验、增加互动性、提高餐厅空间利用率的特点。

△ **后厨生产设备**
▲ 智能配菜与传菜系统。该系统根据订单信息，自动分配食材、配菜，并通过传送带或机械臂将配好的菜品传递到相应的烹饪区域或出餐口。例如，海底捞的智慧厨房采用了自动配菜与传菜系统，提高了出餐速度和准确性。该系统具有优化厨房工作流程、提高工作效率、降低人力成本的特点。
▲ 智能烹饪设备。该设备通过预设的程序和参数，实现自动烹饪、烘焙、蒸煮等功能，保证菜品的质量和口感的一致性。较常见的烹饪设备有炒菜机器人，可以按照预设的菜谱和烹饪时间，自动完成炒菜过程；智能烤箱可以根据不同的菜品设置不同的温度和时间，实现精准烘焙。该设备具有提高烹饪效率、降低人工成本、减少人为失误的特点。
▲ 食材管理系统。该系统对食材的采购、库存、使用进行实时监控和管理，实现食材的精准配送和库存控制，减少食材浪费。通常可通过电子标签、传感器等技术，实时监测食材的库存数量、保质期等信息，当库存不足时，自动提醒采购人员进行补货。该系统具有优化食材供应链、降低成本、保证食品安全的特点。

△ **配送与服务设备**
▲ 送餐机器人。送餐机器人根据订单信息，自动将菜品从后厨送到客人餐桌上，提高送餐效率。目前许多中餐厅和西餐厅开始使用送餐机器人，它们可以按照预设的路线准确地将菜品送到指定的餐桌。它具有节省人力、提高服务效率、增加餐厅的科技感和趣味性的特点。
▲ 智能呼叫系统。客人可以通过餐桌上的呼叫按钮或移动设备呼叫服务员，服务员通过佩戴的手环或接收器及时响应客人需求。例如，在一些高档餐厅，客人按下呼叫按钮后，服务员的手环会震动并显示客人的桌号和需求信息。该系统具有提高服务响应速度、提升客人满意度的优点。

△ **数据分析与管理设备**
▲ 大数据分析平台。该平台收集和分析餐厅的经营数据，如客人流量、菜品销售情况、客人评价等，为餐厅的经营决策提供数据支持。通过分析客人的点餐数据，餐厅可以了解客人的口味偏好，调整菜品结构；通过分析客人的评价数据，餐厅可以及时发现问题，改进服务质量。
▲ 智能收银系统。该系统支持多种支付方式，如银行卡支付、移动支付（微信支付、支付宝支付等）、刷脸支付等，可以实现快速结账、自动打印小票、统计销售额等功能，还可以与其他设备系统进行数据对接，实现财务管理的自动化和智能化。例如，美食广场的每个摊位都配备了智能支付终端，客人可以快速完成支付。该系统具有提高支付效率、减少现金交易、降低找零错误概率和现金管理风险的特点。

环境与能耗管理设备

- 智能照明系统。该系统可根据餐厅内的光线强度和人员活动情况，自动调节灯光亮度和开关状态，实现节能效果。当餐厅内自然光线充足时，智能照明系统会自动降低灯光亮度；当餐厅无人活动时，灯光会自动关闭。
- 智能空调与通风系统。该系统可根据室内温度、湿度和人员数量，自动调节空调的温度与风速和通风设备的运行状态，保持舒适的室内环境。在炎热的夏季，当餐厅内客人较多时，智能空调与通风系统会自动降低温度、加大风速；当客人较少时，智能空调与通风系统会相应地调整运行参数，以节约能源。

服务技能

餐厅家具的使用与保养要求

- 日常清洁、保持干净无污。
- 严防受潮和曝晒。
- 定期上蜡抛光。
- 注意调节室内空气，适时通风。
- 注意巧搬、轻放。

视频：餐厅设备使用与保养

瓷器餐具的使用要求

瓷器餐具的使用要求如表 29.1 所示。

表29.1　瓷器餐具的使用要求

使用程序	使用要点
检查破损	破损的瓷器不能使用。检查时，可将两个瓷器轻微碰撞一下，声音清脆说明完好，声音闷响说明带有暗裂
及时清洗	使用后的瓷器餐具要及时清洗，不得残留油污、茶垢和食物；洗涤时要用专用洗涤剂并消毒
分类存放	瓷器餐具规格多、品种杂，应在洗涤后立即分类清点存放
谨防潮湿	保管瓷器的库房要干燥通风。受潮后，包装材料易霉烂腐蚀瓷器表面，使金、银边变得灰暗无光，或产生裂纹，降低瓷器质量

瓷器餐具的洗涤要求

瓷器餐具洗涤是餐饮设备用品管理的主要工作，这里重点介绍用洗碗机洗涤的要求，如表 29.2 所示。

表29.2　瓷器餐具的洗涤要求

洗涤程序	洗涤要点
收盘	按要求分类摆放，以避免破损
倒刮、分类装筐	及时将脏餐具里的剩物倒刮干净，分类装入相应的筐架里。倒刮要彻底，注意检查是否有小件餐具夹杂其中，同时注意操作要轻，以免损坏餐具

续表

洗涤程序	洗涤要点
冲刷	所有餐具装筐放入洗碗机之前应用专设的高压龙头冲刷，水温不要太高；在筐架的底部开口，使被冲下的污物流到下面冲刷池的活动垃圾桶里；垃圾桶应当便于清洗、拆卸
清洗	将餐具放入洗碗机的链条上，打开洗碗机开关；过机清洗消毒；收餐检查
分类存放	保持卫生，接触干净餐具的人员须戴消毒过的手套。注意分类存放，即根据其类型、规格和用途的不同而分别放置于不同的餐具架上
洗碗机使用注意事项	洗碗机的操作必须正确，以使其运转正常；根据操作说明，掌握正确的清洗时间；使用标准温度计测量每部分的水温，保证温度符合规定（预洗温度为40~50℃，主洗温度为60~65℃，过水温度为85~90℃）；测量冲洗水的水压；保证有足够的清洁溶液；对于一些不锈钢餐具、茶具，为了洗涤其污垢和茶垢，还应在装架前放在专用的浸泡液中浸泡去垢

玻璃器皿的使用与保养要求

玻璃器皿的使用与保养要求如表29.3所示。

表29.3 玻璃器皿的使用与保养要求

使用程序	使用要点
搬运	玻璃器皿应轻拿轻放；服务时，拿杯子下半部分或杯柄；运送应使用托盘，不可把杯子摞在一起
测定耐温性能	对新购进的玻璃器皿进行一次耐温急变测定，以利于使用和洗涤
检查和清洗	在摆台前要对全部玻璃器皿进行认真检查，不得有破损；清洗时，先用冷水浸泡使用过的酒杯以去除酒味，再洗涤消毒，高档酒杯以手洗为好
保管	洗涤过的玻璃器皿要分类存放，不常用的器皿要用软性材料隔开，以免器皿之间直接接触发生摩擦和碰撞，造成破损

金属餐具的使用与保养要求

金属餐具的使用与保养要求如表29.4所示。

表29.4 金属餐具的使用与保养要求

使用程序	使用要点
银器的使用	注意轻拿轻放，尽量避免碰撞硬物；用过的银器应立即清洗干净、严格消毒，清点后妥善保管
银器的洗涤	银器使用越频繁越光亮，正常洗涤可和其他餐具一样使用洗碗机，特别处理每年只需做三四次
银器的保养	保养时可将银器浸泡在以碳酸钠为主的化学溶液中，加温至80℃（时间要短，否则会失去光泽），使其恢复光泽，再行抛光
不锈钢餐具的洗涤	不锈钢餐具可用专用洗涤剂去渍、清洁和消毒，清点擦亮后妥善保管

布件的使用与保养要求

布件的使用与保养要求如表 29.5 所示。

表29.5　布件的使用与保养要求

使用程序	使用要点
盘点装车	在规定时间内分类清点及登记使用过的各式布巾；按规范打捆（脏口布要10条一把扎好）或打包；清洁布巾车，并将脏布巾放入车内
更换布巾	将布巾车推到洗衣房，换取干净的布巾；清点数目，准确无误后协助洗衣房员工做好记录
存放保管	布件要注意轮换使用，这样能减轻布件的破损和避免久放发脆；布件应根据尺寸大小分别堆放在货架上，将叠转的一面朝外，以便清点和控制。如果布件不是储存在柜橱当中，则要用布盖上以免落上灰尘；特殊布巾要特别存放保管

餐厅电器设备的使用与保养要求

餐厅电器设备的使用与保养要求如表 29.6 所示。

表29.6　餐厅电器设备的使用与保养要求

使用程序	使用要点
专人负责	指派专人负责电器设备的保管及保洁工作，定期培训员工学习使用各式电器设备
规范操作	严格按设备说明书的要求操作，严禁违规操作；爱护设备，保持其整洁、完好，使用后应及时检查设备的使用情况；建立设备借用登记、归还制度
维护保养	设备损坏或出现故障时，填写维修单，由工程部签收、维修；协助工程部做好大型电器设备的定期维护工作

餐厅智慧设备设施的使用与维护要求

餐厅智慧设备设施的使用与维护要求如表 29.7 所示。

表29.7　餐厅智慧设备设施的使用与维护要求

使用程序	使用要点
用前培训	对相关员工进行全面系统的智慧设备设施使用培训；定期组织复习培训和新功能的介绍，确保员工跟上技术更新的步伐
规范制定	为每种设备设施制定详细的操作规范手册，明确正确的使用步骤和注意事项。例如，对于厨房显示终端，规定厨师必须在完成菜品制作后及时点击"已完成"按钮。要求员工严格按照操作规范执行，避免因误操作而产生设备故障或数据错误
定期检查	安排专人定期对设备设施进行检查，包括外观、连接线路、运行状态等；建立检查记录档案，对发现的问题及时记录并跟踪处理
故障处理	建立快速响应的故障处理机制，当设备出现故障时，能够及时报修；对于常见的小故障，培训员工进行简单的排除和处理
软件更新	及时对设备设施的软件系统进行更新，以修复漏洞、提升性能和增加新功能；在更新前做好数据备份，防止数据丢失

续表

使用程序	使用要点
备件管理	储备一定数量的常用易损备件，如打印机的墨盒、网线等；对备件进行定期盘点和补充，确保在需要时能够及时更换
数据保护	教育员工注意保护客人数据的安全和隐私，定期更新设备的密码，并限制未经授权的人员访问敏感数据

送餐机器人的操作步骤与要点

送餐机器人的操作步骤与要点如表29.8所示。

表29.8　送餐机器人的操作步骤与要点

操作步骤	操作要点
餐前准备	1. 开餐前检查送餐机器人整机状况 2. 连接电源，确保送餐机器人电量充足 3. 按下开机按钮，等待送餐机器人系统启动并完成初始化 4. 首次使用时，需要引导送餐机器人在餐厅内行走，绘制餐厅的地图，标记出餐桌位置、厨房位置、通道等重要地点，并设置餐桌的编号和对应的坐标位置
餐中服务	1. 菜品放置。打开送餐机器人的送餐托盘或储物仓；将菜品平稳地放置在指定位置，注意摆放的稳定性，防止菜品在运输过程中倾倒 2. 输入送餐任务。在送餐机器人的操作界面或通过相关的控制软件，选择要送餐的餐桌号码；确认菜品信息和送餐目的地准确无误 3. 启动送餐。点击"开始送餐"按钮或类似按钮；送餐机器人会根据预设的地图和路线，自动前往指定餐桌 4. 途中避让。送餐机器人在行进过程中，会通过传感器感知周围环境，自动避让障碍物和行人。但在必要时，服务人员也应协助引导，确保安全 5. 到达目的地。送餐机器人到达指定餐桌后，会发出提示音或灯光信号，客人或服务员从托盘上取走菜品 6. 返回原点。取完菜品后，送餐机器人会自动返回厨房或指定的原点位置，准备执行下一次送餐任务
餐后维护	1. 外观清洁。每天用餐完毕后，使用干净、柔软的湿布擦拭送餐机器人的外壳，去除灰尘和污渍；特别注意清洁传感器、摄像头等部位，避免污垢影响其正常工作 2. 电池检查。定期检查电池的电量和充电状态，确保送餐机器人始终有足够的电力运行；遵循厂家建议，正确进行电池充电，避免过度充电或放电 3. 运动部件检查。检查送餐机器人的轮子、履带、关节等运动部件，确保其运转灵活，无卡顿或异响；清理运动部件周围的杂物和毛发，防止缠绕影响性能 4. 传感器维护。轻轻擦拭传感器表面，保持其清洁，以保证准确感知周围环境；检查传感器的连接是否松动，若有问题，则及时紧固 5. 软件更新。按照厂家的提示，定期更新送餐机器人的控制软件和系统，以修复漏洞和提升性能 6. 线路检查。检查送餐机器人内部的线路是否有破损、老化或松动的情况。确保线路连接良好，避免短路等安全隐患 7. 存储环境。当送餐机器人不使用时，将其存放在干燥、通风良好的环境中，避免潮湿和高温

续表

操作步骤	操作要点
餐后维护	8. 定期测试。定期对送餐机器人进行功能测试，包括送餐准确性、避障功能等。若发现问题，则及时联系厂家或专业维修人员进行处理 9. 数据备份。定期备份送餐机器人存储的重要数据，如地图数据、运行记录等 10. 培训与规范操作。对使用送餐机器人的工作人员进行培训，确保他们正确操作，减少误操作导致的损坏。 通过以上日常维护和保养措施，可以延长送餐机器人的使用寿命，提高其工作效率和稳定性
注意事项	不同品牌和型号的送餐机器人可能在操作细节上存在差异，具体操作步骤应以所使用送餐机器人的产品说明书和相关培训为准

拓展阅读

▲ 餐具常用的消毒方法

煮沸消毒：将洗涤洁净的餐具置入沸水中消毒 2~5min。

蒸汽消毒：将洗涤洁净的餐具置入蒸汽柜或箱中，使温度升到 100℃，消毒 5~10min；用锅加水煮沸后产生的大量蒸汽消毒餐具，不会使餐具挂上水碱，是很好的消毒方法之一。

专业消毒仪器消毒：如红外消毒柜等，温度一般在 120℃左右，消毒 15~20min；也可使用洗碗机对餐具洗涤消毒。

化学消毒：不耐高温的餐具，特别是玻璃酒具等会遇热爆裂、变形等，可使用漂白粉、氯胺 T 钠、高锰酸钾等消毒液浸泡。

典型情境

"裂口"与"胃口"

方先生去某四星级饭店用自助早餐，发现约一半餐盘破损严重，不是有缺口，就是有裂痕，尽管饭店供应的早餐品种齐全，口味也较好，但方先生看到如此餐盘，顿时没有了胃口，愤而投诉。

饭店餐饮部接到投诉后，迅速向方先生道歉，并紧急调集人手对餐盘进行分拣，在确保早餐餐盘没有任何缺损后，餐饮部经理亲自陪同方先生享用早餐，并保证今后不发生类似的情况。该饭店在自助早餐现场分拣出 53% 存在不同程度缺损的餐盘，随后餐饮部完善了餐前检查制度，并且要求餐厅经理在开餐时随时巡查类似问题，确保四星级饭店的服务水准。

请思考：

你认为哪些原因会造成餐具的损耗？该采取哪些方法来控制损耗？

难以调整位置的空调

盛夏，某饭店中餐厅来了几位客人，他们要求坐在餐厅的角落。入座后，他们感觉室内较热，急忙让服务员把空调调一下方向。服务员解释，空调吹不到这边的餐桌，请他们到餐厅中央的餐桌就座。客人不愿到显眼的地方用餐，坚持让服务员调整空调的方向。原来餐厅晚上要招待一个会议用餐，将几个立式空调的位置做了调整，这样一来边角上的个别餐桌就吹不到冷气了。此时，客人的茶水和餐具已经摆放上桌，客人们只好开始用餐。上了几道菜后，他们觉得越来越热，有的甚至汗流满面。这时他们中有人忍不住走到空调可以吹到的餐位上坐下，顿感舒适凉爽，并急忙招呼其他人坐过来。这里的餐桌小一些，位置也不在角落，但大家已经不在乎这些了。他们让服务员把菜换成小盘端过来，更换过茶水和餐具，便继续用起餐来。

不一会儿，又有来客坐在那个空调吹不到的餐桌旁。这一次来的客人就不像上一批那么客气了，他们大声斥责服务员，要求把空调的温度降下来。当服务员要求他们移位时，遭到的是更厉害的斥责。餐厅领班急忙走过来安抚客人："请大家原谅，这是我们的疏忽。我们立刻调整空调的位置。"经过几个服务员的挪移，空调的冷气终于飘了过来，这几位"吵闹"的客人也安静下来。一位先前移过座位的客人走到餐厅领班面前告诉她，餐厅里每个座位都应该吹到空调，这是餐厅服务最起码的要求。

请思考：

结合案例谈谈如何做好餐厅设备设施管理工作。

考核指南

基础知识部分

考核内容

1. 简述餐厅家具的种类。
2. 简述瓷器餐具的使用要求。
3. 简述布件的种类。
4. 简述餐厅常见的电器设备。
5. 简述餐厅智慧设备设施的种类。

考核方式
笔试或口试。

即学即测
扫描二维码，完成在线练习。

第二十九专题测一测

服务技能部分

考核内容
以小组为单位，抽签选择在实训室模拟进行餐厅设备使用与保养操作训练，掌握餐厅各式设备使用要领及技巧。

考核方式
实训室现场操作。

考核评价

评价内容	考核要点	分值	自评 20%	互评 30%	师评 50%	综合评价
设备使用与保养	提供设备使用管理制度；设备使用前有培训；有专人负责	50分				
	严格按规范进行操作；有详细记录并归档留存	50分				
评分标准	A：90~100分，操作环节完整且符合规范、设备使用制度全面细致，可操作性强。 B：80~89分，操作环节完整且符合规范、设备使用制度基本全面规范，可操作性较强。 C：60~79分，操作环节较为完整且符合规范、设备使用制度基本全面规范，可操作性较强。 D：59分以下，操作环节不完整但符合规范、设备使用制度不全面。					
备注						

第三十专题
餐饮数字化技术与应用

学习目标

- 了解餐饮数字化的相关概念及技术。
- 掌握餐饮数字化系统的构成。
- 具有利用信息技术改善餐厅运营效率、优化管理流程的能力。

基础知识

▲ 餐饮数字化相关概念

随着科技的进步和消费者行为的变化，餐饮业和其他行业一样，正在经历一场数字化转型。餐厅应用数字化工具，不仅能够将经营情况准确化、透明化，还能够提高运营效率，降低成本，优化客人体验，增强竞争力。

△ 餐饮数字化

数字化意为在数字技术的运用过程中，通过连接实现各种技术的创新。餐饮数字化指将信息技术和数字手段应用于餐饮行业的各个环节，以实现更高效的运营、更好的客户体验和更精准的决策。它强调移动互联网、大数据、云计算、人工智能等新兴技术与餐饮企业的深度融合，代表着以数据为驱动要素的企业战略思维、组织架构、业务流程、商业模式等全方位的转变。

△ 餐饮数字化运营

餐饮数字化运营指利用数字技术和数据驱动的方法来优化餐饮企业的业务流程、提升运营效率、改善客户体验并实现业务增长。

△ 餐厅数字化系统

餐厅数字化系统是一套融合了多种先进技术和功能模块，旨在提升餐厅运营效率、优化客人体验及实现精细化管理的综合性解决方案。它利用多种信息技术工具，将餐厅的经营流程、服务模式等通过信息技术，进行数字化改造和升级。海底捞数字化系统架构如图30.1所示。

△ 餐饮数智化

餐饮数智化是餐饮企业利用数字化技术和智能化手段，改造和升级餐饮流程与服务模式的过程。将餐饮数智化进行拆分，就是数字化和智能化两大概念。数字化是手段，智能化是目的，用数字化手段为餐饮企业赋能，最终是为了促进餐饮业经营效率的高速提升。

▲ 餐饮数字化系统的构成

餐饮数字化系统建设可根据餐厅的实际情况有多种选择，通常与餐厅智慧设备设施配套使用。

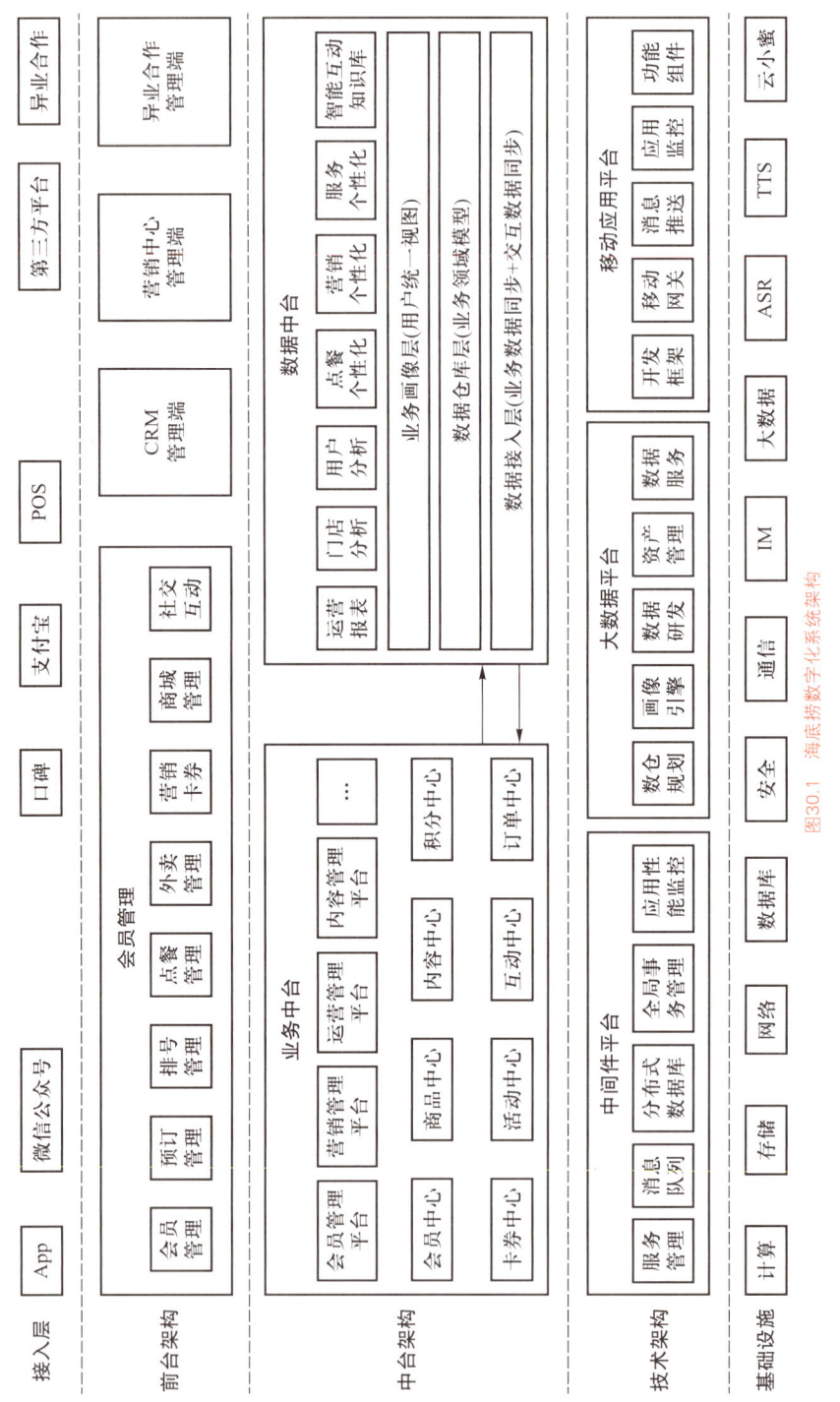

图30.1 海底捞数字化系统架构

POS 收银系统

POS（point of sales，电子付款机）收银系统的基本功能是收银，目的是集中提高结账速度，更清晰地汇总账目。目前，POS 收银系统的功能，已实现在记录资金收入情况的基础上，整合微信、支付宝等移动支付方式，以及信用卡、优惠券、兑换券、代金券等多种支付方式。此外，部分 POS 机还集成了多项餐厅特有的功能，具体内容如下。

- 桌台管理。实时监控餐桌的点餐、上菜、结账等的情况，优化座位分配。
- 后厨打印。收到客人订单后，直接将订单传输到后厨打印机，确保厨房能够及时准确地接收到客人的点餐信息。
- 外卖接单。及时处理外卖订单，及时管理和跟踪外卖业务。
- 客人分析。记录客人的数量、性别、用餐目的、偏好等，用于经营的整体分析。
- 集成营业分析。通过客人信息、销售数据、库存管理信息等，生成营业报告和销售数据分析、客人行为分析、市场趋势预测等分析报告，助力餐厅管理者更好地了解经营状况。

营销服务系统

营销服务系统主要面向客人。通过和客人互动，了解客人需求，优化客人体验，增强客人黏性，促进客人再次光临，实现复购。有的系统还有记录互动的过程，根据客人的消费特征，精准推送促销活动的功能。

- 预定排号系统。通过该系统，客人可以在线上或到店后取号。该系统可管理客人的预订和排队情况，减少客人等候时间。
- 服务呼叫系统。通过该系统，客人可以呼叫服务人员，同时，明确传递倒水、加菜、结账等需要，提高服务响应速度。
- 自助点餐系统。通过该系统，客人可以用手机扫码桌边二维码，或使用触摸屏或线上小程序，自助点餐并实现在线支付。点餐系统一直在向"节省用工数量和人力成本"方向升级，该系统不仅提高了点餐的速度和准确性，还减少了因手写订单而产生的错误。
- 会员管理系统。该系统用于管理客户信息、记录客人的消费行为和消费特征，包括预订、消费信息的记录、积分累计、优惠折扣、发票管理、促销活动推送及个性化服务等，该系统可有效增强客人黏性，提升客人忠诚度。餐厅即使没有会员管理系统，也可用一些传统方法记录客人的消费行为和消费特征。

内部管理系统

内部管理系统主要关注餐厅内部的运营管理，这类系统有助于提升餐厅管理水平，合理提高人效劳效，有效控制成本，实现高效运营。

- 库存管理系统。该系统可助力餐厅实时监控食材的进销存情况，预测需求，自动补货，从而减少浪费，确保食材新鲜。
- 员工管理系统。该系统可助力餐厅管理者优化员工排班、考勤、薪资计算和绩效评估等管理任务。

- 环境监控系统。该系统可助力餐厅及时调节餐厅内的温度、湿度和照明，保证客人的良好体验。
- 能源管理系统。该系统有助于降低能耗，实现绿色、可持续发展。

餐饮数字化技术

移动应用

目前，移动应用是餐厅应用最多的技术，大型餐饮企业、连锁企业使用较多。通过开发餐厅专属的移动应用，提供在线点餐、预订、会员服务等功能。该技术具有方便客人与餐厅进行互动，增强用户黏性的作用。

电子支付

电子支付覆盖大部分的餐饮企业，支持多种电子支付方式，如二维码支付、NFC 支付等，提高支付效率和安全性，减少现金交易带来的风险和烦琐的找零过程。

云计算

餐厅可根据实际经营情况，将业务数据存储在云端，实现数据的集中管理和远程访问。在实际工作中，比较常见的是使用云服务来存储客人信息、销售数据和库存数据，方便随时随地地查看和分析。采用云计算可降低本地硬件成本和维护需求，具有良好的扩展性，能够根据餐厅业务增长灵活调整资源。

物联网

物联网指通过传感器和智能设备实现餐厅设备的互联互通。例如，智能炉灶可以自动调节火候，冷藏设备能实时监测温度并发送警报。该技术可实现对餐厅环境的智能控制，如灯光、温度等根据人流量和时间自动调节。

人工智能

人工智能技术在餐厅中的应用包括：利用图像识别技术进行菜品识别和库存盘点，通过机器学习算法预测客人需求和消费趋势，优化菜单和采购计划。例如，预测某种菜品在特定季节的受欢迎程度，提前准备食材。通过智能屏或点餐机器人，客人可以在屏幕上选择菜单项目，点餐机器人将订单发送给厨房，提高点餐效率并减少错误订单。此外，人工智能还能利用语音识别、图像识别等技术分析客人的需求和喜好，为下次光临的客人提供符合其需求的餐品和服务，并推出更精确的促销活动和优惠券。它还可以通过预测需求、订单优化等方式提前准备食材、调配人力资源，提高企业效率和竞争力。例如，阿里巴巴推出的 AI 美食大师，可以根据食客的口味偏好和习惯提供个性化推荐。

大数据分析

大数据分析是指收集、处理不同的、高容量、高速度的数据集并从中获得见解的方法、工具和应用的过程。这些数据集可能来自各个方面，如网络、电子邮件、社交媒体和联网的智能设备。它们通常是高速生成的数据，而且形式多样，从结构化（数据库表格、Excel 表）到半结构化（XML 文件、网页）再到非结构化（图像、音频文件）。通常规模较大的餐饮企业集团，通过整合来自多个数据源的大量数据，包括销售数据、客人反馈、市场趋势等，帮助企业做出更明智的决策，如优化餐厅布局、调整产品结构等。

◢ 区块链

从本质上讲，区块链是一个共享数据库，存储于其中的数据或信息具有不可伪造、全程留痕、可以追溯、公开透明、集体维护等特点。区块链在餐厅数字化运营中用于确保食材供应链的可追溯性和安全性，让客人了解食材的来源和质量；保证交易的透明性和不可篡改性，增强财务和业务流程的信任度。

◢ 增强现实和虚拟现实

增强现实（augmented reality，AR）和虚拟现实（virtual reality，VR）能够为客人提供沉浸式的用餐体验，如通过 AR 展示菜品的制作过程或提供虚拟的餐厅环境预览。

服务技能

▲ **餐饮数字化应用实施步骤与要点**

餐饮数字化应用实施步骤与要点如表 30.1 所示。

表30.1　餐饮数字化应用实施步骤与要点

实施步骤	实施要点
明确目标与战略	确定餐饮企业数字化转型的长期和短期目标；制定与企业整体战略相契合的数字化战略，明确数字化在业务中的定位和作用
现状评估	对现有业务流程、技术基础设施、人员技能和数据管理进行全面评估；识别当前存在的痛点和问题，如烦琐的点餐流程、不准确的库存管理等
组建团队	成立专门的数字化转型团队，包括内部员工和需要的外部专家；确保团队成员具备技术、业务和管理等多方面的能力
技术方案选择	根据餐饮企业需求和预算，选择适合的数字化工具和系统，如点餐系统、库存管理软件、数据分析平台等；考虑系统的兼容性、扩展性和用户友好性
数据管理与整合	建立统一的数据管理体系，确保数据的准确性、完整性和安全性；整合来自不同渠道和系统的数据，形成数据仓库，为分析和决策提供支持
流程优化与再造	基于选定的技术方案，重新设计和优化业务流程，如点餐、上菜、结账、采购等环节；去除冗余步骤，提高流程效率和协同性

续表

实施步骤	实施要点
员工培训	为员工提供相关技术和新流程的培训,确保他们能够熟练使用新系统和适应新的工作方式;培养员工的数字化思维和服务意识
试点与推广	选择部分门店或业务环节进行试点,测试和验证数字化方案的效果;根据试点结果进行调整和优化,然后逐步在全企业范围内推广
持续监测与改进	建立指标体系,持续监测数字化转型的效果,如效率提升、客户满意度变化、销售额增长等;根据监测结果进行持续改进和创新,适应不断变化的市场需求和技术发展
风险管理	识别和评估数字化转型过程中的风险,如技术故障、数据泄露、员工抵触等;制定相应的风险应对策略,降低风险的影响

餐饮数字化应用实施步骤适合大中型餐饮连锁企业,餐饮企业通过有序运行,能够提升自身的竞争力和可持续发展能力。

拓展阅读

人工智能在餐饮行业的应用

餐饮业一直饱受"三高一低"(房租高、人力成本高、食材成本高、毛利低)顽疾的困扰,而智能化可以帮助餐饮业节约用工数量、降低经营成本、提升AI管理绩效。面对新环境下的市场需求,餐厅是否使用以AI为技术基础的互联网解决方案或将是一家餐厅能否在未来繁荣的风向标。为了吸引更多的年轻客人,不少餐饮公司都想尽办法将AI元素融入自己的服务当中,AI与餐饮行业的结合已经越来越深入。

应用一:餐饮机器人

① 菜品制作机器人等各类厨房机器人。机器人Flippy是美国一家名为Miso的机器人公司研发的一款制作汉堡包的智能机器人,如图30.2所示。

图30.2 机器人Flippy

② 中短距离外卖配送机器人。如图30.3所示,这个和普通快递小哥职责一样的机器人名叫德鲁,由达美乐联手澳大利亚Marathon Robotics公司共同研发。德鲁不

足 1m 高，充一次电大概可以跑 30km，全身由防风雨的丙烯酸塑料和铝包裹着，身体里装有传感器用来躲避障碍。一次可以储存 10 张披萨，储藏室有保温加热功能，可以保证披萨不会在运输途中冷掉。当德鲁到达目的地后，客人只需要输入订单码就可以取披萨。

应用二：智能餐厅

① 3D 打印餐厅。英国伦敦有一家全 3D 打印的餐馆，不但所有食物是 3D 打印而成的，而且餐桌、餐椅、灯具和餐具也出自这种技术，人均消费合人民币 2220 元。这家餐馆名为"食物墨水"，提供 9 种 3D 打印菜肴，并在网上直播烹饪过程。除了用餐，客人还可以在这家高技术氛围浓厚的餐馆体验虚拟现实技术，欣赏计算机创作的音乐。打印菜肴的过程类似面点师用挤花袋把奶油挤在蛋糕上做造型，令人们体验到 3D 打印和其他新技术的神奇潜力。3D 打印菜品如图 30.4 所示。

图30.3　机器人德鲁

图30.4　3D打印菜品

② 以智能餐饮系统提供优质服务的智能餐厅。一些中小型餐厅使用"旗鱼点餐"等智能餐饮系统，让客人点餐、下单、支付等整个就餐环节智能化，提供智能的互联网点餐及餐饮大数据云计算平台。该系统具有节省餐厅人力成本、给客人提供优质用餐体验、让餐厅运营更高效、使用成本低的优点，同时具有还不够智能、还无法完全取代人工的缺点。

③ 无人智能餐厅。无人智能餐厅是指无收银员、无服务员、无厨师、无采购员的四无餐厅，如人人湘、海底捞等，可降低人工成本，提高运营效率，但研发成本高。

④ 提供一站式生活服务入口的智能餐厅。例如，必胜客开通支付宝当面付，推出排队和预点单系统，开发"饭后电影院"系列；并计划将"饭后电影院"系列拓展到"饭后 KTV""饭后出租车""饭后血拼街"等系列，为消费者提供更多增值服务。

应用三：智能餐饮新尝试

① 智能语音支付——打声招呼就结账。客人就餐结束之后，只需坐在餐椅上按铃呼叫服务机器人，微笑地说一声"结账"，拥有人脸识别及声纹识别功能的机器人自会结成账单并完成支付。相比现在的支付方式，此种做法不仅快速，还能在一定程度上避免盗刷的风险。

② 智能分析——人工智能成为你的私人美食管家。在订餐完成之后，系统会实时录入客人的部分个人信息和用餐喜好，为下一次他的光临提供更好的服务。对餐厅管理员来说，大数据的介入能帮助他更好地管理餐厅。基于私有云，系统会对当

天的盈利做出总结和分析，而在月末、季末和年末，其也将分别进行一个整体报告的分析，为以后餐厅的发展方向做出指导。

③ 精准推送——合理分配、提高效率。现阶段的就餐方式仍然是客人提出需求，由服务员满足需求。但在用餐高峰期时常出现服务员忙不过来导致客人等待时间过长，极大地降低了客人的用餐体验。在"AI+餐饮"模式下，客人可直接使用语音指令，再用自然语言对其提出要求。机器收到指令后立即响应，解决添茶、加大火力、减小火力等需求。

典型情境

数字化赋能，线上线下协同推进海底捞客户体系建设

在推动"云化"、加速数字化的背景下，在与用户产生联系的基础上进一步构建关系，通过组织活动、话题，使用户在互动中获得价值感甚至归属感，从单边关系转化成双边关系，最后进入多边关系，是海底捞推进会员体系建设、增强用户黏性所需要持续推进的工作。

自 2016 年开始，海底捞就陆续将核心业务系统上云，点餐收银、会员管理、订餐排号、后勤系统等实现"云化"。至 2020 年，海底捞全面实现"云上捞"，前端到后端所有核心业务系统全部上云。在会员运营上，海底捞围绕"持续为用户提供价值"和"提供差异化的增值服务"，关注用户全链路生命周期，通过线上线下多渠道（App 运营为核心）打造用户生态，形成良性的可持续互动机制。

在 App 运营方面，以订餐为基础功能，以社区分享、话题分享等为增值服务，加之电商商城的购物功能，并配有实时在线的智能客服，海底捞将自有 App 演变成包含多功能的超级 App。

① 海底捞 App 首页。以"排号""预订""外卖/自提""商城"4 个功能入口为主，其中前三者均与订餐功能相关，见图 30.5。排号功能支持消费者根据就餐人数线上选择附近门店进行排号，App 显示了该门店排号情况，这样避免了消费者在门店浪费大量等位时间。预订功能除了能够满足消费者当天的预订需求，还能够提供未来 1 个月内全天午市、晚市、夜市的预订。外卖/自提功能里面包含两个链接，外卖与自提，消费者可以根据自己需求选取。商场功能则包含的内容较多，除旗下方便食品一站式销售外，还有周边其他商品供消费者选择，海底捞会员捞币可在此换购或兑换礼物。

② 海底捞线上商城板块。海底捞线上商城板块主要包含方便食品、冲调茶饮等板块，如图 30.6 所示。线上商城除展示海底捞自身孵化的零售品牌（包括休闲零食、生鲜食材、方便速食、调料、酒水饮料等相关产品）外，还以电商平台的形式为消费者推出其他品牌产品。此外，线上商城还为消费者提供了耳饰、口红、零钱包、文创袋等海底捞相关周边产品。整体上，线上商城支持会员网购或者将其会员积分兑换为商品。

图30.5 海底捞App首页

图30.6 海底捞线上商城板块

③ 海底捞App的社区分享功能。海底捞App在功能栏中设置了和小红书类似的"圈子",帮助消费者快速找到感兴趣的圈层内容。这样,每位用户不仅可以在App中以图文形式分享日常生活中的点滴故事,还可以对感兴趣的内容点赞、评论、转发,也可以添加好友聊天。海底捞App的社区分享功能如图30.7所示。

图30.7 海底捞App的社区分享功能

海底捞火锅微信公众号还设置了门店应用入口,包含趣印像、美图打印、提前点菜3个功能,前两者方便消费者在门店打印照片,而提前点菜功能可跳转到相应的小程序界面。

除了海底捞App,微信小程序和公众号也承载了海底捞外卖、商城、订餐等更为细分化的业务。海底捞微信与小程序关联功能如图30.8所示。其中,海底捞火锅微信公众号以分享各种美食攻略和活动为主要内容,并设置了门店查询功能,在会话栏中提供订座排号、火锅外卖、会员商城等相关入口,微信公众号入口与小程序相通,点击后即可进入相应的小程序中。

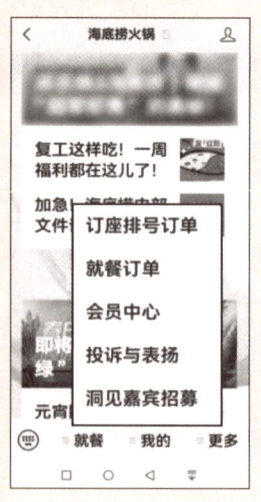

图30.8 海底捞微信与小程序关联功能

在线下消费场景中，海底捞在门店端打造"会员日"线下活动，尤其是在元宵节、腊八节、520、七夕、中秋节等节日里打造富有创意的主题活动。同时，海底捞还推出参与感强的系列手工制作活动，如"美食体验官招募""啤酒品鉴""春游装备DIY""DN巧克力""香薰蜡烛DN""尤克里里DIY"等。

请思考：

结合海底捞数字化转型谈谈餐饮企业开展数字化转型可获取的竞争优势。

考核指南

▲ 基础知识部分

△ 考核内容

1. 简述常见的餐饮数字化技术。
2. 简述餐饮数字化系统中POS收银系统除支付功能外的功能。
3. 简述餐饮营销服务系统的内容。
4. 简述餐饮内部管理系统的内容。

△ 考核方式

笔试或口试。

△ 即学即测

扫描二维码，完成在线练习。

第三十专题测一测

▲ 服务技能部分

△ 考核内容

利用课后时间，采用网络调研法，就某品牌餐厅或知名餐饮企业的数字化发展现状进行调查，探讨餐饮数字化转型的优劣势及发展趋势。

△ 考核方式

采用小组团队合作的方式，以PPT形式上交调查报告并进行课堂分享。

考核评价

评价内容	考核要点	分值	自评 20%	互评 30%	师评 50%	综合评价
调查设计	调查目的明确；调查案例具有典型性；调查分工细致；能够有效运用数字化技术	25分				
调查实施	调查方法得当；调查内容完整；能体现团队合作，有拓展	25分				
调查报告	报告内容全面；PPT制作规范；图文并茂，有总结提升	25分				
调查汇报	汇报内容完整；表达陈述自然；能体现专业性及职业感	25分				
评分标准	A：90~100分，准备认真、态度端正，PPT制作精美、内容全面细致，能有效运用数字化技术，实用性强，能体现团队合作，讲授表达好。 B：80~89分，准备认真、态度端正，PPT制作简洁、内容较为全面细致，能体现团队合作，讲授表达好。 C：70~79分，准备较为认真、态度较为端正，PPT制作尚可、内容较为全面细致，基本能体现团队合作，讲授表达较好。 D：60~69分，准备较为认真、态度较为端正，PPT制作尚可、内容较为全面细致，基本能体现团队合作，讲授表达一般。 E：59分以下，准备不认真，PPT制作粗糙、内容不全面，未能体现团队合作，读稿完成陈述。					
小组成员						
陈述纪实						
备注						

附录

附录一
餐厅服务 99 个怎么办

在餐厅用餐的客人形形色色，如何针对客人的具体情况，满足客人的合理要求，是餐饮服务人员需要认真思考的，也是避免发生突发事件的基础。

1. **接到客人电话预订时怎么办？**

   礼貌地向客人问好，详细了解客人的基本情况和要求，接受预订后要重复客人电话的主要内容，并向客人表示欢迎和感谢；同时按规范和标准认真做好电话记录，在安排好后通知客人予以确认。

2. **客人前来预订宴会时怎么办？**

   面对前来预订的客人要注意自己的形象和谈吐；详细了解客人的基本情况和特殊要求，并给予明确答复及做出相应的安排；可带领客人参观宴会场所，尽量满足客人的要求；认真做好记录，并重复一遍给客人听，以保证预订的准确。

3. **客人要求取消已预订的宴会怎么办？**

   需要视情况按饭店的有关规定办理退席手续或转换预订。在某些宴会预订时，应要求客人交纳相当于宴会标准 50% 的预订金以确保双方的利益。

4. **按客人的预订标准开好菜单，但客人却对其中的某些菜式不满意怎么办？**

   询问客人不满意的原因，了解客人的菜式要求；根据客人的口味提出建议，在预订标准的范围内，当好客人的参谋；重新开好菜单，再次征求客人的意见，直至客人满意。

5. **两位客人订了同一宴会厅怎么办？**

   根据先来后到的原则，按预订宴会时间，先订先安排；按宴会订单的联络电话迅速与对方联系，向对方讲明原因，诚恳地向客人道歉，以得到客人的谅解，并向客人介绍另一布局相似的宴会厅，征得客人的同意并确定下来。

6. **客人想要举办小型聚会，需要调整桌椅布局，怎么办？**

   主动上前帮忙，了解客人意图，在不影响其他客人用餐安全前提下按客人想法进行布置，并询问客人是否满意。

7. **客人来到餐厅门口时，迎宾员应该怎么办？**

   向客人问好，确认是否有预订。若有预订，则应认真、仔细询问客人的公司名称、房号和姓名，查看带位本，找出相关的资料，确认客人的人数是否有增减。若有变动，则应尽快做出安排，礼貌地把客人带到已安排好的位置上。若无预订，则应询问客人的人数，根据客人的人数，为客人安排相应的位置，然后在带位本上做记录。

8. **接到带有个别西菜的中餐宴会单时怎么办？**

   应先到中西厨房了解出菜的顺序及烹调方法，做到心中有数；餐前备好所需的各式中西餐具；宴会期间，应与传菜员及中西厨房的负责人密切联系，掌握好起菜的时间。

9. **负责主台的服务员在主宾、主人离席讲话时怎么办?**

在主宾、主人讲话前,注意先把每位客人的酒杯斟满;在主宾、主人离席讲话时,服务员要立刻斟上两杯酒,放在托盘上,站立在一侧;主宾、主人讲话结束时迅速送上,以便其举杯敬酒。

10. **遇到衣冠不整、欠缺礼貌的客人到餐厅就餐时怎么办?**

作为一位服务员,在服务中绝不能以貌取人,要对所有的客人提供良好的服务并要注重文明礼貌。遇到衣冠不整、欠缺礼貌的客人,服务员应以友好的态度对待,如果是住店客人,则应婉转提出请客人回房更衣;如果是店外客人,则可征得客人意见,为客人准备员工制服;尽量使客人遵守餐厅的规则,切忌与客人争论,绝不能以生硬的态度对待客人、指责客人。

11. **遇到形象异常,如肤色、外貌特别的客人来餐厅就餐时怎么办?**

像接待其他客人一样,礼貌地向客人问好并带其入座;不能轻视或笑话客人,更不能评头论足或盯着客人的特别部位看。

12. **客人喜欢靠窗的餐位,而那个餐位(包房)已被预订怎么办?**

向客人道歉,礼貌地告诉客人此位已被预订;给客人安排其他比较明亮的餐位;提醒客人靠窗的餐位一般比较受欢迎,请客人下次提前预订。

13. **遇到带儿童的客人来餐厅时怎么办?**

遇到带儿童的客人来餐厅用餐,要马上给儿童安排一把干净的儿童高座椅,将餐具撤下,换上儿童用餐具。如果有可能,则为儿童准备小玩具,使他(她)能快乐进餐,但要注意所提供的玩具一定要干净、安全。在为其服务食品时要提供适合儿童特点、口味的菜肴和饮料并要及时送上吸管。要随时撤下儿童面前的脏盘,及时撤下不用的多余餐具。要多称赞儿童,及时表扬其表现好的地方。为儿童服务时切记:不要随便给儿童喂食,不要带儿童外出游玩,上热菜时不要碰到儿童。

14. **在服务中自己的心情欠佳怎么办?**

在服务工作中,服务员有时会因家庭琐事、领导批评、身体不适等一些不愉快的事情心情不好。但作为服务员要时刻牢记微笑服务、礼貌服务,时刻牢记自己的角色,要学会"忘记"不快,将精力投入到工作中去,时刻在服务中提醒自己,要为客人提供良好的优质服务。

15. **客人来就餐但餐厅已经客满怎么办?**

礼貌地告诉客人餐厅已客满,并询问客人是否可以先到候餐处等待;迎宾员要做好候餐客人的登记,请客人看菜单,并提供茶水服务;在了解餐厅用餐情况后,要告诉客人大约等待的时间,并时常给客人以问候;一旦有空位,应按先来后到的原则带客人入座;如果客人不愿等候,则建议客人在本饭店的其他餐厅用餐或向客人表示歉意并希望客人再次光临。

16. **参加宴会的客人还没到齐怎么办?**

问明客人的详细情况及何时开始上菜后,可安排先到的客人在沙发上休息,为客人斟茶;协助客人在衣帽间存放衣物,将取衣牌交给客人;打开电视机或播放音乐以供客人消遣;告知客人服务员随时待命等候服务。

17. **餐厅已满,只有留给旅游团的座位空着,客人硬要坐下,怎么办?**

服务员应礼貌地告诉客人此台是留给旅游团的,如果客人想用餐,则请其稍等,同时尽力为客人找座位,看看有没有翻台,可为客人加桌或先请客人到休息厅中休息等候,为其服务茶水、点菜以减少等待时间,一有空位马上服务。

18. **点菜之前服务员应该怎么办?**

了解当天供应的菜式及制作方法、价格等菜肴信息,注意沽清的食品(即一时断货的食品);了解当天的特别介绍,以便向客人推销;跟迎宾员交接客人情况。

19. 客人需要点菜时服务员怎么办?

客人需要点菜时,服务员应站在客人左侧0.5~1m处,礼貌地询问:"请问先生/小姐,现在可以点菜了吗?"记录客人所点菜肴及特殊要求并在点菜结束后重复一遍,从客人手中收回菜单并致谢。

20. 客人点的菜已沽清或已过季怎么办?

服务员要礼貌地向客人道歉并说明情况;及时主动地向客人介绍其他同味或类似制作方法的菜肴。

21. 客人由于对菜式品种不熟悉,点了同味或类似制作方法的菜式怎么办?

及时诚恳地告诉客人他点的菜式口味相似;主动介绍并征求客人意见是否更换菜式。

22. 客人点菜单上没有的菜式怎么办?

向厨师长了解该菜能否立即制作;如果厨房暂时无原料或制作时间较长,则要向客人解释清楚,请客人谅解并向客人介绍相似菜式或本饭店的特色菜肴。

23. 客人问的菜式服务员不懂怎么办?

服务员切忌不懂装懂,但也不可马上回答不知道,应诚恳地向客人道歉,请客人稍等,请教同事或厨师,及时地为客人做解答。

24. 客人要求服务员介绍菜式时怎么办?

察言观色了解客人需求,主动、热情、耐心且有针对性地向客人推荐餐厅的特色菜肴、主力菜肴、招牌菜肴,要注意对菜肴的口味、色泽、原料等做适当的描述;同时为客人提供菜式搭配、酒水搭配的建议;注意在介绍菜肴时音量大小要适中,不要打扰其他客人,菜肴描述要真实、准确,并说明价格。

25. 在客人点菜过程中服务员应该怎么办?

细心聆听客人所点的菜式,准确地记录,特别是客人的特殊要求,记录要准确完整;主动介绍菜式,做好客人的参谋;客人点完菜后,要重复一遍客人所点的菜式;菜的分量要与客人确认,最后请客人稍等并向客人表示感谢。

26. 客人点菜时犹豫不决怎么办?

客人点菜时犹豫不定可能是因为不熟悉菜式或众口难调不知吃什么好,服务员应运用推销技巧,针对客人的心理需求,重点向客人介绍菜式的风味特色,激发客人食欲,帮助客人点菜。

27. 客人急于赶时间怎么办?

将客人安排在靠近餐厅门口的位置,以方便客人用餐后离开;介绍一些制作简单的菜式,并在订单上注明情况,要求厨房、传菜配合,请厨师先做;在各项服务上都应快捷,尽量满足客人的要求,及时为客人添加饮料、撤换盘碟;预先备好账单,缩短客人结账时间;如果有客人未用完菜肴,则在征得客人同意后主动为其打包。

28. 为老人和小孩点菜时怎么办?

因为老人和小孩对食物的消化能力较弱,所以应介绍一些清淡、易消化、容易食用的菜式,不要介绍刺激性强、味道重、带刺多的食物;上菜要快速及时,对小孩服务时要特别注意,要将菜肴放在大人一侧并加以提醒以防碰翻。

29. 为情侣点菜时怎么办?

为情侣点菜应介绍比较浪漫的菜式,以增加用餐气氛,交代厨师在菜肴的装饰上多花些工夫;介绍有利于女士美容的食品，不要推荐容易发胖的油腻食品。

30. 客人点菜时要求查看食材新鲜度怎么办？

引领客人前往查看，边走边介绍餐厅食材保鲜相关措施。"请您跟我去厨房食材准备区，不过为了食品安全和厨房正常操作秩序，麻烦在指定区域观看，我们的食材均来自××农场，当日采购，为绿色环保食材。"

31. 传菜员将菜传到餐台边时服务员怎么办？

传菜员将菜传到餐台边时，服务员应了解菜的款式及服务方式（如分鱼分汤）；在餐台上寻找或整理出空位置；上菜时要用双手端菜盘，放到位后报菜名并请客人慢用；上菜时不可从客人的头上越过，应向客人示意后再从客人旁边的空隙处上菜。

32. 上菜时台面已摆满菜肴怎么办？

在客人同意的前提下，将那些已经快吃完的菜肴换成小盘；建议客人先用掉热菜，并把菜分到客人的碟中，撤下空盘；把要上的菜按客人人数平均分到餐盘里，然后送到客人的餐位上；通知厨房该台的菜要出得慢一些。

33. 上带壳菜肴时怎么办？

上带壳菜肴时要跟上洗手盅及小毛巾供客人净手，上洗手盅时要说明用途；勤为客人更换骨碟。

34. 上蛇羹时怎么办？

应先准备配料，即菊花瓣、炸薄脆、胡椒粉；在分羹时，先取适量菊花瓣放在汤碗里，然后把羹均匀地分到汤碗里，以八分满为宜，然后把炸薄脆撒在上面；为客人上蛇羹，并跟上胡椒粉盅。

35. 为客人上汤时怎么办？

上汤时，一般应为客人分汤；分汤要根据客人的人数，选择适用的汤碗，然后把汤均匀地分到汤碗里，并端到客人的餐位上；上汤时应示意客人，避免把汤溅到客人身上。

36. 在宴会服务中如何为客人提供衣帽服务？

服务员应提醒客人把随身携带的物品寄存在衣帽间；衣帽间的服务员应整理并保存好客人的寄存物品，提醒客人贵重物品要随身携带；宴会结束后，应根据客人持有的号码牌，为客人服务好寄存的物品，并提醒客人检查物品是否齐全。

37. 西方客人参加中餐宴会使用筷子不熟练怎么办？

应事先准备好西餐餐具；根据客人的情况，询问客人是否需要使用餐刀、餐叉，并及时给客人提供方便；也可根据客人的要求用公用筷教客人使用筷子。

38. 客人有特殊饮食禁忌（如过敏等）怎么办？

服务员要认真记录客人的禁忌食物，在点餐时提醒客人避开相关食材，告知厨房要特别注意，在做菜过程中不能使用这些食材，上菜时再次向客人确认："您好，我们已经按您的要求避开××食材，请您放心用餐。"

39. 在宴会开始前才得知是生日宴会时怎么办？

可根据饭店惯例提供祝贺菜肴、鲜花或蛋糕，可播放生日祝福音乐，可为客人提供生日蛋糕服务。

40. 客人订了宴会，但过了用餐时间还未到时怎么办？

立即与宴会预订部门联系，查明客人是否取消宴会或推迟宴会；若宴会延迟，则立即通知厨房；

若宴会取消，则应按规定向主办方索赔。

41. 因宴会（用餐）人数减少，客人临时提出减菜怎么办？

如果宴会标准不高，减少的人数不多，则应尽量说服客人不要减菜；如果宴会标准较高，减少的人数较多，则应立即与宴会营业部门联系，由宴会营业代表与厨房联系，提出减菜方案后将新的菜单交给客人确认。

42. 客人在宴会期间发表讲话时怎么办？

在客人讲话时，服务员要停止一切服务操作，站立两旁（姿势要端正），保持宴会厅的安静；与厨房保持联系，暂缓出菜、传菜。

43. 开宴时客人要求更换菜式怎么办？

如果是更换一般的菜式，则可按客人的要求给予更换，如果是更换制作特殊的或制作时间长、制作复杂的菜式，则要先与厨房联系；若厨师认为可以制作，就尽快答复客人；若厨师认为来不及制作或无原料，则要向客人解释，并介绍一些制作时间短、口味类似的菜式；如果客人订的菜式已经准备好，又难以出售，则应尽量说服客人，以免造成餐厅的损失。

44. 客人点的是需要冰镇的酒水（白葡萄酒、香槟酒）怎么办？

应立即准备一套冰桶，加冰块至冰桶的1/3，再放入1/2冰桶的水后，把所点的酒水斜放在冰桶里，商标朝上；如果客人有预订，则要事先冰镇好酒水待用。

45. 遇到客人需要在酒中加冰块时怎么办？

用小冰桶盛装冰块，走到客人的右手边，用小冰夹夹着冰块从杯口沿杯壁让冰块滑入；不能将夹着冰块的冰夹伸入酒杯，或从杯子中央丢入冰块，这样要么不卫生，要么会溅起酒水，留给客人不好的感觉。

46. 两台客人同时需要你服务时怎么办？/其他包房的客人要求你服务时怎么办？

要做到既热情周到，又忙而不乱；服务员要给那些等待的客人以热情、愉快的微笑，在经过他们的餐台或包房门口时应跟他们打招呼"我马上就来为您服务"或"对不起，请您稍等一会儿"，这样会使客人觉得他们并没有被冷落和怠慢；值得注意的是，不要让客人等待的时间太长。

47. 客人因等菜时间太长，要求取消菜肴时怎么办？

先检查点菜单，查看是否有漏写，如果有漏写，则应马上口头通知厨房补单；如果不是点菜单的问题，则应到厨房了解此菜肴是否正在烹调，若正在烹调，则可回复客人稍候，并告知客人出菜的准确时间；若未制作，则应通知厨房停止操作，回复客人并通知餐厅经理取消该菜；另外，向客人介绍菜式时，应告知制作时间，以免客人因等待时间过长而投诉。

48. 客人提出食物变质并要求取消时怎么办？

应该耐心聆听客人的意见，并向客人致歉；把食物立即撤回厨房，由厨师长或餐厅经理检验食物是否变质；若食物确已变质，则应立即为客人免费赠送类似的菜肴；若食物并没变质，则应由餐厅经理出面向客人解释该菜肴的原料、配料、制作过程和口味特点等。

49. 客人在用餐过程中要求改菜怎么办？

对客人的要求要尽量满足；了解该菜是否烹调，若已烹调，则应婉言回绝客人；若未烹调，则应马上按客人的要求重新填写点菜单交至厨房，并通知餐厅经理取消原菜式。

50. 客人认为所点的菜与实际的不同怎么办？

细心听取客人的看法，明确客人所要的是什么样的菜，若是因服务员在为客人点菜时理解错误或未听清而造成的，则应马上为客人重新做一道他满意的，并向客人道歉；若是因客人没讲清楚或对菜理解错误而造成的，则服务员应该耐心地向客人解释该菜的制作方法及菜名的来源，取得客人的理解；由餐厅经理出面，以给客人一定折扣的形式弥补客人的不快。

51. 客人投诉食物未熟、过熟或味道不好时怎么办？

若食物未煮熟，则应马上收回重新煮熟；若食物烹饪过熟或味道不好，则应请厨师再煮另一份同样的食物，不再收费；如果客人对再煮的食物仍不满意，就建议客人另选其他食物，并向客人表示歉意。

52. 服务员未听清客人所点的菜而上错菜，客人不要怎么办？

应向客人表示歉意，用打折的方法向客人推销这道菜；若客人坚持不要，则不可勉强客人；通知厨师优先做出客人想要的菜；客人点完菜后，服务员应向客人复述一遍，以避免此类情况再次发生。

53. 客人投诉食物里有异物时怎么办？

马上向客人道歉，立即将食物退下，送回厨房并通知餐厅经理来处理此事，以征得客人谅解；取消该菜，赠送一份同样的食物。

54. 客人点了菜，又因有急事不要怎么办？

立即检查该菜单是否已送到厨房，若客人所点菜尚未开始做，则马上取消；若已做好，则迅速用食品盒打包给客人；或者征求客人的意见将食品保留，待办完事再吃，但要注意先请客人把账结掉。

55. 客人在用餐的过程中遇到邻桌的朋友，想挪到一起交谈时怎么办？

遇到这种情况，应尽量方便客人，及时询问客人是否想把座位移到一起；客人同意后，要及时转告传菜部客人更换餐台的情况以免传错菜；重新给客人摆台。

56. 客人喝醉酒时怎么办？

当客人有喝醉酒的迹象时，服务员应礼貌地拒绝给客人再添加酒水；给客人递上热毛巾，并介绍一些不含酒精的饮料，如咖啡、热茶、矿泉水等；如果客人发生呕吐，则应及时清理污物，并提醒客人的朋友给予关照；如果有客人在餐厅酗酒闹事，则应报告大堂副理和保安部，以便及时处理。

57. 客人在用餐时突然感到不舒服怎么办？

照顾好客人并让其在沙发上休息。若客人已休克，则不要轻易搬动客人；及时打电话通知医疗室的医生来诊断；待医生赶到，协助医生送客人离开餐厅到外就诊，以免影响其他客人；对客人所用过的菜给予保留，以便现场检验。

58. 客人正在谈话，有事要问客人怎么办？

客人正在谈话，有事要问客人时，绝不能随意打断客人的谈话，应礼貌地站在一旁等候客人谈话的间隙，表示歉意后再叙述，事后要表示谢意。

59. 客人在用餐时将吃剩的骨头、鱼刺吐到台布（地面）上怎么办？

客人把吃剩的食物吐到台布上，会影响餐厅的档次及形象，应及时给予清理；提醒客人应该吐到骨碟里，注意语言技巧，以免伤害客人的自尊心。

60. 服务中不小心把菜汁或饮品溅到客人身上怎么办？

在上菜和上饮品的时候，要礼貌地提醒客人，以免不小心把菜汁和饮品溅到客人身上；若不小心溅到客人身上，则服务员要诚恳地向客人道歉，并立即设法替客人清理，必要时免费为客人清洗衣服。

61. 在用餐过程中，客人不小心碰翻水杯、酒杯时怎么办？

马上清理，安慰客人；用餐巾吸干台面的水渍或酒渍，然后将相同颜色的清洁餐巾平铺在吸干的位置上；重新为客人换杯子并斟满饮品。

62. 客人损坏餐厅的用具时怎么办？

客人损坏餐厅的用具一般是无意的，服务员应礼貌、客气地安慰客人，而不能责备客人；先帮客人清理破损的用具，并适时向客人说明赔偿价格，酌情向客人索赔；若客人不肯赔偿或有意损坏餐具，则应报大堂副理处理。

63. 开餐时有人找在餐厅用餐的客人（未带手机）怎么办？

应问清要找客人的详细情况，如公司或房号、姓名、大约年龄及相貌；请客人稍等；将被找客人的名字写在挂有铃铛的寻人牌上，根据所提供的资料寻找客人。

64. 开餐时小孩在餐厅乱跑怎么办？

开餐时，厨房送出来的菜或汤都有较高的温度，易烫伤人，为了安全，遇到小孩到处乱跑，应马上制止；带小孩回到大人的身边，提醒大人要照顾好小孩；若有可能，则给小孩准备一些玩具，稳定其情绪。

65. 客人在餐厅用餐时猜拳或打牌怎么办？

客人在餐厅打牌或猜拳，会破坏餐厅高雅宁静的气氛；服务员应礼貌地上前劝止，取得客人的理解与合作，以免影响其他客人；若客人不听劝阻，则必须向大堂副理汇报，并由大堂副理出面处理。

66. 客人把洗手茶当茶水喝了怎么办？

服务员在上洗手茶时应向客人说明，以免误会；若客人在不知道的情况下喝了，则服务员不要马上上前告诉客人，以免使客人难堪，及时撤下洗手盅；为防止此类事情发生，在服务洗手盅时最好为客人先上一杯茶，而后再给客人上一份洗手茶。

67. 与客人同时走一个通道时怎么办？

迎宾员带客入座时，应示意服务员让道，让客人先走；服务员遇到与客人同时走一个通道的情况时，应礼貌地让客人先走。

68. 餐厅即将收档，但还有客人在用餐怎么办？

这时要更加注意对客人的服务，在整理餐具时要轻拿轻放，不可发出响声；到了临收档时，应询问客人是否需要点菜；不可用关灯、吸尘、收拾餐具等形式来催促客人，应留下专人为客人服务。

69. 大型自助餐结束后，客人提出打包时怎么办？

应礼貌地向客人解释说明自助餐的用餐方式及服务形式不适宜打包，尽量使客人理解；若个别重要客人特别嗜好其中一二种食品，则可请厨师为其另外制作，但不要直接从自助餐台上取出打包；若客人坚持，则应向上级汇报，与主办单位联系解决。

70. 客人自带食品要求加工时怎么办？

客人自带食品到餐厅要求加工，一般应婉言谢绝；若客人一再坚持，则应汇报餐厅经理酌情处理；若同意加工，则必须适当收取加工费。

71. 客人用餐后，剩余的食物需要打包怎么办？

客人用餐后，服务员应礼貌地询问客人剩余的食物是否需要打包；若客人要求打包，则应尽快为客人服务，把剩余的菜肴分类用盒子装好，放在打包袋里让客人带走。

72. 客人把吃剩的食品留下并要求服务员代为保管怎么办？

服务员应礼貌地向客人说明食品容易变质，最好尽快食用；建议并协助打包，让客人带走。如果客人的确不方便带走，则可以问清最后保留的时间，将超时的处理方式告知客人，同时做好登记并请客人签字确认。

73. 客人要求代为保管喝剩的酒水怎么办？

对于不易变质的酒品，应热情地提供方便，并询问客人的公司或房号、姓名等，做成牌子挂在酒瓶上，放回存酒处妥善保管；了解客人下次光临的时间，并做好登记。

74. 客人用餐期间又来了几个客人要求加位时怎么办？

应热情招呼客人入座，并提供餐具；若餐位不够，则应建议客人换一张大台；提醒客人是否需要加菜。

75. 发现客人将物品遗留在餐厅时怎么办？

对于客人遗留的物品，服务员应该妥善保管，并报告当班的领班或餐厅经理，等待客人回来寻找；若当天餐厅打烊时，客人还没有回来寻找，则应报告并上交物品到大堂副理处。

76. 用餐时客人发生争吵或打架怎么办？

如果服务员事先发现苗头，则要尽量隔离客人，分别为客人提供服务，分散客人注意力；如果客人已经发生争吵，则要立即上前制止，隔离客人；把桌上的餐具、酒具移开，以防争吵双方用其伤人；报告上司、保安部和大堂副理。

77. 客人用餐时突然停电怎么办？

在一般情况下，饭店在停电几秒后就有应急电源供电，因此服务员应沉着，不应惊慌或惊叫；应设法稳定客人情绪，在应急电源还没供电前，打开应急照明灯；恢复供电后，应巡视餐厅，向客人致歉。

78. 遇到客人在餐厅跌倒时怎么办？

若客人在餐厅跌倒，则服务员应马上上前扶起客人；视情况询问客人是否需要叫医生。同时服务员要注意餐厅地面的卫生情况，看看是否有杂物或有水，若有则应及时清理，若不能马上清理，则要用防滑指示牌提醒客人。

79. 遇到客人回餐厅寻找遗失物品时怎么办？

问清客人坐过的餐台号、遗失物品的特征，尽量帮客人寻找；与大堂经理联系，看是否已交到失物招领处；若一时找不到，则应请客人留下姓名、房号或联系电话，以便以后有发现再与客人联系。

80. 客人用餐快结束时怎么办？

首先应该确认该餐台的菜都已上齐，特别注意是否应服务甜点、水果等；检查点菜单是否齐全完整，若有失误，则要马上处理；必要时可先把账单打出来，以便客人示意结账时马上服务。

81. 客人仍在用餐，而服务员又需要为下次接待做准备时怎么办？

由于任务紧迫，客人还在用餐就要布置下一次接待任务时，可先准备好接待服务需用的餐具。在准备工作中，要注意动作要轻，不要影响到客人用餐，不要让客人产生误会，以为服务员在暗示客人用餐时间结束了。最好在客人用餐结束后再布置。

82. 结账时客人所带的现金不够怎么办？

服务员应积极为客人着想并提出一些建议，如建议客人可用信用卡、微信、支付宝等方式结账。

83. 在服务过程中，客人要求与服务员合影应怎么办？

在服务过程中，常遇到客人乘服务员斟酒、斟茶、分菜的机会摄影，在这种情况下，服务员应继续工作，但要保持镇定，精神集中，以免影响服务质量。也有些客人在进餐完毕后，为感谢服务员的热情接待，提出要与其一起合影，遇到此种情况，服务员可以在不影响服务的情况下，大方接受并可多请一个服务员陪照。

84. 在服务过程中，客人邀请服务员跳舞应怎么办？

在服务过程中，特别是在宴会厅或包房里，客人一边用餐一边唱歌跳舞，有时可能会邀请服务员跳舞，这时服务员应有礼貌地谢绝客人，声明职责在身，不能奉陪。如果客人仍纠缠不休，则应请领导解决，将该服务员调开。

85. 客人无欢迎卡（贵宾卡）仍要求签单时怎么办？

不能以生硬的态度拒绝客人，应让客人稍候，然后立刻打电话与总台联系；如果查明客人确实属于酒店接待的住店客人，则可同意其签单；如果查明客人没有入住饭店或已退房等，则应有礼貌地向客人解释，请客人用其他方式结账。

86. 客人未付账离开时怎么办？

故意不付账的客人是很少的，如果发现客人未付账离开了所在的餐厅，则服务员应马上追上前去有礼貌地、小声地说明情况，请客人补付餐费。如果客人与朋友在一起，则应将客人请到一边，再说明情况，这样可顾及客人的面子，使他们不至于感到难堪。

87. 当供应品种加价，客人有意见不愿付增加款项时怎么办？

餐厅的熟客由于经常光顾，对各供应品种的价钱往往了如指掌。当他们吃完供应品种发现加价后，会向服务员提出疑问。因此服务员接待这类客人时应事先告知该食品加价，把告知工作做在前面。如果客人在吃完后才发现食品加价，则可能会很有意见，此时服务要诚恳地向其道歉，并承认忘记告知客人该食品已加价，然后请示主管或经理，是否这次可以先按未加价的价钱收款或只加收所增加金额的一半，下一顿再按现价付。这样做，可使熟客感觉到餐厅对其的关心照顾，从而以后更喜欢到该餐厅就餐。

88. 当伤残人士来餐厅用餐时怎么办？

服务员向伤残人士提供服务时，要尽量为他们提供方便，使他们得到所需要的服务。千万不要投以奇异的眼光，如果客人希望自己做，则可灵活适当地进行帮助，使客人感到服务员的帮助是服务而不是同情。如果盲人进入餐厅用餐，则要将危险的物品、过热菜肴放在远一点的地方，并告诉客人大体位置，防止其受伤。

89. 当熟人来餐厅用餐时怎么办？

服务员在服务中如果遇到朋友或熟人来用餐，则应当同对待其他客人一样，热情有礼地接待，主动周到地服务，但服务员不能入席同饮同吃，更不能特殊关照或优惠，否则会使其他客人不满，造成不良影响。一般在点菜和结账时，应请别的服务员代劳。

90. 当生病客人来餐厅用餐时怎么办？

如果客人告知服务员他生病了或服务员观察到客人病了，则服务员要主动询问客人哪里不舒服，尽量为客人提供可口满意的食品；根据客人需要，为客人准备白开水以备其吃药，切记不可给客人提供药品。如果是突发病人，则要立即通知医务室或经理，及时送医院治疗，客人所用的菜肴食品要取样保留，以备化验。

91. 当左手用餐的客人来餐厅用餐时怎么办？

在发现客人用左手进餐时，要重新摆放餐具，以左手方便为原则摆放；在条件允许的情况下，尽量安排客人在左侧空间大的地方或左侧没有人的位置上用餐。

92. 当特别挑剔的客人来餐厅用餐时怎么办?

同客人谈话时要有礼貌,认真听清楚客人所挑剔的事情,当客人抱怨不止时要有耐心,不得打断客人的谈话,回答问题时不得同客人争论,千万不要将自己的意愿或饭店的规则强加于客人;在饭店不受损失的前提下尽量满足客人的要求;在服务挑剔客人时,要积累经验,尽量避免相同或类似的事情发生,必须保证服务态度、服务水准都为高标准并具有一致性。

93. 服务独自就餐的客人时怎么办?

安排独自就餐的客人坐在边角的位置,尽可能多与客人进行接触,延长为其服务停留的时间。对那种经常一人光顾餐厅就餐的客人,要记住其饮食服务习惯,并有意将其安排在一个固定的座位上。

94. 客人在进餐时不满意菜肴的质量怎么办?

根据餐厅的规定,如果菜肴没有烹制得恰到好处,则要收回重新烹制。如果重做的菜肴未能使客人满意,就应给客人退菜或换菜。关于菜肴质量方面的问题,服务员很难控制,但要根据实际情况灵活处理。如果客人把菜肴吃完后才提出不满,则服务员要经过了解,确认系质量问题后应在收费时给客人一定的优惠或折扣,以维护餐厅的社会声誉,从而使客人满意。

95. 宴会临时加人时怎么办?

宴会临时加人,服务员应视增加人数的多少,摆上相应的餐具,然后征求宴会主办人的意见,是否需要加菜,如果需要加菜,则应立即与厨房联系,尽量满足客人的需要。如果需要多加餐桌,则还要确定是否有适当的位置,如果没有,则要将客人分散到各桌就餐。

96. 客人擅自拿取餐厅的器皿、餐具,经指出却不承认时怎么办?

在一些高档的餐厅,餐具、用具的新颖别致、实用美观成为吸引客人前来就餐的因素之一。例如展示银盘、各式银器、水晶酒杯、仿古酒具等,这些餐具的价位一般很高,有一定的欣赏保存价值,往往有一些客人出于喜欢或好奇而擅自拿取。当发现此种情况时,服务员应马上向餐厅主管或领班报告,由其有礼貌地耐心解释,向客人说明该物品是餐厅用品,保管好餐厅物品是服务员的职责,设法使客人自觉交还,或介绍他们到商店购买。但要注意绝不能以挖苦讽刺的语言对待客人,如果有些客人经解释后还不承认,则应请示有关领导解决或按规定价格酌情收费。

97. 客人想购买餐厅的用具时怎么办?

有些外宾非常喜欢中国的瓷器或具有中国民族特色的仿古餐具,在餐厅用餐时遇到自己喜欢的用具后很想留作纪念。如果饭店有这项服务,则可以向客人出售,或介绍客人到附近工艺品商店去购买。如果饭店没有此项业务,客人又非常喜欢,则应请示经理,按规定价格将库房中备用的餐具出售给客人。

98. 客人询问餐厅业务范围以外的事情时怎么办?

作为一个合格的服务员,除有熟练的技能外,还应有丰富的业务知识及社会知识。如果客人询问餐厅业务范围以外的事情,则应尽量解答。遇到自己不清楚的事情或没有把握回答时,要想尽办法寻找答案,尽可能地满足客人的要求,避免使用"可能""我想""不知道"等字眼。

99. 客人用餐完毕后离开餐厅时怎么办?

客人用餐完毕后准备离开餐厅时,服务员首先要提醒客人带好随身物品并检查有无客人遗留物品;其次要热情欢送客人到餐厅门口,礼貌征询客人用餐意见,并对客人的光临表示感谢;同时向客人表示祝福,欢迎客人再次光临。

附录二
宴会菜单赏析

▲ 贺喜菜单

△ 寿宴菜单

一彩盘：松鹤延年

四围碟：五子献寿　　四海同庆　　玉侣仙班　　三星猴头

八热菜：儿孙满堂（鸽蛋扒鹿角菜）　　长生不老（海参雪里蕻）

罗汉大会（素全家福）　　彭祖献寿（茯苓野鸡羹）

天伦之乐（鸡腰烧鹌鹑）　　洪福齐天（蟹黄油烧豆腐）

五世祺昌（清蒸鲳鱼）　　返老还童（甲鱼烧童子鸡）

汤：甘泉玉液（人参乳鸽炖盆）

寿点：佛手摩顶（佛手香酥）　福寿绵远（龙须面）

寿烟：吉林人参烟

寿茶：湖南老君眉茶　湖南仙人掌茶

寿酒：山东至宝三鞭酒

寿果：河南仙柿果　上海北芝蟠桃

△ 婚宴菜单

婚宴菜单的菜肴数目应为双数，通常以 8 个菜象征发财，以 10 个菜象征十全十美，以 12 个菜象征月月幸福。菜肴的命名应尽量选用吉祥用语以寄托对新人美好的祝愿。传统婚宴菜品中原料一般要有鸡和鱼，象征吉祥喜庆，年年有余；还要有大枣、花生、桂圆、莲子，取其谐音，祝福新人早生贵子。婚宴菜单示例如下。

四海同歌韵和鸣（龙凤拼盘）　　鸾凤喜映神仙池（迷你佛跳墙）

百年好合锦玉带（玉环鸳鸯贝）　　海誓山盟龙凤配（蒜蓉蒸龙虾）

月老红线牵深情（红烧刺参扣鱼肚）　　比翼双飞会鹊桥（金钱鸡拼酿鸡翅）

天长地久庆有余（糖醋煎黑鲔鱼）　　纱窗绣幕鸳鸯枕（什锦烩蔬菜）

同心齐谱金镂曲（红鲟米糕）　　七夕佳偶牵手心（虱目鱼丸汤）

花团锦簇并蒂莲（团圆莲子露）　　馥兰馨果合家欢（环球水果盘）

△ 贺喜宴菜单

看盘：百花齐放

凉菜：囊多锦绣　拌金银条　花枝鸟语　一帆风顺

热菜：开市大吉　　万宝献主　　地利人和　　腰缠万贯
　　　恭喜发财　　心花怒放　　雪里埋金　　大发财源

汤：推纱望月

面点：金银烙饼　　八宝米饭

会谈菜单

会谈菜单（一）

1993年4月27~29日，在海峡两岸关系协会的倡议和积极推动下，经过海峡两岸的共同努力，备受瞩目的第一次"汪辜会谈"在新加坡正式举行。这是40余年来，海峡两岸高层人士的首次接触商谈，尽管这次会谈只局限于民间性、经济性、事务性和功能性的范围，但其本身所具有的意义及对两岸关系的影响已引起国际社会的普遍关注。为庆祝会谈成功，汪道涵先生在新加坡董宫夏莲厅宴请辜振甫先生，宴会菜单寓意深刻、备受关注，充分体现了中国人的智慧。

情同手足（乳猪鳝片）　　龙族一脉（乳酪龙虾）　　琵琶琴瑟（琵琶雪蛤膏）

喜庆团圆（董园鲍翅）　　万寿无疆（木瓜素菜）　　三元及第（三色海鲜）

燕语华堂（官燕炖双皮奶）　兄弟之谊（荷叶香稻饭）　前程似锦（水果拼盘）

将这9道菜名连起来，是一段令人感慨叫绝的妙文：你我"情同手足"，同是"龙族一脉"，今夕"燕语华堂""琵琶琴瑟"和鸣，谱一曲"喜庆团圆"，祝大家身体健康"万寿无疆"，海峡两岸的"兄弟之谊"能"前程似锦""三元及第"。

会谈菜单（二）

2008年11月3日，海峡两岸关系协会原会长陈云林乘机抵达台北，出席第二次"陈江会谈"。下午6时，陈云林一行出席了海基会在101大楼举行的欢迎晚宴。

海基会晚宴的菜单设有6道主菜及1道甜点，取名颇具巧思。

四海一家齐欢庆（乳猪鸭肝冻、乌鱼子、卤九孔及海蜇）

海阔天空展新局（菜瞻花胶炖鸡汤）

福临大地报佳音（酱黄灵芝菇鲜鲍）

龙跃青云呈吉祥（青葱上汤龙皇虾）

协和齐力转乾坤（野菇红酒嫩牛柳）

一团和气万事兴（红鲟糯米饭）

花开果硕喜民生（焗乌龙奶酪、椰汁桂花冻及时鲜水果）

APEC午宴菜单

2001年10月，亚太经济合作组织（Asia Pacific Economic Cooperation，APEC）第九次领导人非正式会议在中国上海举行。这次会议中有一场高规格的工作午餐，该午餐菜单是一张具有代表性的主题菜单，具体内容如下。

相辅天地蟠龙腾（迎宾龙虾冷盘）

互助互惠相得欢（翡翠鸡蓉羹）

依山傍水螯匡盈（炒虾仁蟹黄斗）

存抚伙伴年丰余（炸银鳕鱼松茸）

共襄盛举春江暖（锦江品牌烤鸭）

同气同怀庆联袂（上海风味细点）

繁荣经济万里红（天鹅鲜果冰盅）

设计者独具匠心，所用的原料是很平常的鸡、鸭、鳕鱼、蟹、虾仁等，经厨师精心烹饪，成了一道道让客人赞不绝口的蕴涵中国烹饪文化精髓的佳肴。从菜单的内容来看，它将菜名巧妙地融入诗中，并且诗的每行句首字联词为"相互依存，共同繁荣"，这正是 APEC 所倡导的宗旨和目标。

国宴菜单

国庆十周年国宴菜单

冷菜：麻辣牛肉　桂花鸭子　叉烧肉　熏鱼　童子鸡　松花蛋　糖醋海蜇　酱黄瓜　姜汁扁豆　鸡油冬笋　珊瑚白菜

热菜：元宝鸭子　鸡块鱼肚

果点：裱花大蛋糕　水果

国庆十周年宴会共安排了 11 道冷菜、2 道热菜。从冷菜安排上看，营养搭配科学、荤素比例合理、调味手段多样、颜色丰富多彩、形状变化多样；从热菜安排上看，设计 500 桌筵席的热菜，首先要考虑的问题就是烹调方法和上菜速度，因此仅有的两道热菜——元宝鸭子、鸡块鱼肚，分别为碗扣菜和烩菜，提前准备不会影响其口味、风味，并且上菜速度快。从原料选择上看，主菜选择鸡、鸭、鱼肚为原料，是基于许多宗教人士和少数民族代表忌食猪肉的缘故，鸡、鸭为大多数人能接受的原料，鱼肚质地软嫩鲜滑，是一种名贵的原料，适宜年纪大的人食用。

国庆六十周年国宴菜单

冷菜：五香鸭脯　凤尾鱼　香辣凉瓜　酸辣泡椒　三色蒸蛋　四鲜烤麸

主菜（四菜一汤）：干贝银丝汤　清炒虾球　酱烧小牛排　茭白鲜蔬　柠香银鳕鱼

主食：扬州炒饭

点心：花雪蛋糕　月饼

酒水：红、白葡萄酒

水果：粉红的大雪桃

人民大会堂国宴菜谱融合了传统中国八大菜系的精华，人民大会堂做出的宴会菜讲究的并不是原汁原味的地道，而是有所改良。因为要考虑到宾客来自全国各地甚至世界各地，口味差异很大，国宴要调和出大家都能够接受的味道。人民大会堂国宴的基本原则有两条，一是"好吃不如爱吃"，二是"可操作性"。

风景宴菜单（"西安八景宴"）

冷盘：古城十三花

大菜：松子扒熊掌[①]　晚霞映牛舌　灞柳雪花鸡　曲江鸽鹑饮　金枣晨钟糕　渭水团鱼汤　草堂烧八素　雪山余金鱼

果点：烽火蜜鲜果　古城四细点

"西安八景宴"是我国最早设计的风景宴，它以"长安八景"为题材，由西安著名特级厨师庞学德创制。"长安八景"又名"关中八景"，是八百里秦川的名胜景观，分别是华岳仙掌、骊山晚照、灞柳风雪、曲江流饮、雁塔晨钟、咸阳古渡、草堂烟雾、太白积雪。"西安八景宴"就是选用"八景"所在地的特产做原料，以八景胜迹为对象制作的八道工艺大菜。

"西安八景宴"作为一种特殊的旅游宴席，具有移景物于餐盘、鲜明的地方特色、既有观赏性又有食用性和注重菜点营养搭配的特点。旅游者既可观名胜景物，听名胜传说，又可尝名胜风味，发思古幽情，获得不一样的体验。

孔府宴菜单

孔府宴菜单为孔府家宴的代表作，曾用于乾隆皇帝和慈禧太后六十大寿的寿宴。

四干果：葡萄干　桂圆　核桃仁　荔枝

四鲜果：橘子　香蕉　石榴　甘蔗

四糖果：鸡骨　脆金　南糖　焦切

四蜜果：山楂糕　蜜梨　菠萝蜜　青梅

手碟干果：糖饯砂仁　榛子（每人一份）

四四拼盘：（1）麻辣海参　盐水玉带虾　素鸡　炝苇锥

　　　　　（2）拌蛏子　凉拌鸭舌　海米椿芽　拌发菜

　　　　　（3）熏鱼　瓤香菇　虎皮荠菜　油焖笋

　　　　　（4）松子鱼糕　琉璃海石　青龙卧雪　绣球海蜇

四大件八行件：（1）琼浆燕菜（大件）　（2）清汤桂花银耳

　　　　　　　（3）锅塌金钱鸡　　　　（4）牛腱扒熊掌（大件）

　　　　　　　（5）鸡汁鱼骨　　　　　（6）烧江干

[①] 熊为国家级保护动物，现今此菜的熊掌一般使用象形替代品。

上第一道点心：火腿烧饼跟紫菜汤（各份）

（7）烤花揽鳜鱼（大件）　（8）吊糟虾仁　　（9）奶汤竹荪

上第二道点心：百合酥跟山楂汤（各份）

（10）蜜汁火腿（大件）　（11）冰糖杏仁豆腐　（12）清蒸赤鳞鱼

双烤：(13)烤鸭、烤牌子（外带 4 个蘸吃碟：大葱、萝卜、甜面酱、酱油，同时上荷叶饼、蒸饼、抽心火烧、烫面饼）（14）什锦一品锅

四热炒：(15)炒黄瓜　　（16）炒豆腐泥　（17）香干炒芹头　（18）椿芽炒蛋

四小菜：(19)咸雪里蕻　（20）暴腌白菜　（21）酱花生米　　（22）糖蒜

附录三
餐厅常用礼貌用语

▲ 基本礼貌用语

△ 直接称谓语
- ×× 先生（带姓名）Mr. ××
- 先生（不带姓名）Sir
- ×× 夫人 / ×× 太太（带姓名）Mrs. ××
- 夫人 / 太太（不带姓名）Madam
- 女士 Madam/Lady
- 小姐 Miss

△ 间接称谓语
- 一位男客人 a male guest
- 一位女客人 a female guest
- 一位上年纪的客人 an old guest
- 您的先生 your husband
- 您的太太（或夫人）your wife

△ 欢迎语
- 欢迎您入住我们饭店。Welcome to our hotel.
- 欢迎您来这里用餐。Welcome to our restaurant.
- 希望您在这里生活愉快。We hope you enjoy your stay here.

△ 问候语
- 您好。How do you do?
- 早安。Good morning.
- 下午 / 晚上好。Good afternoon/evening.
- 晚安。Good night.
- 多日未见，您身体好吗？I haven't seen you for a long time. How are you?

△ 征询语
- 我能为您做些什么吗？What can I do for you?
- 如果您不介意，我可以……吗？Do you mind if I ...?
- 我没听清您的话，请您再说一遍好吗？I didn't catch you. Could you pardon me?
- 请问您能……吗？Would you please...?
- 您还有别的事吗？Is there anything else?

- 打扰了,刚才您说的意思是? Excuse me. What did you mean?

祝贺语

- 恭喜。Congratulations.
- 祝您新年愉快。Happy new year.
- 祝您生日快乐。Happy birthday.
- 祝您一切顺利。Wish you every success.
- 祝您生意兴隆。Have a good business.
- 祝您用餐愉快。Enjoy your meal.

应答语

- 不必客气。You are welcome.
- 没关系。It doesn't matter.
- 这是我应该做的。It's my duty.
- 照顾不周的地方,请多多指正。Please correct me if I made any mistakes.
- 我明白了。I see.
- 好的。All right.
- 非常感谢。Thank you very much.
- 谢谢您的好意。Thank you for your kindness.

道歉语

- 对不起。I'm sorry.
- 打扰您了。Sorry to disturb you.
- 失礼了。Sorry.
- 感谢您的提醒。Thank you for your notice.
- 非常对不起,让您久等了。I'm terribly sorry for making you waiting so long.

婉转推托语

- 对不起,我现在不能离开,我用电话为您联系一下可以吗? I'm sorry. I can't go away now. May I contact you by telephone?
- 谢谢您的好意,但是…… Thank you for your kindness, but...
- 真遗憾,我没能帮上您。It's a pity. I didn't give any help.

餐厅专业用语

接听电话

- 您好,这是××餐厅,很高兴为您服务。Good morning, this is ×× restaurant. Can I help you?
- 我是预订员××,我能为您做些什么? I'm the reservationist ××. What can I do for you?

- 对不起,您拨错了电话号码。请您拨××××××,谢谢。I'm sorry you dialed the wrong number. You can dial ××××××, thank you.

问候客人

- 欢迎您光临,请问一共几位? Welcome to our restaurant. How many people are there in your party?
- 早安,先生,请问您需要几人桌? Good morning, sir. Table for how many persons do you need?
- 欢迎您来我们餐厅用餐。Welcome to our restaurant.
- 先生晚上好,请问您有预订吗? Good evening, sir. Do you have a reservation?

引领客人

- 请跟我来。Follow me, please.
- 请这边走。This way, please.
- 请这里坐。Have your seat here, please.
- 先生,这个座位您是否满意? Are you satisfied with this seat, sir?
- 先生您看,临窗的那个座位怎么样? How about the window seat over there, sir?
- 这有台阶,小心。Here is the step. Please be careful.

为客人点菜

- 请问您喜欢用点什么饮料? 我们餐厅有…… What kind of drink would you like? We have ...
- 先生,现在可以为您点菜吗? Sir, may I take your order now?
- 请问您喜欢吃点什么? What would you like to have?
- 您用些……好吗? Would you like some ...?
- 您需要……吗? Do you want any ...?
- 请您尝尝我们的风味菜/特色菜好吗? Would you like to taste our specialty?
- 这是菜单,请您挑选。Here is the menu. Please make your choices.
- 真对不起,这个菜需要一定的时间,大约××分钟,您能多等一会儿吗? I'm so sorry, but it takes some time to cook this dish, it's about ×× minutes. Could you wait for a moment, please?
- 如果您赶时间的话,我给您安排一些制作快的菜肴好吗? If you are in a hurry, may I recommend some quick-cooked dishes?
- 真对不起,这个菜刚卖完,××菜与它很相像,并且口感好,价格更适宜。We are terribly sorry, this dish is sold out. ×× is like this very much. It's tasty and cheaper.
- 这个菜菜单上没有,我跟厨师联系一下,会使您满意的。This dish is not on the menu. I will contact with our chef. We will try our best to satisfy you.
- 先生,您点的两菜口味都是甜酸的,不如将这道菜换成清蒸的如何? Sir, both of the two dishes taste sweet and sour. Would you like change this one into steamed?
- 对不起先生,刚才您的意思是? I'm sorry, sir. What did you mean just now?
- 先生们晚上好,欢迎光临××餐厅。我们餐厅最近推出一项优惠活动,在包房消费满×××元,免收包房费。各位请先品茶,我为大家介绍我们餐厅的特色菜肴。Good evening,

gentlemen. Welcome to ×× restaurant. There is a special promotion activity in our restaurant. If you spend ×××× yuan, you needn't to pay for the private room fee. Enjoy your tea, please. I'll introduce our specialties.

- ×× 菜不错，许多客人用后都评价很好。×× is good. Many customers like it very much.
- 我们这有 ××× 元的大瓶 ×× 酒和 ××× 元的小瓶 ×× 酒，我看你们已经喝得很尽兴了，是不是来小瓶的 ×× 酒品尝一下？ We have big bottle of ××，×× yuan and small bottle of ××，×× yuan. I think you drank much，would you like to have a small bottle to taste?
- 真对不起，一斤装的 ×× 酒已经卖完了，我们有半斤装的可以吗？ We are so sorry. ×× of one jin is sold out. Is ×× of half jin ok?

席间服务

- 请用茶，这是 ××× 茶。Have your tea please. This is ××× tea.
- 请用冰水。Ice-water, please.
- 请您用酒。Have your wine please.
- 现在上菜好吗？ May I take your dish now?
- 让您久等了，这是 ××× 菜。Sorry to have kept you waiting. This is ×××.
- ×× 菜，请慢用。This is ××. Enjoy your meal.
- 我来为您将这道菜分一下好吗？ May I divide the dish for you?
- 将这道菜换成小盘好吗？ Can I put it into a smaller dish?
- 您的菜上齐了，请品尝。Here is your dishes. Enjoy them please.
- 真是抱歉，耽误了您很长时间。I'm sorry to have kept you waiting so long.
- 您还需要用些别的吗？ Would you like anything else?
- 您还需要添点饭吗？ Would you like some more rice?
- 我可以撤掉这个盘子吗？ May I take the dish away?
- 您稍等，我马上给您送来。I'll send it to you right away.
- 您吃得好吗？请多提宝贵意见。Did you enjoy your meal? Please give us your comments and suggestions.
- 您感觉满意吗？ Are you satisfied with it?
- 谢谢您的帮忙。Thank you for your help.

结账服务

- 现在可以为您结账吗？ May I settle your bill for you?
- 请您在这里签字好吗？ Would you sign here please?
- 请您出示房卡好吗？ Would you show me your room card?
- 请您写上您的名字和房间号码好吗？ Would you fill in your name and room number?
- 总共是 ××× 元，谢谢。This is ××× yuan altogether. Thank you.
- 真抱歉，您的信用卡我们餐厅无法接收，麻烦您用现金结账好吗？ I'm sorry. We don't accept your credit card. Could you pay by cash?
- 这是找给您的发票和零钱。This is your invoice and your change.

- 真对不起，请您到外币兑换处换成人民币再结账好吗？ I'm sorry. Could you change the foreign currency into RMB at the cashier's office and then pay the bill?
- 请您随我去收款台付款好吗？ Would you follow me to pay the bill at the cashier's office?
- 请您对我们的服务和菜肴多提宝贵意见。Please give us some comment to our service and dishes.
- 谢谢您的建议。Thank you for your advice.

送客服务

- 欢迎您下次再来。Welcome to our restaurant next time.
- 先生，请走好，欢迎再次光临。Mind your steps, sir. We hope to see you again.
- ××先生，希望有机会再为您服务，请慢走。I hope to serve you again, Mr. ××. Mind your steps.
- 对不起，先生。这是您忘记带走的东西。Excuse me, sir. This is what you left behind.
- 对不起，先生。刚才我没有提醒您把××带走。I'm sorry, sir. I didn't remind you to take your ×× with you.

参考文献

［1］李贤政，曹艳芬. 餐厅服务与管理［M］. 4版. 北京：高等教育出版社，2021.

［2］王莉，卢萍，韩爱霞，等. 餐饮服务与数字化运营［M］. 北京：高等教育出版社，2024.

［3］蔡万坤，蔡华程. 餐饮管理［M］. 6版. 北京：高等教育出版社，2023.

［4］李虹，王焕宇. 餐饮管理［M］. 2版. 北京：中国旅游出版社，2017.

［5］沈建龙. 餐饮服务与管理实务［M］. 2版. 北京：中国人民大学出版社，2007.

［6］程新造，王文慧. 星级饭店餐饮服务案例选析［M］. 2版. 北京：旅游教育出版社，2005.

［7］宋晓玲. 饭店服务常见案例570则［M］. 北京：中国旅游出版社，2001.

［8］鲁德胜，傅天祝. 西方管理在中国的应用：长城饭店管理模式及操作实务［M］. 北京：中国旅游出版社，1994.

［9］张润钢. 餐饮管理规程［M］. 北京：经济科学出版社，2000.

［10］方爱平. 宴会设计与管理［M］. 武汉：武汉大学出版社，1999.

［11］苏伟伦. 宴会设计与餐饮管理［M］. 北京：中国纺织出版社，2001.

［12］丁应林. 宴会设计与管理［M］. 北京：中国纺织出版社，2008.

郑重声明

高等教育出版社依法对本书享有专有出版权。任何未经许可的复制、销售行为均违反《中华人民共和国著作权法》，其行为人将承担相应的民事责任和行政责任；构成犯罪的，将被依法追究刑事责任。为了维护市场秩序，保护读者的合法权益，避免读者误用盗版书造成不良后果，我社将配合行政执法部门和司法机关对违法犯罪的单位和个人进行严厉打击。社会各界人士如发现上述侵权行为，希望及时举报，我社将奖励举报有功人员。

反盗版举报电话　（010）58581999　58582371
反盗版举报邮箱　dd@hep.com.cn
通信地址　北京市西城区德外大街4号
　　　　　高等教育出版社知识产权与法律事务部
邮政编码　100120

读者意见反馈

为收集对教材的意见建议，进一步完善教材编写并做好服务工作，读者可将对本教材的意见建议通过如下渠道反馈至我社。

咨询电话　400-810-0598
反馈邮箱　gjdzfwb@pub.hep.cn
通信地址　北京市朝阳区惠新东街4号富盛大厦1座
　　　　　高等教育出版社总编辑办公室
邮政编码　100029

资源服务提示

授课教师如需获得本书配套教辅资源，请登录"高等教育出版社产品信息检索系统"(http://xuanshu.hep.com.cn/)搜索下载，首次使用本系统的用户，请先进行注册并完成教师资格认证。